大法鼓經講義

——第五輯

平實導師　述著

ISBN:978-626-97355-4-9

佛法是具體可證的，三乘菩提也都是可以親證的義學，並非不可證的思想、玄學或哲學。而三乘菩提的實證，都要依第八識如來藏的實存及常住不壞性，才能成立；否則二乘無學聖者所證的無餘涅槃即不免成爲斷滅空，而大乘菩薩所證的佛菩提道即成爲不可實證之戲論。如來藏心常住於一切有情五蘊之中，光明顯耀而不曾有絲毫遮隱；但因無明遮障的緣故，所以無法證得；只要親隨眞善知識建立正知正見，並且習得參禪功夫以及努力修集福德以後，親證如來藏而發起實相般若勝妙智慧，是指日可待的事。古來中國禪宗祖師的勝妙智慧，全都藉由參禪證得第八識如來藏而發起；佛世迴心大乘的阿羅漢們能成爲實義菩薩，也都是緣於實證如來藏才能發起實相般若勝妙智慧。如今這種勝妙智慧的實證法門，已經重現於臺灣寶地，有大心的學佛人，當思自身是否願意空來人間一世而學無所成？或應奮起求證而成爲實義菩薩，頓超二乘無學及大乘凡夫之位？然後行所當爲，亦不行於所不當爲，則不唐生一世也。

——平實導師

如聖教所言，成佛之道以親證阿賴耶識心體（如來藏）爲因，《華嚴經》亦說**證得阿賴耶識者獲得本覺智**，則可證實：證得阿賴耶識者方是大乘宗門之開悟者，方是大乘佛菩提之眞見道者。經中、論中又說：證得阿賴耶識而轉依**識上所顯真實性、如如性**，能安忍而不退失者即是**證真如**，即是大乘賢聖，在二乘法解脱道中至少爲初果聖人。由此聖教，當知親證阿賴耶識而確認不疑時即是開悟眞見道也；除此以外，別無大乘宗門之眞見道。若別以他法作爲大乘見道者，或堅執**離念靈知**亦是實相心者（堅持意識覺知心離念時亦可作爲明心見道者），則成爲實相般若之見道內涵有多種，則成爲實相有多種，則違**實相絕待**之聖教也！故知宗門之悟唯有一種：親證第八識如來藏而轉依如來藏所顯眞如性，除此別無悟處。此理正眞，放諸往世、後世亦皆準，無人能否定之，則堅持離念靈知意識心是眞心者，其言誠屬妄語也。

——平實導師

目次

本經並未分品，故無目錄。

自序

佛法之修證義學淹沒已久，肇因於時局混亂而致外道法猖獗，是故末法時世仍有九千年而竟失傳，三十年前平實出世弘法而舉出標竿：佛法實證之標的即是第八識如來藏。於正覺同修會提出此項主張之後，引起兩岸佛教界側目，致有毀謗及謾罵正覺爲邪魔外道者；嗣後經由正覺不斷以經典的講解整理成書而梓行，加之以禪宗公案的拈提及公開流通，繼之以阿含聖教中的八識論聖教依據而作說明，佛教界才終於確認正覺的主張爲正確。但這項成果的顯示而獲得佛教界不得不的認同，已是正覺弘法將近三十年後的事了；由此可見第八識大法如 佛所說：眾生難信難以接受，是不可思議的勝妙法而難以生忍。是故證第八識的本來無生而能於此生忍者，即名證得大乘無生忍者。

今此《大法鼓經》中則以法與非法二者建立世間法及出世間法，而以出世間大法的第八識如來藏含攝世間諸法的非法，由此攝盡世間、出世間一切有情及一切諸法。然而此一大法亦名「此經」，即是第八識如來藏；所以者何？謂一切世間法及一切有情，莫不從此一大法而生住異滅，致有三界眾生的輪迴生死無盡，亦因此第八識而有三乘菩提的存在與施教。若無此一大法者，則十方三世一切諸有全歸於無；而 世尊一代聖教所說諸經，悉皆依此大法而開演、而教導弟子實證此一大法，故有三藏十二分教諸部經典的演示與教誡，莫不皆從此一大法而出，從各個不同層面而有極多演示，具令諸菩薩弟子得以早日進道乃至成佛；是故舉凡直接演示此一大法之經典，不論名稱爲何，同樣皆名之爲「此經」，謂此大法第八識如來藏也。

苟能勝解此理而廣修六度波羅蜜多，次第實修至第六住位滿心，加修四加行而求親證第八識如來藏，證已即能現觀此識本具之眞如法性，名爲證眞如之賢聖。此後進修三賢位的非安立諦三品心，於入地前再加修安立諦十六品心及九品心後，依憑受持無盡的十大願，以發願久之，已經清淨而能永遠受持故，名爲增上意樂清淨，即得入地；此後進修十度波羅蜜多，即得漸次進到十地滿心位；從此百劫修相好，圓滿極廣大福德而成妙覺菩薩，俟時由佛授記而成爲一生補處，待緣下生人間即得成佛，並得廣益眾生。此即佛菩提道的概要，然皆由親證宇宙萬法本源的第八識如來藏而成就。

何以故？謂此第八識即是一切有情生命的本源，父母未生前的本來面目；一切器世間及有情生，莫不從之生，莫不從之滅，如是輪迴不已；是故證得此第八識而能現觀其眞如法性並轉依成功者，即謂之爲賢聖。若不肯依序實修六度波羅蜜多，始從布施去貪開始，繼之以持戒清淨，乃至末後修學四加行之法，即使偶遇善知識助益而得實證，亦將無法轉依成功，終必退轉而致謗法及謗賢聖，死後必墮三塗，無可救者，學人於此必須知之而且謹記於心。

由於此第八識如來藏難以實證，亦兼證已難以信受故，必須有人護持此一大法而救護眾生；亦因越至法滅之時，此一大法越難被世人所信受及受持，是故必須有大菩薩於末法最後八十年中加以護持，令已實證之人心得決定而不退轉，是故　佛於此經中授記「一切世間樂見離車童子」，於末法最後八十年中護持此經第八識如來藏妙法，如是成就此經宗旨。今以此部經典講述圓滿整理成書，並將於二〇二三年初逐輯陸續出版，即簡說此經宗旨而以爲序。

佛子　**平實**　謹序

公元二〇二一年小暑　謹誌於松柏山居

（上承第四輯未完內容：）

《大法鼓經》

如來也施設人天善法，所以想要世世保住人身，那就為他說「五戒」之法，把受持五戒的因果為他說明。有的人想：「當人太辛苦，我想生天。」那如來就告訴他們：「天有三種：欲界天、色界天、無色界天。」把這個道理告訴他們，然後問學法的人：「你喜歡哪一天的境界？」有的人喜歡欲界天，就告訴他：「你要受持五戒，加修十善業，死後得生欲界天中享福。」有的人想：「我不要在欲界天，那也很辛苦，我得要應對五百個天女！」（眾笑…）他想：「我要清淨的境界，不要那個欲界天的境界！」如來就告訴他：「那你修禪定，可以往生到色界天去。」就教他怎麼修。有的人想：「在色界天還是有色身，有身即為大患！我不想要有色身，所以我想到無色天去，這樣什麼負擔都沒有。」也真的沒負擔了，因為連色界天的那種輕飄飄的天身都沒了，只有心存在；那也好，如來教他修四空定。這就是「隨順眾生種種欲樂」。

至於涅槃的實證不是大家都想要的。現在一定有人聽了就想：「哪有可能！學佛的首要就是證涅槃，解脫生死輪迴呀！不然我來正覺幹嘛？」說的也是，但是在咱們正覺弘法之前，所有的道場嘴裡說要證涅槃，喜歡涅槃，可是實際上都不喜歡，都不愛涅槃。他們都說：「要把握自己，要當自我。捨報的時候就不要打妄想，一念不生時就是無餘涅槃。」我們正覺弘法的時候出來講：「那個不叫涅槃，那是生死輪迴的境界。」因為死後不可能讓他一念不生，意識終究會漸漸消失而使離念靈知跟著消失，保持不了，所以他們終究要在最後一個中陰身毀壞之前，趕快去投胎，否則就得要淪落鬼道。那我們說：「眞正的涅槃是『不受後有』。這一死，連中陰身都不會出現，就這樣消失於三界中，誰都找不到他了，這才是涅槃——沒有意識，沒有意根，十八界都滅了！」

但是我們講了這個涅槃的眞實義以後，你們看看，不說大陸，單說臺灣就好；臺灣佛法不是很興盛嗎？可是我們講了眞正的無餘涅槃境界以後，有哪個道場出來或者私下裡開示說：「蕭平實講這個涅槃才是對的，我們要證這個涅槃。」有沒有？一個也沒！可見他們都不愛樂眞正的涅槃，他們想要的都是意識的一念不生，但那不是涅槃，而是有生有死的輪迴境界。你看他們不愛樂涅槃，那我們繼續說：「入涅槃以後不是斷滅空，還有一個『常住的本際』，那叫作『第八識如來藏』；但如來藏是『無我性』的，不了知自己的存在，沒有我，也沒有我所。」他們喜不喜歡？也不喜歡！他們喜歡的如來藏是能夠知道自己，能夠享受五塵中的各種快樂的所謂如來藏，離見聞覺知的如來藏他們都不想要！所以他們喜歡的就是：一念不生住在涅槃裡面，可以讓「識陰我」繼續存在，不會消失；這就是他們的所欲。既然如此，那就讓他們在六住位之內去學菩薩道吧。

所以你看 如來在菩薩道五十二個階位裡面，有凡夫所修的外門廣行六度萬行，也有菩薩摩訶薩所行的內門六度萬行，這也是讓眾生「隨其所欲」。所以佛菩提道中，並非一切都是賢聖所證的境界，也有喜歡世間境界的那一些人所修的法，比如十信位，以及十住位中可以修到第六住位，慢慢來修，都不急！諸位也許想：「哪有這種人？都已經知道眞正的法了，當然要趕快前進哪！」可是他們沒想要前進，他們想的是，在六住位之內慢慢走、慢慢晃。這就是「隨順眾生種種欲樂，而爲演說種種經法」。

有的人看得透，他想繼續保有這個五陰我，不管是在欲界天、色界天或無色界。既然能夠生到那裡去，就是有生之法，有生則必有滅；那我在天上滅了以後，要到哪裡去？沒辦法繼續住在天上，還得下來人間。唉！人間苦啊！我不想再回來人間。如來卻說：「你不回來，也得回來！因爲你天福享盡了、定福享盡了，那就是回來人間。如果你不想再回來當人，那可以就依著你現前所證的禪定，進修解脫道。」於是告訴他修解脫之法，因爲他怕回來人間，不得不繼續修學解脫法。

也許哪一天證得阿羅漢果了，突然轉個念：「如來說這無餘涅槃不是斷滅空，我信受如來的說法；可是無餘涅槃中的『本際』究竟是什麼？我總得弄清楚吧！要不然我跟隨如來修學了因緣法，也還是同樣這個聲聞涅槃哪。」這時候如來可以告訴他：「那你修菩薩道吧，可以自由自在來往三界。能夠這樣的時候，出不出三界對你而言就不那麼重要了，你隨時可以出三界。如果你在三界中度眾生，哪天度到煩了，你要入涅槃也可以入。」就施設方便善巧，先不急著告訴他說：「你行菩薩道就不許入涅槃。」告訴他說：「到時候你再看，你先在菩薩道走走看。眞要膩了，討厭菩薩道了，你再入無餘涅槃吧。」他想想：「欸！也有道理。」於是開始修學般若。有一天證悟了，繼續聽　如來說法，恍然大悟，膝蓋這麼一拍：「妙哉！這實相法界眞妙！我還得多學學，不急著入涅槃。」多學學，這一學就學到成佛去了，後來他都不想入無餘涅槃了。這就是　如來的方便施設，叫作「隨順眾生種種欲樂，而爲演說種種經法」。

所以佛法廣袤而深奧，卻是無比勝妙。以前咱們正覺弘法之前，大家都說：「參禪開悟了，欸！大事已畢，從此每天就是吃飯、睡覺，沒別的事了！」沒想到在正覺這裡學法，悟了以後事更多。吃飯當然要吃了，睡覺也要睡，但不是只有吃飯、睡覺，而是要節省時間，繼續努力進修。因爲入了這個大寶山，佛法中的珍寶無量！應該要一樣一樣都把它攝受，哪能就吃飯、睡覺，什麼都不管？假使有個人入了寶山，一天到晚都在那裡睡覺，大家看見了，會說他怎麼樣呢？嗄？說他是個愚癡人哪！而且世間法的大寶山你能夠帶的、捧著、衣襟兜著，能有多少？太多了！會把你壓死的！可是佛法這個寶山呢？無形無相，壓不死人，越多越輕快，當然要好好繼續努力攝受呀。

所以當他證了「般若」以後，心想：「佛法這麼勝妙，我得好好學，把它學究竟了再講。」學到三賢位圓滿，心量更大了：「我非得要取無生法忍不行！」可是取無生法忍得先發「十大願」，無窮無盡受的無盡願，這十個大願最後歸結起來，都有同樣誓願：「虛空有盡，我願無窮。」要把這十種無盡的大願發誓到心地眞的很願意受持時，才能叫作意樂清淨，才能入地，否則得不到無生法忍。發了這十無盡願，終於得了無生法忍，還能入涅槃嗎？因爲虛空有盡，我願無窮欸！這十個大願是要利樂眾生永無窮盡的，但是發了這十個大願以後，勝妙果報才正要開始呢，就是一地一地往前進發，最後成佛時多證了個無住處涅槃，得無上佛果。

當大家如實理解佛法的廣袤、深奧、勝妙、無上，而自己已經實證了，也就放不下了！當然這個佛菩提道要走到底，走到底就成佛了。成佛以後就入無餘涅槃嗎？不！入涅槃只是一個示現，因爲十無盡願還在，那是無盡之願呢！這樣看來，會不會有人成佛以後又退轉回去當凡夫眾生？當然不可能！都已經解脫了，而且是究竟的解脫，又是智慧無上，哪有可能再回去當眾生？所以以前不曉得哪一個假名善知識說：「既然眾生可以成佛，那麼佛就不是無始本有的，那將來還會退轉，會再成爲眾生。」我說：「那你把黃金鍊好了以後，還要再把黃金熔化了熔到沙子裡面去嗎？」你會這樣嗎？不會啊！沒有人這麼笨吧？所以那種說法極爲可笑！這就是 如來的方便施設，可以隨眾生心的所欲、所愛樂，爲他們施設種種法。

接著就說：「如果有眾生懈怠以及犯戒，不能精勤於修學和熏習，捨棄了如來藏常住的勝妙經典，好樂修學、熏習種種『空』的經典。他們這樣學法時，會依文解義。」依文解義就是「隨句字說」，這也還好，雖然有時候祖師會罵人：「依文解義，三世佛怨；離經一字，即同魔說。」問題來了，「依文解義，三世佛怨」，諸位在不在三世佛裡面？在吧！因爲是未來佛呀！那你爲什麼要怨他依文解義？一定有道理，否則就不必怨啊！爲什麼依文解義，三世佛怨？因爲他耽誤了你的道業。可是如果不依文解義呢？會挨愚癡眾生罵！我就是世世被罵呀！因爲我不依文解義，那他們就說我自創佛法。早期就有人罵我，是在網路上罵我，說我是自創佛法；而且還不是一、兩個人呢，所以他們在指責說：「正覺是新興宗教。」新興宗教的意思就是說：「自己創造新的宗教，十幾、二十年後就消失了。」但是後來這個所謂的新興宗教「正覺」——被他們罵作「自性見外道」、罵作「邪魔外道」的正覺，所證的、所修的、所演說的法，竟然跟諸佛如來、諸大菩薩完全一樣！原來這個「新興宗教」不是新興宗教，只是我們不依文解義；而把眞實義演述出來以後，剛開始他們認爲是聞所未聞，是異端邪說；到後來不斷地比對經教、找碴，結果發覺：「喔！原來這是非常清香的勝妙好『茶』！」開始泡了，喝了！

所以你講眞實義在末法時代剛開始是會被毀謗的，依文解義反而都不會有事，但是有一天眾生知道：這個假名善知識是依文解義的時候，眾生要埋怨了。所以佛教界有的人埋怨說：「我以前跟隨的那些大法師，都騙我說眞的開悟了，原來都是假的！他們就只是依文解義。」這不就怨了嗎？是啊！被未來佛所怨哪！那現在正在弘法的、八相成道過程都還沒有演完的十方世界諸佛，如果有人提起：「現在末法時代的娑婆世界，那些大師們都依文解義。」諸佛如來會怎麼講？會說：「他們就是還沒有實證，所以他們的能力只能依文解義，但是我們諸佛如來講的佛菩提都不是他們所說的那個道理。」

這也是怨，表相上看來，不就是怨了嗎？那麼過去諸佛呢？當然也一樣，譬如過去久遠劫成佛的如來現在還繼續在十方世界度眾生，也許有個人說：「我是承繼於過去某一劫的某一佛，所以我出來弘法。」臺灣就是有這樣的人，有一個人自稱他是親自跟　大自在如來學的。有沒有？有啊！我記得有這麼一個人。結果呢？大自在如來如果知道了，也一定要怨他：「我從來沒傳過外道法給你，怎麼你說從我這裡得的法，結果是外道法呢？」這叫作依文解義，也就是這裡講的「隨句字說」：依照每一句的文字這樣解釋出來，但不是講眞實義。這夠惡劣了吧？其實你點頭是點錯了！因爲這不是眞惡劣，他也是不得已，因爲實證的人永遠是少數。

既然這樣，都剃頭、著染衣而出家了，弘法的職責總要擔起來吧？不然他在一個大山頭當堂頭和尚，是當什麼呢？也只好隨緣度眾了，那就依文解義；這還算好的，不要自創新說。若是像釋印順，他就是自創新說，是跟隨以前日本的那些佛教研究學者的腳步走。他們要脫亞入歐，所以想：「亞洲佛教的代表就是中國，而中國沒落了，我不要跟中國人爲伍，我要跟歐洲人爲伍。歐洲人現代文明層次比較高，我跟他們在一起，覺得很光榮。」這就是脫亞入歐。

可是他們不知道的是：「歐洲人比較高，只是個子高（大眾笑…），在哲學層面，或者解脫、或者實相的層面都沒有比較高；反而比較低，比他們日本人還低。」他們不知道，而釋印順也不懂，就跟著那些日本學術界瞎扯淡。爲什麼叫扯淡？因爲他講的佛法淡而無味！就像好酒兌上十倍的清水一樣。佛法得要有具體的內涵，可以讓人眞實地去親證及體驗；那就像一桌滿漢全席，你要吃什麼都有。可是他那一整桌子，一碗又一碗的都是白開水，卻跟你說得多勝、多妙、多美味！那不就是扯淡嗎？所以「瞎扯淡」就表示什麼？他自己不懂，就會創立新說，看不見佛法的實質，才叫作「瞎」。爲什麼他要創立新說？因爲他著了學術界的道兒了。可憐的是：著了人家的道兒還不知道，這才叫笨。

但他自以爲聰明，學術界有個主張就是要有創見；創見就是新的看法，如果有誰提出來是創見，把舊的說法推翻了，學術界都會推崇他，心裡再不服氣，嘴巴上也要推崇：「啊！他有創見！」可是佛法中不能有創見，因爲佛法已經由諸佛如來究竟實證，並且諸佛如來都已經演說過了，所以離經一字，即同魔說，因此所有弘法的人都必須符合三乘經教。那他不想遵從三乘經教，一則是因爲他不懂；二則是因爲他覺得跟隨日本學術界走才是一個風潮，他覺得自己走入新潮流中，洋洋自得。也可能想要讓人家覺得他不迷信，殊不知他這個作法才叫作迷信，叫作迷信學術界，因爲他不知道學術界有很大的過失。

學術界講的那些佛法都有大漏洞，而且不可再三驗證；而他們講的究竟理也都只是推理，不是實證。但 如來講的究竟理可以實證，證了以後可以檢驗，而後面的人可以一一跟上來，繼續實證、繼續檢驗。但學術界不是，他們推崇創見；「創見」的意思是代表什麼？（有人答話，聽不清楚）嗄？代表不究竟！大家都沒想到這一點吧？爲什麼要推崇創見？因爲新出來的這個說法，比舊的說法更棒，所以大家推崇這個創見；而這個見解沒有人講過，比舊的說法更妙、更好、更有道理，所以大家推崇，就表示原來的說法不夠好。那這個創見依據同一個邏輯，將來又有新的、另一個創見又出來時，現在這個創見又變不好了；因爲它有過失，又被人家發現了，所以又有新的創見出來，這新的創見就比它更好。既然全都是推理，不是可以再三驗證的，表示它不是實證。所以這個最新的創見，將來會有更新的創見又把它蓋過去了。所以創見的意思代表什麼？不究竟！

以後遇到學術界的人士，就告訴他們：「創見就是不究竟。」如果他們不懂那個道理，你就解釋給他們聽。那麼創見的實際上狀態，就是他們自己會在經文的那些表義中，自己擅自添加一些道理進去。添加了新的道理進去，就要多一些字句來說明，作爲補充，那就是「增異句字」，增加了不同的句子或者文字；比如說，一句經文本來是這個意思，那麼他依照原來經文的意思以外，又再增加了新的意思上去；增加上去以後就是創見，那就得要增加字句來把這個道理表顯出來，那就是「增異句字」。「增異句字」就好比學術界的創見一樣，因爲那是不如實說；而這個情況在二十世紀末，眞的很分明出現在臺灣、在大陸。

「或隨句字說」就是依文解義，「或增異句字」就是自己創立新說，都在二十世紀末存在；延續到二十一世紀初的現在，這現象依舊還存在。那這一類人到底是什麼樣的人？我們來看看　如來怎麼說：

「所以者何？彼如是言：『一切佛經皆說無我。』而彼不知空、無我義，彼無慧人趣向滅盡。」這就是說，那一些依文解義的人或者創立新說的人，他們會這樣講：「一切的佛經裡面全部都說無我。」乍聽之下，他講的沒錯啊！不管是四阿含諸經或者是大品、小品《般若經》、《金剛經》、《心經》等，或者第三轉法輪方廣唯識諸經都在講無我。沒錯！都是在講「無我」；但是很多人誤會了「空」、誤會了「無我」。他們以爲「無我」就是把五蘊、六入、十二處、十八界諸法全部滅盡，說這樣叫「無我」，他們以爲這樣叫作「空」。但　如來說這樣的人叫「無慧人」。

如來不是以現象界諸法滅盡的「空」來解釋空，所以「空」的意思有「性」、「相」兩個部分。如來在經中說到空性、空相，所以有時候說眞如，有時候說空，因此有時說：「眞如雖生一切諸法，而眞如不生。」有時候說：「空生一切法，而空不生。」這空就是指第八識「眞如」，眞如就是「空」，但不是講一切法緣起緣滅那個空無。這個道理其實在《阿含經》裡面就已經表顯出來了，可是大家讀不懂，因爲這些人叫作無慧人，所以誤會《阿含經》的人就叫作無慧人。所以我說釋印順聰明，但沒智慧，眞的沒冤枉他！他是個無慧人。

《阿含經》中明明講得很清楚：「名色緣識，識緣名色。」印順竟然把這個「識」可以歸納到「名色」裡面去！既然「識緣名色」，這個「識」顯然不在「名色」的範圍裡面，名色才能成爲祂的所緣。「名色」離不開這個「識」，也會緣於這個「識」，所以叫作「名色緣識」，兩者互相成爲所緣，顯然不是同一法。那名色的「名」裡面就有識陰六個識，再加上「意」就是七個識了。《阿含經》說的「意」就是意根，那就有七個識了。這七個識加上色法，同樣都緣於另外一個「識」，當然不是意識。然後 如來說：「這個識出生了名色。」這不就講得很清楚了嗎？所以名色緣起性空，而名色是這個所緣的「識」所生，那這個「識」能生名色，祂本身無形無色；空而有能生之性，就是空性。

祂既然能出生有情的天身、人身、惡道身，表示祂是無我性的。祂如果有五陰我的自性，三界中就不會有三惡道了。哪一個有我性的「識」，願意把自己出生爲一個狗身、貓身、地獄身、餓鬼身？絕不可能啊！祂一定是無我性的，所以說「無我」的時候，其實就是在說「空性」之法，說「空」的時候就是說「無我」。但是無我與空有時候又拿來說蘊處界諸法，蘊處界諸法為何空？因為緣生緣滅，本來不在，後來有生；有生則必歸滅，滅後即是空，沒有眞實體性，所以是空。

有情一世一世輪轉生死，會有各種喜、怒、哀、樂等法現行及領受，所以名為有情。但是有情不是常住法，一世滅了以後永遠不在，來世又是另一個全新的有情。所以這一世的五陰跟上一世的五陰完全不同，下一世的五陰跟這一世的五陰又完全不同，這叫作「異陰相續」，《雜阿含經》講得很清楚了；《優婆塞戒經》也講自作自受、異作異受，是一樣的道理。既然「異陰相續」，就不會是眞實不壞的常住我。如果你認定這一世的我是眞實的我，到了中陰身去，應該就會恐懼：「**最好我不要去入胎，因為一入胎，我就換了另一個人，那下一世那個人就不是現在的我了。**」這樣好不好玩？眞的不好玩哪！因為這一世的我永遠消失了，而下一世那個人，又不是此世這個我，那叫作「異陰相續」，這便是三界六道有情的眞相。

假使能夠像電影或小說寫的，說這一世的我可以去見前一世的我。縱使眞的可以兩世自我相見，那時是哪一世才是眞正的我？你也沒有辦法定義欸！但不可能有前後二世的兩個「我」同時存在，所以那叫作妄想。因為「異陰相續」永遠只有一個主體，不會有兩個主體；有人說這一世的主體可以去見前世的主體，沒這回事，那是妄想！假使眞的可以相見，這兩個人相見時，要主張誰才是眞的我？前世的我說：「你是從我延續下去，你不是眞的。」那這一世的我會說：「你已經過去了，我才是眞正的我。」然後又說：「現在兩世都在，所以兩世都是眞我。」可是又無法分清楚誰才是眞我了，那到底誰是眞的我？當他這樣主張的時候，前世的我會跟他反駁：「那你到下一世又不是你了，你也不是眞的我。」結果誰都沒轍！因爲這五陰都是生滅的、是無常的，不是常住的，都只能存在一世。非常住就不是眞我，必定歸滅，所以無我。這就是從現象界來講空與無我。

所以「空」與「無我」有法界層面的空與無我，也有現象層面的空與無我，這個道理要懂。可是以前那些大師沒人懂，是我們正覺弘法才開始講的。那他們都不懂的時候會怎麼辦？就是 如來說的這一句啊：「而彼不知空、無我義，彼無慧人趣向滅盡。」不就是這樣嗎？所以當年臺灣佛教界推崇的印順導師將導大家趣向滅盡，說：「入涅槃就一切都滅盡，但是滅盡以後不是斷滅，因爲那個滅相不能再滅了，是爲眞實而如如，叫作眞如。」他就定義說：「滅相不滅名爲眞如。」那樣的眞如不就是滅盡後的空無嗎？然後想一想覺得不對勁：「人家會說我把眞如搞成『斷滅空』了，那不行！要避免人家攻擊。」所以回頭又建立一個「細意識」，說細意識是不可滅的。很可能有人問他說：「師父啊！那『細意識』要怎麼證？」他一定告訴你：「細意識不可知，不可證。」因爲他的書上就這麼寫的。既然是不可知，不可證的，還能叫作佛法喔？他卻說：「那就是佛法。」像這樣的法也有人信呢！而且幾乎信得至死不渝。

所以他們現在繼續堅持「印順**思想**」，每年都要開他的研討會；我就公開講，說他們「印順**思想**研討會」那命名眞棒！因爲它叫作「思想」。要我就不會這樣講，我會說是「印順佛法研討會」，那不就是更勝一層了嗎？他們說「印順**思想**研討會」，表示他所說的都不是實證的，只是思想，那就不是佛法！所以他們自己命名命壞了，自己還不知道；然後一天到晚說：「我要**昭**揚印順的智**慧**。」對吧？所以叫作「昭慧」啊！他們這就是「趣向滅盡」。但他有基本的知見，怕人家笑他落入斷見外道法中，於是回頭又建了一個「細意識不滅」。等你問他：「細意識要如何證？」他也只好兩手一攤：「我也不知道！」你看，晚近的佛教界多麼可憐！要不是正覺出來弘法，還被他牽著鼻子走呢。

被牽著鼻子走，倒也不打緊，怕的是跟他一起謗佛、謗法。謗佛、謗法的人一定會加上一條罪：謗僧。所以他把無著、世親那些古時候的大菩薩們都給毀謗了，這就是對於「空、無我」的眞實義不如實理解，就成爲「無慧人」。可是我如果是他，趕快懺悔了，來世好好修行，無妨依舊是個正常的出家人，先作個假說：「有一天我某某人證得如來藏了，寫一本書出來，署名就叫作『無慧人』。」這也行啊！因爲如來藏沒有智慧，代表我是依如來藏來說法。你看，佛菩提妙不妙？欸！怎麼說都通。

所以你看夾山善會，悟前亂說一通，依文解義啊！那人家道吾禪師在下座聽著、聽著，聽到笑了起來。他也算聰明，趕緊草草講完，請道吾禪師入方丈室說話，道吾禪師說：「我不度你，你去找船子德誠去！」但夾山善會見過船子德誠悟了，回來以後，還是講那一套，他講的字句都沒有變，但他可以圓過來。有一句俗話叫作自圓其說，有沒有？他眞的可以自圓其說。就好像有個名詞叫作「轉圜」，有沒有？不唸作轉「環」，要唸作轉「圓」，那個字是「圓」。還是跟以前一樣的說法，但是可以把它轉圓，這就是大乘佛法的厲害。

那麼眞正懂「空」、「無我」義的人，什麼法都可以轉圓。譬如《中論》不是有許多外道質疑的字句嗎？我把其中外道質疑的字句，改用八識論來講就圓了；若是用外道的六識論來講，當然轉不圓，一定會被破！這事古時候就已經有人作過了。龍樹和弟子提婆，他們師徒倆兒就這樣玩過，眞的叫「玩法」，不是法律那個玩「法」，是玩「佛法」！有一天龍樹說：「這部《中論》我如果用六識論來解釋，你看怎麼樣？」這弟子提婆說：「師父！您如果用六識論來講，我當場就把您破了！」兩個師徒就玩起來，果然就一一破了。可是，即使是裡面有舉述外道依六識論來質疑八識論的那些字句，如果你用八識論來講時，連外道的質疑也都可以等於宣說正法，這也就通了，你看大乘佛法妙不妙？其他的道理也是一樣的。所以空、無我眞的很難理解，可是你如果在大乘法中，眞的把「空」與「無我」實證了以後，一切法七通八達，你怎麼說怎麼對。一切阿羅漢們來到你面前，都沒有開口的餘地，這是眞實語。今天講到這裡。

《大法鼓經》上週講到二十七頁第一段倒數第三行「而彼不知空、無我義，彼無慧人趣向滅盡。」那今天要從這裡開始講：「然空、無我說，亦是佛語，所以者何？無量塵垢諸煩惱藏常、空、涅槃，如是涅槃句是一切句；彼常住安樂，是佛所得大般涅槃句。」這是承續上週講的，說那些愚癡的人不懂得空和無我的眞實義，錯當作一切法緣生性空，然後「趣向滅盡」；誤以爲一切法滅盡就是無餘涅槃，所以對「無我」的眞義、「空」的眞義都產生誤會。現在 如來就怕眾生聽到這句話的意思，也落到另外一邊去，所以就拉回來說：「但是空、無我的說法，也是如來所說的聖教。」一般人聽到：「空、無我並不是一切滅盡。」他就會反過來往另一面去想：那就是有我、不空。所以大乘佛法甚深難解就在這裡。因爲「空」和「無我」並不是一切法滅盡；有應滅的，也有不應滅、不可滅的，但同樣是空、無我。

所以 如來特地吩咐：「空和無我的說法，也是我釋迦牟尼佛所說的，不是外道語，也不是沒有這個開示。」那當然要提出道理來，所以就說：「所以者何？無量塵垢諸煩惱藏常、空、涅槃。」唸到這一句，也許有人想：「那如來藏不是『本來自性清淨涅槃』嗎？這裡爲什麼又說，如來藏是『無量塵垢諸煩惱藏』？」這好像有些矛盾吧？其實不矛盾！因爲如來藏自體雖然是具有本來性、自性性、清淨性、涅槃性，所以祂的自性是清淨的，而且是本來就清淨的，可是祂卻含藏了非常多的煩惱種子。這些煩惱從最基本的來講，叫作我所的執著以及我見、我執；說輕一點的，那就是三界愛的各種習氣種子無量無邊。但這還不足以函蓋祂所含藏的煩惱，因爲伴隨著如來藏的存在，又有過恆河沙數的「上煩惱」，所以如來藏眞的要叫作「無量塵垢諸煩惱藏」。假使沒有如來藏了，你就沒有這些煩惱了，沒有如來藏就什麼煩惱都無有。

以前有個假名善知識月溪法師聽到這樣開示，就說：「所以阿賴耶識是不清淨的，要把祂找出來，一錘搗碎！」那聖嚴法師還講啊：「這阿賴耶識是不清淨的，所以要把祂滅掉，滅掉了才能開悟。」他也說要滅掉欸！有沒有很意外？他是中華佛學研究所的所長，不曉得他的佛學是怎麼研究的？這樣的所長遠不如諸位來這裡聽經，聽上一年。所以那個所長其實……，有一點把「所長」這詞兒給污沒了。其實，如來藏就像是一個很珍貴的、很清潔的容器，但是裡面裝了很多屎啊、尿啊、腐朽的那些動物的屍骨，或者草木等混雜在一起。可是這一個東西是個寶器，非常珍貴的寶器！含藏了這麼多腐爛的、不清淨物，卻是只跟七轉識相應，不跟如來藏相應。而且在這個不清淨的內含物裡面，又混合了許多清淨的功德；而這些清淨的功德，不會被那些不淨的東西給污染，而這個寶物如來藏的功能是永遠清淨的。這很難想像吧？當然難想像啊！假使很容易想像，你聽了不就悟了嗎？正因爲難想像，所以不可思議。所以清淨的功德可以從如來藏中顯現出來，但是一般的眾生從裡面流露出來的，大部分是不清淨的，所以貪、瞋、癡、慢、疑，樣樣皆不離。可是在這個當下，同時有清淨的東西也不斷地流注出來，你要怎麼想像這樣一個寶物？

有人也許想：「聽你這麼講，又好像很勝妙，又說我們就住在如來藏裡面；可是我看來看去就看不到呀！如來藏何在？」每天把火眼金睛拿出來瞧來瞧去，始終瞧不到，那我就要說了：「所以你才需要每週二來聽經。」這在打廣告了喔！（大眾笑…）還是在招募會員？也就是說，你必須要不斷地熏習、不斷地修學，然後你才能夠跳出你所住的境界來反觀：到底如來藏在哪兒？就好像一個人住在廬山，每天又是煙雨、又是泥濘，看來看去說：「那外面的人進來都告訴我廬山煙雨好美，可是我就沒看見廬山煙雨！我看見的就是無窮無盡的、好像煙一樣的毛毛細雨，再加上滿地的泥濘。」

於是有一天聽到一個人又來跟他讚歎：「你住這個地方眞美呀！」他抗議了。但是人家會告訴他：「那你就有時候跑到外面來，回頭看一看吧！你才知道美呀。你一天到晚住在這裡面，怎麼看得見？」嘿！學正法就是這個道理，你要不斷地學，學得越多了，就離廬山越遠，等於有神通讓你離開廬山，然後返頭一看，哇！廬山果然美！這知見、功夫就等於那個神通一樣，讓你可以脫身，然後回頭來看：「哇！果然如來藏在這裡，眞的有含藏不清淨的東西，也有清淨的東西在一起；同在一起卻又涇渭分明，不混雜！」只要你悟了，可以看得很清楚。

所以如來藏像一個寶器，祂是很珍貴的寶器。那你要把祂找出來呀！找出來時發覺說：「啊！原來我一天到晚泡在海水裡面，都不知道自己已經海水沒頂。原來我一天到晚住在飯籮裡面，每天吃飯不知道吃飯，根本就不離飯籮。」飯籮知道嗎？不知道喔？表示你們太年輕了！你們只知道飯鍋。古人吃飯都用鍋子煮水來炊的，那大鍋裡面都是熱水，有一個蒸籠放上大鍋子裡，蒸籠裡四角放上四根竹筒透氣，然後鋪上白布，白布不能蓋住竹筒；再把淘好的米放上白布裡，然後蒸籠就蓋起來；當鍋子裡的水煮開時，水蒸氣透過四個竹筒升上來，開始上下蒸米，這叫作「炊」。現在閩南話還在講「炊」這個字。如果帶了盒餐來，那老闆說：「喂，你把飯炊一炊。」閩南語是這麼講的。過一會兒：「你炊好了沒有？拿來給我。」問你炊好了沒有，所以「炊」就是「蒸」的意思。米炊好了以後，總不能大家都去大鍋裡面舀飯吧？要先用大鏟子，把它裝到一個細竹條編起來的容器，大概像這麼大一個容器，特別是寺院裡面。如果是幾十個人的家庭，就要用這種竹編容器，現在在藝品店還看得見，還蠻細緻的。然後再用一塊飯巾先墊上去，然後大飯匙、大鏟子把飯從鍋子裡裝到那裡面，那個容器就叫作「飯籮」。你們現在都看不見了！

這時禪師就講：「飯籮裡坐餓死漢。」說參禪人每天坐在飯籮裡，都不知道飯。所以就罵：「餓死漢！」所以說：「飯籮裡坐餓死漢，海水沒頂渴死漢。」被海水沒頂了，結果還是渴死了！其實，你想要找到如來藏，得要不斷地熏習、修學。熏習的正知見是讓你知道：你要脫開這個境界，回頭來反觀。修學正知見、功夫的目的，是讓你能夠有力脫開蘊處界而來反觀的時候，就會看到如來藏何在了。這時候就懂：「喔！要欣賞盧山煙雨，得要離開盧山。」這時候正好藉那些外道的話來講：「跳出三界外，不在五行中。」這時果然就看到如來藏了。所以祂不屬於三界境界，你眞的不能用三界境界來看祂。那麼當你看到了以後，才知道：「我悟了只是我悟了，而我相應的種子依舊是不淨的。」果然如是！才需要悟後起修。可是再來看如來藏自身的功能差別，也看祂自身的自性時，都發覺：「祂根本不受染污，受染污的是祂所含藏的咱們七識心相應的種子，以及七識心的自己。」

這時終於發覺：「這個自性清淨心而有染污。果然如是！勝鬘夫人說的一點都沒錯。」以前六識論的印順那一些人和門徒們都一直講：「這經典就是不對！既然說是自性清淨心，爲什麼還有染污？」他們是這樣質疑的。但勝鬘夫人是依現觀而說的：「果然自性清淨心而有染污。」但染污的不是祂自己，而是七轉識。這七轉識既然由祂含藏，歸於祂所有，那祂當然有染污；可是祂自己的一切自性與功能差別卻都是清淨的。所以如來說祂「無量塵垢諸煩惱藏」，那是眞實語。現在說這個「煩惱藏」是「常、空、涅槃」，因爲你找不到一個方法可以滅祂，不管你滅不滅祂，祂都是常住，永遠不間斷、不壞滅，乃至要求取一刹那的間斷都不可得，所以是常。

但是這個「常」有因地和果地的差別。因地的常，只能夠說祂的心體自身是常，種子則是變異無常的，名爲非斷非常，即是中道。所以因地往往說這個「**無量塵垢諸煩惱藏**」「**非斷非常**」，到達如來地時才叫作眞常；未到如來地時都還不是眞常，因爲所含藏的種子仍然有不淨，仍然還可以變易。即使修到七地滿心絕對清淨了，可是還有無漏的有爲法仍然容許變易，這就是無始無明的上煩惱所知障的內涵。既然那無漏有爲法仍然可以變易，就不是眞常。所以「常、樂、我、淨」是講佛地境界，不是因地一悟了就「常、樂、我、淨」；但是從心體自身可以少分擁有常、樂、我、淨。那麼再從因地來講，這個「**無量塵垢諸煩惱藏**」是「常」，因爲你找到了祂以後，想盡辦法、絞盡了腦汁，都找不到一個方法可以壞祂；連損祂一根毫毛都不行，你作不到！有時候我還強調說：「**乃至集過去、現在十方一切如來威神之力爲一個大力，要來毀壞一隻小螞蟻的如來藏也不可能。**」因爲祂是諸法之本，諸法從祂所生，就不可能回頭來毀壞祂，所以這個心是常。

這個法既然是常，就表示祂絕對不是物質之法；若是物質之法，總有壞滅的時候。物質之法什麼是最堅硬的？鑽石喔？可是鑽石你拿個鐵釘放上去，拿槌子一槌，就碎了。硬嗎？還不夠硬欸！那這樣，那個鋼錘最硬了吧？可是火一燒，又熔了！才不過幾千度就熔掉了。還有什麼是堅硬的？喔，那我知道！太陽那麼熱，一直都在；可是太陽等到劫壞之時，依舊空掉。所以凡是物質之法一定可壞，只有非物質的心才是不可壞的；但這句話有語病，因爲六識心加上意根也都是非物質的心，卻是可壞的；就只有第八識如來藏心不可壞。但是這個心空、無色，所以沒有形狀，而且祂是萬法的根源，所以祂不可壞。也就是說，祂一定是空，但是空不代表無所有；是因爲祂無形、無色，不是物質，所以才叫作空。

但是空性這個法必須有物質性，如果空這個法沒有物質性，如何能變生你這個色身？又如何能變生你自己的六塵？所以「空」這個法一定得有物質性。有物質性才能變生宇宙中的地、水、火、風，然後才能夠被有情所攝受，來成就這色身；然後再來成就六塵，之後六識才能出現。所以宇宙中的那些物質不是無因而生，也不是無因而變異，不是無因而壞滅。所以十方虛空無量無邊，有許多的地、水、火、風或者山河世界，它們的成、住、壞、空是以如來藏爲體；如果不是如來藏的「**大種性自性**」，就不會有一切物質。

如果這一切物質不是依如來藏的「**大種性自性**」的運作而生住異滅，那麼無始劫以來，眾生不斷地使用地、水、火、風，豈不是早就用完了？爲什麼永遠用不完？這當然有原因。因爲如來藏常而不壞，所以依於祂的「**大種性自性**」可以不斷地有物質的消滅、出生，不斷地現前及滅失。但祂一定得是空無形色，如果這個心是物質，那麼一定會壞，因爲沒有任何一種物質是不壞的；所以如來藏常，而且必得是空，如果是有物質之法就一定可以毀壞。所以，這時候想起電視上前些年都有一個廣告，他們廣告「DIAMOND」，廣告中說：「**鑽石恆久遠**。」有沒有？但是眞的有久遠嗎？哪來的久遠？相對於人身一世來講，是久遠，因爲這某甲死了，換某乙接續過去；某乙死了，換某丙接續過去；所以古時候那些國王的皇冠鑲滿了寶石，現在有不少是在拍賣中，有沒有？對啊！可是劫壞之時，依舊毀壞。

但是這個空的法，一定得要有「**大種性自性**」，否則就同於七轉識是生滅變異法，不是常住。那因爲祂是空，空則不可壞。譬如說：用火可以焚燒一切，再堅硬的東西，只要溫度夠高，一樣可以熔化；但是不管你多高的溫度，都熔不了虛空。所以有智慧的人笑愚癡的人說：「你作這件事情，就像拿著一個火把想要把虛空燒掉一樣。」因爲大家都知道虛空燒不掉，它是空，無可燒，你要燒什麼？如來藏就好像是這樣，祂雖然有各種功能差別，但是祂的體性猶如虛空。虛空是無爲性，祂的體性就是無爲，像虛空那樣無爲，所以能包容各種無量無邊的萬法不斷起滅。

如果虛空是有，就不可能包容無量無邊法。那既然是空，你能拿什麼壞空？壞不了！因爲你無法觸及祂。正因爲如來藏是空，才能夠成爲涅槃；涅槃非空非有，如果涅槃是有，就不叫涅槃。我記得有經論講到說：「**涅者不生，槃者不死；涅者不淨，槃者不垢。**」或者說：「**涅者言不，槃者言滅，不滅之義名爲涅槃。**」雙離兩邊。那祂可以不生不滅、不來不去、不垢不淨，就表示祂不是三界有的某一種型態。能夠永遠不生的，才能夠永遠不死；也就是說，你往前去推究，不論推究到多少劫之前，你推究不出祂曾經有生；因爲無生，所以就無死；因爲不曾有生，所以永遠不壞，這樣叫作涅槃。

可是我們正覺弘法之前的佛教界都說：死了叫作入涅槃。好像人活著不可以涅槃呢。所以不管哪個大山頭，堂頭和尚走了就說：「某某大師何時何地圓寂了。」「圓寂」這兩個字可以這樣用嗎？圓寂兩個字，正確的說法叫作圓滿地寂滅。圓滿地寂滅是誰的境界？（眾答：如來。）對呀！是如來的境界！但他們個個沒有斷我見、沒有明心的人，死了就叫作圓寂？將來我走了，我的什麼訃音，不許上面寫說：「平實導師什麼時候圓寂了。」要害我啊？別害我！因為圓滿地寂滅離我還很遙遠！但其實如來藏存在的當下就叫作圓寂，因為祂就是圓滿地寂滅，無可取代，當然圓滿。

其實將來諸位成佛了，示現般涅槃時，依舊是祂第八識的圓滿寂滅，所以諸位也不用責備那一些大山頭亂寫。當他們又來問你說：「欸！本來不是說不可以這樣講嗎？為什麼你現在又說可以了？」那你就告訴他：「因為這圓寂，有果地和因地差別，你現在還沒死就已經圓寂了！這是因地的圓寂。」他一聽認為：「你咒我啊？」你說：「沒有，我是恭喜你！如果現在不是有這個圓寂，你將來就成不了佛。」他這一聽，好像有道理，可是不懂！但事實上是這樣。真的難懂！所以這個「涅槃」很難說，因為你不能夠只講一個層面。

所以你看，我們正覺弘法之前，不論哪個大師講起涅槃來，都是講得「二二六六」（臺語）！對不對？你們內地人聽不懂啊？我翻譯一下，叫作「零零落落」，也就是這裡湊一句，那裡湊一句，始終不完整，講不清楚。但我們出了上、下兩冊的《涅槃》，另外一本下冊就快要印出來了。你們都不用買，因為有人發心要跟諸位結緣了，書中講得很清楚。所以涅槃真的很難懂，連阿羅漢都沒有辦法像我這樣講，為什麼呢？因為他們只知其一、不知其二；但是如果你證得本來自性清淨涅槃時，你就可以從各個方向、各個層面來說明。所以涅槃之法其實不存在，涅槃是依第八識如來藏假名施設。世間沒有一個眞正的法叫作涅槃，就因為如來藏的不生不滅、不垢不淨、不增不減等自性，所以說祂叫作涅槃；離了如來藏，沒有任何涅槃可言。

可笑的是：在正覺之外的那一些大山頭，以前都是否定如來藏而說有涅槃；不然就是不證如來藏而說有涅槃，主要分成這兩大類。但其實，當你證得如來藏時，只要多聞熏習，善知識開示了無餘涅槃的時候，你可以隨聞入觀；當場觀察到：當你把五蘊、十八界等一切法都撇開放在一邊不管，單看如來藏本身時，不起任何功能差別，不生起任何一法的時候，那就是不生不滅的境界——不來不去、不垢不淨、不生不死的境界，那就是涅槃。所以不用死了再入涅槃，現在就住在涅槃裡面了。既然現在已經涅槃，又何必死了再去入涅槃？那不是多此一舉嗎？因此菩薩不用入涅槃。那麼這個涅槃其實就是「無量塵垢諸煩惱藏」，名爲第八識如來藏，亦名無名相法、無分別法。如來接著作了一個結論：「如是涅槃句是一切句。」換句話說，如來在三乘菩提一切諸經所講的一切法，無非都是涅槃句，一切都是在講涅槃。

但是這個涅槃祂就是如來藏，所以涅槃只是如來藏的異名之一，因爲如來藏有許多名稱。所以 如來在《楞伽經》裡面說道：如來藏有許多異名，外道說的極微，說的四大、冥性、祖父、大梵天，包括現代外教講的所謂的造物主，其實都是在推究如來藏，只是他們弄不清楚所以亂講，就說有一個具足五陰的上帝，那位上帝叫作耶和華，創造一切。但是哲學家提出來質問：「上帝在哪裡？」沒有人能夠指示出來！所謂創造一切有情及器世間的神就是第八識如來藏！沒有那個所謂的五陰上帝耶和華。耶和華到底是有形的五陰，還是無形的心？是有形的五陰啊！他們自己的《舊約》乃至《新約》都一樣說：「上帝依著他的形象造人。」欸！《聖經》中說「依著他的形象造人」，有沒有讀過？都沒有讀過啊？你們都是眞的佛弟子！（大眾笑…）但不如我這個佛弟子，我連《舊約》都讀，還讀過什麼《荒漠甘泉》、《標竿》，以及相關的但丁《神曲》，我都是在高中就讀過，就是不讀課本。

那麼上帝既然依著他的形象造人，上帝就是五陰！因爲人類是五陰，有形象，那上帝就有形象，就是可壞的，還說他永生？再說，永生就會永死！因爲這是相對的，有生則必有死，但他們不懂。所以我說歐洲人還眞笨，遠不如中國人一個說法，就說渾沌，渾沌之後才有盤古開天；所以萬物之始叫作渾沌，中國人聰明欸！所以 如來在《楞伽經》中說如來藏這個我，有無量無邊的名號，這表示什麼？表示大眾都在推求：「**到底有情是從哪裡來的？**」可是眞正推究到最究竟的地步時，只有一個答案：「**從如來藏阿賴耶識來。**」外於此，而言造物主或者大梵天等等，都是虛妄！

話頭再拉回來，涅槃，其實三界中沒有一個法叫作涅槃，但是因爲這個道理難可思議（以眾生的智慧而言，難可理解），所以 如來施設方便，讓大家一步一步去瞭解涅槃。終於有人證得有餘涅槃、無餘涅槃了，如來再來宣說般若，然後說：「**涅槃其實是依如來藏立名。**」可是當你說個如來藏的時候，已經不是如來藏了。當你說如來藏的時候，那也是無量無邊法之一，所以經中又說：「設復有法過於涅槃，我亦說如幻如夢。」能夠超過涅槃的，只有一個法，就是如來藏啊！但是當你說如來藏這三字的時候，已經是法了，已經不是如來藏了，所說當然也一樣如幻如夢。所以當你說「如來藏」三個字的時候，這也一樣如同夢幻。所以禪師不跟你言來語去，你才剛問：「如何是佛？」他聽到時已經走了，連一句話也無。要是問到了德山，一棒就打過去了，一句話也無。因爲呢：「說似一物即不中。」所以涅槃不可理解。涅槃必須實證，而你所證的涅槃是要證第八識如來藏，然後來觀察祂的不生不死。

如果是凡夫又喜歡表現，講了一堆的涅槃，全都言不及義。徒眾們上來問：「師父！您講了那麼多涅槃，我始終讀不懂呢。」他就說：「因爲涅槃沒辦法說明，所以我講這麼多，你也不懂。」所以釋印順認爲說：「涅槃不可說。」可是我們會裡有那麼多人，我一講涅槃他們就懂。而我又寫了這兩冊的《涅槃》出來，大家讀過也懂了，爲什麼說涅槃不可說？所以涅槃可說、可說。等到釋印順來問我時，我就說：「不可說，不可說。」但他質疑我：「爲什麼你又跟我說不可說？」我說：「因爲我已經告訴你涅槃了，我沒有告訴你不可說啊！你自己偏要聽『不可說』那三個字，那是你家的事。」欸！諸位會笑，爲什麼？因爲你們聽懂。所以「無量塵垢諸煩惱藏常、空、涅槃」，講了很多、很多的法，三乘菩提諸經那麼多，很多人抱怨說：「浩如煙海，無從下手！」可是　如來把它歸結起來說：「如是涅槃句是一切句。」三乘十二分教講的都是在講如來藏的涅槃，所以三乘菩提諸經講了這麼多，不管是律藏、雜藏，目的也都像經藏一樣，都在指涉這個涅槃，所以「涅槃句是一切句」。

那麼因爲眾生根器千差萬別，所以要從次法，要從經、律、論各方面來解說這個涅槃，才會有一切法；但目的都在講如來藏這個涅槃，都是在演述如來藏的不生不滅。所以　如來又作了個結論：「彼常住安樂，是佛所得大般涅槃句。」結果，眞學佛的人學到最後，發覺上當了。例如我們增上班一定有許多人，學到某一天，忽然想起來：「啊！上當了。」對吧？對呀！可是上這個當卻很歡喜。本來學佛就是爲了離苦得樂，現在終於離苦得樂時，才發覺：「原來得樂是無樂；離苦的結果是沒有離，因爲悟了以後，我還是我，冷時還是冷，熱了還是熱，餓了還是餓；不小心踢著了，痛還是痛，苦的還是我，卻要無止盡地利樂眾生。」那也許徒弟上來問禪師說：「師父！悟了，不就是離苦得樂嗎？那爲什麼您被個東西撞著了，又大呼大喝說：『好痛、好痛！』？」沒想到禪師給他一巴掌：「痛還是不痛？」徒弟說：「痛啊！」禪師卻說：「不痛。」唉！這徒弟依舊丈二金剛摸不著頭腦。等到哪天悟了以後卻說：「呵！原來痛的我還是繼續痛，只是找到那個不痛的作爲眞實的我，而祂從來就不痛。」結果，「離苦」是離了沒有？沒離咧！「得樂」得了沒有？也沒得呢！因爲要得的那個「離輪迴諸苦」的樂是沒有樂的，喔！發覺原來被騙了，可是被騙得很歡喜啊！因爲到這個時候才知道：「吾師不我欺也。」說：「我師父眞的沒有欺騙我。」這才是眞的離苦得樂。

但是，回到這句話來：「彼常住安樂」，講的是「彼」，不是「我」常住安樂。因爲你這個五陰的我、十八界的我終究要壞；而那個如來藏、那個眞實的法是本來就常住安樂的。因爲你找不到一個方法可以壞祂，即使讓祂間斷一剎那都不可得，所以祂是常住的；而你這個五陰只是在如來藏旅店裡面住下來，這一夜也許五十年、也許八十年、也許一百年；如果是彭祖，就讓他住上八百年；然後走了，又換下一世另一個五陰了。可是一世又一世的五陰來了去、又來了去，祂卻是常住的，祂沒有來去；那因爲是常住，所以是眞安樂。五陰生了，是別人高興，不是你高興，對不對？你出生的時候都在哭，有高興過嗎？沒有一個人出生時說：「哇，好棒，我出生了！」沒有！出生時全都在哭。阿誰高興？哥哥、姊姊高興，父母親高興，特別是祖父母高興：「嘿！可以含飴弄孫了！」你卻是痛苦地出生。但是如來藏離一切境界，所以沒有苦之可言。

如果你證得解脫而離苦得樂時，是因爲有三界中的樂，那你就同時離不開三界中的苦；因爲樂與苦就像功德天與黑暗女，它們是一體的兩面，求功德就一定有另一面的黑暗。但是這個「無量塵垢諸煩惱藏」，也就是這個無名相法、這個如來藏是常住的，是離一切六塵境界的，所以永遠沒有生、老、病、死等苦；本來就無生，永遠無死，祂沒有任何的苦樂。所以佛法中說的離苦得樂是以無苦爲樂，是以寂滅爲樂。假使有人第一次來聽經，聽到這裡一定想：「那我不要學佛了！我是爲了快樂才來的啊！結果你說是寂滅爲樂、沒有苦爲樂，那我來學幹什麼？更何況要學正覺這個法還很辛苦呢，還沒有樂就先要苦。」可是這樣的無苦無樂才是究竟的樂，得常住安樂境界的是無得，是祂本來就常住於安樂。世尊說：「這個才是佛所得的『大般涅槃』的眞正開示。」

換句話說，二乘涅槃咱們跟祂開個玩笑說：那叫作小涅槃，因為那個涅槃比起大般涅槃來，不值一提。大般涅槃得要三大阿僧祇劫才能證得。佛地涅槃之所以偉大，是因爲祂的種子沒有任何的變異性，到那個地步以後就是永遠的常，這個常是裡外皆常，就是如來藏心體常，而祂所含藏的一切種子全都清淨了，不會再變易了，所以同樣是常；到那個階段，所有的如來藏含藏的功能差別都可以全部運作，所以 如來講過：「十方虛空世界，哪個世界在什麼時候下了多少滴的雨，如來都知道。不管是多麼遠的世界，那裡下了一滴雨，如來也都知道。」你說怎麼想像？無可想像！那是因爲第八識裡面所有的種子都已經不再變易，所以祂的所有功能差別都可以具足運用，而諸佛如來的十力就是這樣來的。

那個「大般涅槃」，弟子四眾難得理解，連妙覺位都還不能證得；但是那個「大般涅槃」也還是從「此經」如來藏而來，一絲一毫不能外於「此經」

如來藏。而 如來出世利樂眾生，演說了十二分教，也都是在講這個「大般涅槃」。然而「大般涅槃」其實不存在，其實就是這個如來藏修行到達佛地以後的境界，那才是「大般涅槃」。所以《大般涅槃經》講了：有十住菩薩眼見佛性，也有諸地和如來地的眼見佛性。諸佛如來眼見佛性的境界能發起成所作智，並不是所有妙覺菩薩之所能知，那才叫作「大般涅槃」。

所以 如來為了告訴大家「大般涅槃」，說法四十九年，總共十二分教，目的就是要讓大家瞭解「大般涅槃」，只是很難理解。好在有諸位，我才能夠這樣一一把祂說出來，不然我只能去跟石頭講，那多沒趣，也無功德。那麼這樣總結來看，是「彼」常住安樂，而不是實證了以後，「我」常住安樂；因為我是五蘊，是諸法匯集而成的，所以叫作蘊；既然是蘊就表示有生，有生則必有滅；有滅之法，不可能常住安樂。所以佛教界一定要改過來：「開悟的是『我』，所悟的不是我自己，而是『彼』，彼叫作如來藏阿賴耶識。」證得如來藏以後，知道什麼叫作「彼」，然後好好繼續用功，終於瞭解「七眞如」也可以現觀，不是想像；然後才會懂佛道的內涵如是深廣無垠，慢心再也不見了，如是修道才能快速成佛。

最快速的成佛方法是什麼？就是《解深密經》說的化長劫入短劫。所以達摩大師講：「三大阿僧祇劫，說長也長，說短也短。第一大阿僧祇劫叫作貪，第二大阿僧祇劫叫作瞋，第三大阿僧祇劫叫作癡，你超過了這三個就成佛了。」但是我告訴諸位：他這個說法還是有偏頗，因為言猶未盡。超過這三大阿僧祇劫，其實不用他講的那麼久，當下就超越了！不信嗎？當你證得如來藏，你看：有沒有貪？有沒有瞋？有沒有癡？都沒有啊！那不就超越了？這不就成佛了？這叫作「理」上的成佛；也就是說，這時你已經到了「相似即佛」位了。因為你悟後看看諸佛如來也是這個，我現在悟了也是這個，那我跟佛好像，真個像！

所以有位禪師說：「我手何似佛手？」對啊！還是當眾講的呢：「我的手為什麼這麼像佛手？」好像他很有慢心，對吧？嘿！又垂下一隻腳來說：「我腳何似驢腳？」說：「我的腳為什麼這麼像驢子的腳？」那純然是悲心，不是慢心！所以「理」上是這樣，確實很像。但是這貪、瞋、癡跟五陰相應，悟了以後依舊相應。所以有的人在我幫助下悟了，出去會外搞名聞利養，不肯回來；有的師兄見了面跟他勸，還遭他白眼。但是別見怪！因為他只是「理」

上證得自己的如來藏無貪、瞋、癡，可是如來藏含藏著五蘊相應的各類種子，卻是貪、瞋、癡具足。也許有人不服氣說：「嘿！他就是聰明嘛！懂得用這個『法』去謀取利益，你怎麼說他『癡』呢？」可是，從我來看他就是癡啊！因爲像他這樣子搞，要到何時方能成佛？只看到眼前的蠅頭小利，把未來世好多座的紫金山都給捨了，這不是癡嗎？聰明的菩薩不幹這種傻事的。

因此別以爲說：「悟了那就是聖人，聖人之所以爲聖，一定是沒有貪、瞋、癡。」千萬別這麼想！因爲我沒有要求他先證阿羅漢再來證悟。那請問諸位：我如果要求諸位證阿羅漢以後，再來我這裡求悟，這樣好不好？嗄？爲什麼不好？各個都搖頭。既然諸位說不好，而且五十二個階位裡面，在初地之前的三賢位，那第七住位起的二十四個階位都還在賢位，還沒到聖位，卻都是已經證悟了。所以假使有人悟了，行爲還不太如法，那就拜託你們體諒、體諒我蕭平實：不是我沒教好，不要到時候見了我說：「教不嚴，師之惰。」一直怪我。因爲既然有三賢位的施設，表示證悟了之後，要好好修行才能入地，入地時才叫作聖人。所以在三賢位中叫作外聖內凡，相對於外道、相對於凡夫而言叫作聖人，可是從佛菩提道來講，還只在賢位中，還沒有到達聖位。而我從來也沒有要求人說悟後得要像我這樣，我沒有要求過；所以假使有些同修悟了，還有些脾氣，或者有些什麼事情你看得不順眼，那你就體諒、體諒說：「啊！他還沒有轉入聖位，原諒他吧！」要這樣看，否則我還是免不了要當和事佬。因爲舉報到戒律院以後，戒律院還得回到我這裡來裁決；我這一讀，又要從頭讀到最後，沒奈何啊！因爲當法主就得要讀這些文件。

所以說「彼」常住安樂，不是悟了以後「我」常住安樂，這一句話要記住。那麼悟後還要繼續修行，如實轉依。因爲悟後，那「非安立諦三品心」還沒修完，你不必要求他修「安立諦的十六品心、九品心」，他就不會是阿羅漢位的聖人。如來施設的佛道次第就是如此，咱們不要妄想去改變它，因爲菩薩種姓是這樣修行過來的，才能把習種性、性種性、道種性修學完成。不要看以前說：「如來在世都是先證阿羅漢，然後才來開悟的啊。」但 如來在世先度很多人成阿羅漢，是因爲那時還沒有佛法，爲了讓眾生起信，不得不然。而且很多的阿羅漢都是 如來往昔所度的弟子，往昔早就是阿羅漢，早就是入地的菩薩；只是現在又來追隨 如來，由於未離胎昧，所以是這樣的實證。那麼如果我要求諸位都先證阿羅漢果再來開悟，我告訴諸位：「我們今天連買九樓這個講堂都不可能，何況如今的六個講堂？（編案：本輯出書時臺北已增爲七個講堂。）而且諸位也不同意先證阿羅漢果再來求悟。」那你就不可以要求說：「我們增上班哪個同修怎麼樣、怎麼樣，都不像一個開悟的聖人！」我告訴你：「開悟了，還不叫聖人，只叫作『賢人』！」

所以大家互相包容，有事拉到一邊慢慢談，和顏悅色慢慢談。不要戳著鼻子說：「你這樣不對！你是開悟的菩薩，怎麼可以這樣？」那他乾脆告訴你說：「我沒有開悟！」可是他也沒講錯，因爲如來藏這個「我」永遠沒有開悟，轉依如來藏爲眞實我時，就是沒有開悟的人。所以悟後要修行的是這個五陰，而不是如來藏要修行，千萬要記住「彼常住安樂」，悟後不是五陰這個我常住安樂。所以要小心，可別悟後私底下罵我蕭平實說：「不是說悟後有六通嗎？我現在一通也無，我現在想要離地一尺都辦不到！」所以要記住，是「彼」常住安樂。悟後有的禪師講：「還是舊時人，不是舊行履。」因爲悟後你還是你，某甲還是某甲，某乙還是某乙；但是因爲見道而轉依眞如，所以作事情時有一點兒改變了。

也有禪師講說：「悟後還是舊行履，不是舊時人。」兩個說法都可以，因爲你悟後該走路還是走路，該睡覺還是睡覺；不會說悟了就不用睡覺，悟了就不用吃飯，那是外道；然而悟後的行履還是跟以前一樣，所以你是人家的丈夫，還是丈夫；你是人家的兒子，還是兒子。不可以回到家說：「老爸！拖鞋拿來。」不可以說：「我現在見道了，是聖人哪！你們是凡夫，得服侍我。」不行！你還是如同以前的行履，見了老爸，該供養的供養，該奉侍繼續奉侍；行履還是一樣，但是你的心不同了，生起般若智慧了，所以已經不是以前那個某甲。所以不要企圖悟後讓自己變成如來藏，因爲如來藏還是如來藏，而你繼續是你，所以餓了，吃飯；冷了，添衣；累了，睡覺；而你該作的事，繼續作；這樣才是眞正的涅槃，否則就是誤會涅槃。

眞正的涅槃不離於三界相，外於三界相即無涅槃可得。假使你企圖在捨壽入了涅槃以後，還能看見三界相，那就是外道。那麼依著這樣的見地繼續往前進發，到達佛地時，第八識如來藏「此經」內外俱淨，一切種子都不再變易了，這才能叫作「大般涅槃」。而 如來三乘菩提所爲大家演述的目的，都在講這個「大般涅槃」。所以 如來才說：「如是涅槃句是一切句。」畫龍點睛說：「彼常住安樂，是佛所得大般涅槃句。」好，下一段：

經文：【迦葉白佛言：「世尊！云何離於『斷、常』？」佛告迦葉：「乃至眾生輪迴生死，我不自在，是故我爲說無我義。然諸佛所得大般涅槃常住安樂，以是義故，壞彼斷、常。」】

語譯：【迦葉稟白佛陀說：「世尊！要怎麼樣才能離開『斷與常』兩邊？」佛告訴摩訶迦葉：「乃至於眾生輪迴生死，五陰的我是不自在的，由於這個緣故，我爲眾生演說無我的道理。然而諸佛所得的大般涅槃爲常住的安樂，由於這個道理的緣故，壞滅了那個斷與常兩邊。」】

講義：斷與常、一與異、俱不俱等，這都是相對的法。諸位有沒有讀過《六祖壇經》？讀過！因爲那有點像通俗小說，很淺顯易懂。但是六祖最後提出了三十六對，有沒有？那個就是他的不傳之祕。譬如人家來問：「如何是善？」你就答他：「惡。」人家來問：「如何是佛？」你就說：「眾生。」假使有人又來問：「那如何是眾生？」你就把它倒過來：「佛。」如果有人問：「如何是非男？」就告訴他「非女」，反正你就答另外一邊就對了。問美就答醜，問男就答女，問天就答地，何止三十六對！但是這叫作意在言外。

這三十六對本來是交付給他的弟子，沒想到弟子笨笨的，就把他寫入《六祖壇經》裡面流通出去了。那諸位從這裡有沒有聯想到什麼？譬如人家來問：「如何是佛？」雲門說：「花藥欄。」有人又問：「如何是佛？」他說：「綠瓦。」甚至於連大便後使用的「乾屎橛」都拿出來講，「如何是佛？」「乾屎橛。」你看，這不就跟六祖那三十六對一樣嗎？只是，你會得那裡面的道理以後，隨你運用，你就可以變成無量對，何止三十六對？

斷與常是兩邊，但是如果從唯識種智來講，那就有很多可以講的了。所以在很早期，我出了一本小冊子，叫作《眞假開悟之簡易辨正法》。其實那本來是一個單張，我用表格的方式這樣畫下來，一個法下來又成兩個法，每一個法下去又有兩個就衍伸出去；那是爲了應付佛教界的質疑，就此堵他們的嘴，讓他們先看一看：「如果這一個《眞假開悟之簡易辨正法》我弄清楚了，才可以去質疑蕭平實；如果弄不懂其中的道理，那我甭去了！去了，自找沒趣！」讓他們懂這個道理。所以我這《邪見與佛法》流通出去以後，等不到一隻貓來，沒有人要來跟我辨正法義。他們都私下裡講：「蕭平實沒辦法跟我們對話。」聽起來好像他們很行，其實他們知道自己沒辦法跟蕭平實對話，因爲這些都讀不懂。所以說「斷」與「常」這兩邊有很多法可以講，但是佛教界對這個命題始終眾說紛紜，講到最後依舊沒有結論。可是對我們來講，沒有斷與常可說！《般若經》講的也都是離兩邊；可是末法時代的佛教界弄不清楚，只有一個原因，就是他們企圖用語言、文字和意識層面去瞭解斷與常，去瞭解兩邊，而想要離兩邊；但其實從實證者來講，沒有兩邊的存在，更不需要離。

因爲《般若經》講的，是從如來藏的境界來看待一切法，根本無一法可得，何必離？但是 如來老婆心切，希望大家證悟以後趕快入地，所以從所有的法來講不離兩邊的眞如境界，讓大家可以具足「非安立諦三品心」，否則何需要講到這麼老婆？有的人不懂，讀了《大般若經》六百卷，讀到煩。爲什麼煩起來？因爲 如來講話看來好像很囉唆，剛剛才講過那個，現在又講這個；這個講過了，等一下又來講一遍；其實不是重複，而是因爲從不同的層面來講，這樣弟子眾才能夠具足那三品心。所以斷與常是五陰的境界，不是如來藏的境界。但是摩訶迦葉難道不懂嗎？懂啊！問題是他身爲這一部經的緣起者，得要為大眾請問：「斷與常為何都是五陰的層面呢？」

比如說，如來示現在人間之前，那時候沒有佛弟子，所有修行人全都是外道；那麼大家努力在修行，想要證得阿羅漢，有的人想要證得如來。所以不論是「如來」或「阿羅漢」，都是 佛來人間示現弘法之前，在古天竺就已經存在的名稱；很多人自稱阿羅漢，但是自稱如來的人絕無僅有，沒有人敢自稱如來，因為都可能被人家問倒，僅有的就是 釋迦牟尼佛。但是阿羅漢一大堆，漫山遍野的修行人都自稱是阿羅漢；等到 釋迦如來下生人間示現成佛了，那些阿羅漢結果呢？後來果然是阿羅漢，因為都投入 釋迦牟尼佛座下，自然就成了眞正的阿羅漢。如或不然，都叫作外道，根本沒有得阿羅漢果；那他們想要離於斷、常就沒有可能了！

當初那一些阿羅漢，絕大多數都是常見外道，因為有的人認為：「我現前正在歌舞娛樂的時候，這覺知心是常。我觀察到這一點，所以我就不生不死，我將來死時就快快樂樂入這個涅槃，這樣常住不滅。」這就是五現涅槃的第一種，密宗也屬於這一種。後來因為又有人說：「那是散亂的境界，不可能是涅槃！我得初禪了，以禪悅自娛，這才是涅槃；將來死後，我就這樣常住這個境界。」有的主張二禪是涅槃，三禪、四禪……有的主張四空定等，各自主張那是涅槃，都是常見。

「常見」還可以分爲外於五陰的常一種。剛才講的都是五陰自己常，但還可以區分爲外面的常。比如說有的常見外道主張大梵天生一切萬物、一切有情，所以大梵天是常，我是無常，我死後歸於梵天。基督教其實是學這個來的，只是他弄了一個上帝，但他們說的那個上帝層次很低，因那個上帝要吃血食——帶血的肉。像一般人市場買的肉上帝還不要吃，因爲那個不帶血，那都先放血以後再切塊來賣；而上帝不吃這個，要帶血的，這是《舊約》講的，我沒誣賴他們。這表示上帝不但是五陰，而且跟羅刹一樣，所以才會吃血食；煮過了他還不吃，要吃生鮮的。如果哪天我特地去市場買了肉來，不煮，直接供養諸位，諸位吃不吃得下？吃不下啦！那還不帶血，可是上帝要吃帶血的，就是還沒有死透或是直接悶死而沒放血，就把肉割下來，裡面還有血的，他要吃那個生的；表示上帝的層次最多就是羅刹——四王天在須彌山腳下的羅刹，還不到四王天。那麼他們說，上帝是「常」；但如果上帝是五陰，就不可能常，這是鐵律，是永遠都不可改變的定理；因爲五陰都是有生的，有生則必有滅，不是常。

有的外道比較聰明，因爲欲界都歸梵天管，梵天有個大梵天王，就認爲這大梵天王是常。這個說法是從古時候一直流傳下來，爲什麼會這樣流傳呢？因爲大梵天有他的福德，他從光音天先來到初始的初禪天，然後才有梵輔天再往生過來，而且身量、光明都不及大梵天，然後才有梵眾天跟著往生過來。那麼大家就想：「他先來，我是後來，而且我的光明、我的身量都不及他。那我究竟是從哪來的，我也不知道，想來是他出生了我。」所以就認定自己是大梵天所生。那越來越多的梵眾天也出生過來了，聽這些梵輔天這麼講，就說：「喔！所以我們是大梵天王所生，大梵天王是常，我們非常。」因爲大梵天王的壽命都比他們長太多了。就這樣說：「大梵天常，我非常。」這也是常見。所以常見是有很多種，包括四大極微外道，包括數論外道等都一樣，那也都是常見外道。所以有內常、外常的差別；細分下來，還有很多種，這裡就不談。

但是也有一種外道主張「斷」。「人是父母所生，沒有前世，既無前世，這一世死了就沒有後世。」這就是馬克思講的，其實是學自印度的斷見外道。

如果人落入斷見裡面，他就可以急功近利，無惡不造，「只要法律抓不到我，就是我賺的。那我賺得很多錢，留給我兒子、留給我女兒，我最後就死了，就永遠斷滅了，所以我要留給孩子；所以照顧孩子可以無所不用其極，甚至想到未來七代都要把他們照顧好，因爲我死了就空掉了。」這就是斷見外道，無神論、唯物論者歸屬於這一類。這類無神論的斷見外道往往會造惡而不懼因果，因爲既然只有一世，哪來的因果？所以，以斷見論而作爲自己的思想信仰，他就可以不計任何後果去造作一切他想要的，不管善惡或因果律，所以斷見是最可怕的。如果是常見，他就會想：「我過去是誰？我作了什麼事情，今世生而爲人；那我這一世至少要保住人身，所以我不應該作任何的壞事。」他們這樣想，就會相信因果。

所以假使我是國王，我一定要禁止斷見的想法，鼓勵大家有常見的想法，因爲這樣，大家就不會去幹惡事，死後都不會下墮惡道。那麼如果有佛法最好，就乾脆教大家修學佛法。當國王的人如果聰明就這麼作，因爲對大家好，對國家也好，他自己也省事。所以斷見與常見都有他思想的緣起，但是斷見永遠都是少數人所信受，常見才是多數人所信受。我有時候也講：「斷見其實依於常見而存在，他們只是一時糊塗，胡思亂想；可是他們心裡面對於斷見這思想，其實也不太接受。」所以他們想的是：「如果我死後還有下一世該多好！」都會這樣想。但這一些不管怎麼說，不管他們衍伸出多少的思想，這些思想都不可能成為終極信仰；因為這些思想都不究竟，只有離於斷、常的第八識眞如才是究竟，所以 世尊說了《大般若經》。

而《大般若經》裡面有一句話很有名：「一切法、一切有情皆以眞如為定量故。」說一切法及一切的有情，不管哪一種法、哪一類有情，上從非想非非想天，下至無間地獄、阿鼻地獄，所有的有情都是以第八識眞如為定量。假使沒有第八識眞如，就沒有任何有情，而眞如是不住在斷、常兩邊的，眞如就是第八識如來藏。所以在佛法中，實證者沒有離兩邊的問題存在，因為不需要離，正在兩邊的當下就已經不在兩邊了。所以中道是證悟第八識不退的人才能住，意識思惟猜測所得的人都不能住。

譬如說現在諸位五陰有生、有死，這是兩邊。你已經生了，在幾十年前生了，將來會有死，不離兩邊；然而因為實證第八識而以如來藏為我，在當下就已經無生無死了。這個五陰會斷滅，五陰不是常；但是我就會告訴諸位：

五陰非斷、非常。沒有人敢這麼講吧？但我今天講了。五陰爲什麼非斷、非常？「因爲你這個五陰有生則必有死，可是死了以後壞了，還會有下一個全新的五陰再生，那你怎麼可以說他『斷』？可是你也不能說他『常』，因爲五陰終究只能用個幾十年就壞掉了，所以『非常』，因此五陰非斷、非常。」而這個五陰非斷、非常，就代表背後有一個如來藏離於斷、常，才能使你這個五陰非斷、非常。所以當你說到五陰非斷、非常時，就是講「如來藏非斷、非常」，這不就當下離於斷、常了嗎？今天講到這裡。

《大法鼓經》上週講到二十七頁第二段第一行，說到「云何離於『斷、常』？」接下來，佛告迦葉：「乃至眾生輪迴生死，我不自在，是故我爲說無我義。」先談這半段。這半段唸過，諸位應該有聯想到一個問題，就是佛法都說無我，爲什麼 如來又說我？這個「我」與「無我」困擾末法時代的佛教界已經幾百年，就像我這一世剛學佛，那時臺灣的佛教界一直在爭論一個問題：「到底是有我、或是無我？」大家爭論個沒完沒了。那後來有個現代禪說：「就不要談我與無我，凡有主張時就說『我們如何如何』，不說『我講如何如何』。」聖嚴法師也來講一講，當然他講的也一樣是依文解義。那麼當時我還沒有把往世的證量找回來，我聽聽也蠻有道理。不然佛教界老是在那邊爭論我、爭論無我，莫衷一是，最後仍然沒有定論，不如就這樣暫時止息紛爭，大家好好去用功就行了，當時是這麼想的。

然後我剛出來弘法時，我也就隨順，也不跟他們談我與無我，我就隨順說：「『我們』就怎麼作，『我們』就怎麼說；所以別人怎麼說，『我們』正覺怎麼說。」我不說「我」說的，不然又會招來一頓罵：「你不是證無我了嗎？一天到晚你都還說我怎麼樣。」那後來藉著一次舊曆年春節團拜（那時候我們團體很小，不過兩、三百個人），就租借了士林區公所樓上的禮堂舉行春節團拜。那時大家要我在團拜說一點兒法，要不然大家來團聚，也很可惜呀！有寶就得挖寶吧！所以我就說：「好，那我就來講『我與無我』。」後來整理出來才會有那本書。但其實，如來出世弘法，要講的就是無我。這個無我分成兩大類：就是人無我、法無我。可是如果都說無我，成佛的道理究竟是有我？還是無我？這最後得要作個交代啊！所以先讓大家瞭解什麼是我？什麼是無我？

我，就是眾生；無我，非眾生。要先讓大家領會了，再告訴大家說：「世人說我，這個五陰眾生其實非我，其實屬於如來藏；而如來藏無我性，所以證得如來藏的時候叫作人無我。」但如來藏非人，為什麼叫作「人無我」？因為從如來藏來看人時，沒有五陰這個人我！接著入地了，要學法無我。法無我也是無我啊！但這個無我一直修到究竟成佛了，依舊是無我。那如果都無我，幹嘛要努力修學成佛呢？如來最後才點出來：成佛時叫作「常、樂、我、淨」，是「眞我」；因為第八識裡外俱淨，而一切事、一切心所法，都可以各自運作，也就是「如來性」可以全部顯發出來了。這個如來性是本有的，每個有情都有，上自諸天天主，下至螻蟻、地獄、餓鬼都有；只是被煩惱所遮障而不能顯發，具足顯發時那就是「我」；特別是這第八識可與「五別境」以及「善十一」心所法相應時，六根互通，妙覺菩薩之所不知，那時第八識當然可以說是「我」。如果是這樣的法，大眾入無餘涅槃就沒有意義，因為能於三界生死得自在，也能於諸法生死得自在，又何必入涅槃？所以如來要給大眾的就是這樣最勝妙的法，不只是滅了蘊處界入涅槃而已，這才是如來的本懷。

如來有一大堆的財寶，辛辛苦苦來人間示現，難道會吝嗇到只給你一個小小的寶貝嗎？如果只是這樣，不必那麼辛苦來示現成佛，只要示現作阿羅漢就好了，然後教個兩、三年，有人證阿羅漢果時就可以走了，豈不是輕鬆？套句俗話說：「你好，我也好。」要不然成爲阿羅漢以後，又生煩惱：「我只是阿羅漢，還不是佛，那我要修到何時才能成佛？」那不就是煩惱嗎？「喔，原來如來是來給人煩惱的！」就變成這樣了。其實不然！因爲如來地的境界太勝妙，既有那個境界可以到達時，你又何必在阿羅漢位入涅槃？我想老趙州大概也是看到這個情況，所以人家來問：「如何是佛？」他說啊：「與一切人煩惱。」說的也是喔！

本來眾生在三界中輪迴生死，生、老、病、死等八苦雖然是苦，但也苦得不亦樂乎，不是嗎？每一個有情都想再生，沒有一個人願意死後就沒了。其實那些斷見論者、無神論者，也是希望未來世我還在啊！所以大家在那八苦中也是苦得不亦樂乎。但是如果只有解脫生死就可以，那你度盡了十方世界一切有情都入涅槃，宇宙就跟著滅了；因爲就沒有有情需要宇宙，宇宙就跟著滅了。那麼諸位覺得這樣有沒有意義？沒意義了！因爲還可以在解脫生死之後，乃至於一切法得自在，成就如來地的境界，那就讓大家都成爲如來，這樣最好。

所以 如來那麼辛苦來人間示現，不會只給你一個小寶貝就走了，一定是罄其所有，希望大家全部都能獲得，這才叫 如來呀！要不然，要叫作吝嗇如來了。對吧？可是天底下不可能有這種如來，所以當然要把人無我、法無我都讓大家實證以後，接著讓大家可以到達究竟的境界，叫作常、樂、我、淨。所以到那個地步的我，與因地的我又大不相同。所以沒有證悟之前，或者說假使證悟了，還沒有「道種智」之前，有時候（不是常常），比較深的經典裡面說到我、又說無我，也弄不清楚這到底在講什麼。那麼如果沒有證悟，單得二乘菩提，縱使他成爲阿羅漢、辟支佛，讀了大乘經典也是無可奈何，不懂就是不懂。所以這個「我與無我」是個大題目，那佛教界幾百年來弄不清楚，但是到我們這一世開始弘法時，一次把它講清楚，有事相上的我與無我，也有法上的我與無我；以後再也不要去討論什麼有我、無我的事，因爲有我與無我是一體的兩面。

那麼回到經文來。如來告訴摩訶迦葉：「**眾生有斷見、有常見。由於種種業緣的關係，乃至於輪迴生死。在無盡的生死當中，『我』是不自在的，**

由於這個緣故，我爲大眾說明『無我』的眞實義。」現在說這是爲大眾說明無我的眞實義，是因爲「我」不自在啊！那諸位看看，這個「我」是指什麼？是五陰？有沒有人有異議？沒有！這一聽就懂了，「不得自在的」當然是「五陰的我」。五陰的我不得自在是因爲五陰無常，無常故苦，苦故無我，無我故空，這樣的我當然不自在呀！

如果是自在的心呢？自在的心是從來都無我性的，也不能說是我；一直要到一切種子不再變易了，這個第八識自在心可以運用五遍行、五別境、善十一等心所法，那才叫作「我」，那個「我」才是自在的。可是因地這個無我性的第八識，祂才是自在心，因爲不論眾生上天下地，祂都自在。下地是到哪裡去？到地獄去啊！不管那五陰多麼痛苦，祂依舊自在。上天，不論欲界天或者色界天，眾生覺得快樂，但祂依舊自在；都不擔心失去天界的境界，這樣才叫作自在心，但祂卻是無我性的。所以當你反觀自己這樣的一個心是始終自在的，那你就叫作「觀自在菩薩」了。但還不是 觀世音菩薩喔！要叫作觀自在菩薩。

可是觀自在菩薩其實不觀也自在，所以凡是在三界中自覺有我的，這個五陰的「我」都是不自在的。「不自在」有兩個意涵：第一個是說，祂於各種境界中有所取捨、有所分別，所以不自在。第二個「不自在」的意思是說，第八識本來就自己存在，自己本來就在，不是有生的法。既非有生之法，當然是本來就有的，所以祂叫作自在心。然而離念靈知或有念的覺知心都是有生之法，有生則不是本來自己就在的心，當然不自在。那麼眾生輪迴生死當中所知道的「我」，永遠是五陰的境界；就是在六塵當中，有分別、有取捨、有苦樂的心，這就是世人所知的「我」，這樣的「我」不自在。

如來在人間示現，初始弘法必須要先說「我」不自在，不然眾生如何得證解脫？一定要先說這個「我」是無常、苦、空、無我，然後眾生才能夠得解脫，出離三界生死。就因爲這個緣故，所以 如來爲大眾演說「無我」的眞實義。說到這五陰的我、十八界的我是無我，在諸位的立場聽起來，覺得這是理所當然，可是在會外佛教界還有很多人不接受，依舊認爲離念靈知的我是眞實不壞的。不曉得後山那位比丘尼，現在還有沒有在講「意識卻是不滅的」？想來是不敢講了吧！如果還繼續講，就表示她已經笨到底了；因爲我們書裡面講了那麼多「意識是生滅法」的事實了。

接下來如來說：「然諸佛所得大般涅槃常住安樂，以是義故，壞彼斷、常。」這就是總結前面這半段的義理。當如來說五陰的每一陰、十八界的每一界、六入的每一入、十二處的每一處，全部都是有生之法，有生則必滅。有的眾生很聰明，聽了馬上觀察，立刻知道果然如此！但是他馬上想到一點：這些都不是真實的我，將來我死了豈不是成為斷滅空？想到這一件事情的人會有兩種反應。第一種說：「啊！死了就死了，一了百了；所以我活著時不享受，那就是白癡！」就會像無神論者一般盡情享受，所以花天酒地。可是花天酒地，這叫作世間的好人，因為他把錢財分散給大眾賺了；等而下之會怎麼樣？起貪，殺人越貨、放火擄掠、無所不造，只要不被抓到就好。他想：「反正我盡量去搶、去騙，能到手就是我的；又沒有後世，怕什麼果報？只要不被抓到就行。」他是這麼想的，於是法令再嚴也沒有用。那麼因為眾生會有這兩種狀況出現，所以如來還得要演說：「諸佛所證得的大般涅槃不是斷滅空，是常住，是安樂。」這道理是在宣示：「出三界生死不是斷滅空，而且那還不是究竟我。接著還要繼續進修，首先把緣覺法學好，然後修菩薩道而到達佛地，那個涅槃不是一般的涅槃，那叫作『大般涅槃』；那個大般涅槃是常住的，是安樂的。」這樣就把斷見與常見全部破除。

有人如果認爲說，我這色身是常住的，如來卻說：「那是假合而成，不外是地、水、火、風所成，將來終歸散壞。即使修得地行仙，大不了幾萬年也要死掉。」就把這個色我破了。有的人說：「色我是生滅，但我這覺知心能領納色、聲、香、味、觸、法。我這覺知心只要不被『色聲香味觸法』所繫縛，在六塵當中自在時，這樣的我就是涅槃，所以我是常住的。」那麼如來就說：「你這覺知心六個識是由六根觸六塵才出現的，六根、六塵壞了時，這六識跟著滅了，六識也是無常故非我。」又把這個識陰我的我見斷了。

又有人說：「色陰、識陰的我固然生滅，但是有個『受』存在，這『受』是常住的。」如來又說：「這個『受』是因爲有色陰、有識陰，才能有受，否則你的『受』從何而來？」又把它破了。有人說：「不！這個『受』雖然有變異，因爲如來講了有苦受、樂受、不苦不樂受，變來變去是變異法，但是受的背後有個『想』，那個『想』了知性是不滅的。」如來說：「你這個了知性得要先有『境界受』，否則你沒有辦法有這個『想』，這了知性就不能存在了。」有人說：「既然如此，那總是有個我一直在運作不斷吧？所以這『行』

就是眞實的我，因爲一切有情莫不有行。」如來又把它破了：「你這個『行』只是因爲有『受』、有『想』。可是依受、想而有的行，卻是依『色』與『識』而有，所以你這個『行』是老么，你排最末端，那當然也是生滅的。」這樣苦心教導，眾生終於知道：「啊！這三界中的『我』全都是虛假的！」所以這樣把常見給斷了。

但有的人不很瞭解，那 如來就施設了「界差別觀」，從十八界或各種界來條分縷析，例如分成六根、六塵、六識。六根是怎麼來的？六塵是怎麼來的？六識又是怎麼來的？滅掉他們的愚癡，終於把常見斷了；然後教他們再深入觀行，成爲阿羅漢，身見永斷無餘，這樣是斷「常見」。但是一般眾生間接聽聞 如來的開示，而不是直接聽聞，沒有被 如來直接攝受，他們心想：「那這樣子你們證阿羅漢，不就是斷滅空嗎？」於是 如來就告訴他們：「證阿羅漢不是斷滅空，因爲有本際常住，所以阿羅漢所證的涅槃是『常住不變』。」然後接著講般若，接著講一切種智，說最究竟位的諸佛境界是常住的；因爲這八個識的一切功能差別和所有含藏的種子都不再變易，所以是常，而且永不壞滅，這叫「常住」；並且到這個地步，有三不護、四無所畏……

等，那是完全自在的境界，那是常、樂、我、淨，所以是究竟的安樂。這樣又把斷見給滅了。

我這一世初學佛，還聽到佛教界有個爭論，說 如來滅了以後，到底是有、還是無？那時候我初學佛，我也搞不懂到底是有、還是無，因爲以前都是聽別人講。是到後來，把別人的都丟了，我自己來探究佛法，然後才找回往世的證量。所以不懂的人就說：「**啊！如來入涅槃了，所以灰飛煙滅了！**」甚至於現代臺灣有個釋印順，附和日本那些佛學學術界的人一起放炮說：「**大乘非佛說，因爲如來入滅了就不存在了；那後代弟子們由於對如來永恆的懷念，所以創造了大乘經。**」他們就這樣放膽大放厥辭。

問題是，有人實證了三乘菩提，對照之下，那二乘經典根本不能和大乘經典相比，因爲範圍很狹窄，所觀行的都是世間法；因爲五蘊、六入、十二處、十八界以及所有心所法都是世間法，所以很狹窄，很狹窄當然就很淺。那大乘法講的呢？是出生這個世間法的背後那個第八識自在心。而那個自在心蘊藏了無量無邊的功德，也含藏了這世間法的許許多多的種子，所以這個法很深、很廣。假使他們的主張是正確的，顯然後代的佛弟子智慧比 如來更好，那他們就是在謗佛。他們等於是謗佛，謗說如來只有阿羅漢的果證，還沒有成佛。於是他們就另外提出主張：「**佛就是阿羅漢，阿羅漢就是佛。**」那麼這樣一來，如來在世時，座下就有幾萬個佛了？因爲一千兩百五十位阿羅漢座下還有許多阿羅漢，那就有一萬多個佛了，但是 如來說：「**一個佛世界只需要一尊佛就夠了，沒有兩佛並存的道理。**」所以你看，他們謗佛謗到多嚴重，而竟然都不自覺！所以 如來必須把這個道理也講清楚。

二乘菩提只在現象界裡面說，但大乘菩提說的不但是現象界諸法更細的部分，並且再加上現象界背後的實相法界，證明諸佛境界不是斷滅。所以諸佛入涅槃只是示現，而不是斷滅，這樣又把斷見砍個徹底；否則那斷見外道還會藕斷絲連，雖然刀子把它砍了，他們的藕絲還連在一起呢。那麼 如來講到這個地步，就全部把它砍斷了，只是因爲這個深妙義，在不斷地戰亂和皇帝的打壓之下不得弘傳；等到愛樂雙身法的皇朝滅了，民國時代又是連年戰亂，也不能弘傳，才能夠讓那些外道法不斷地擴展。好在佛菩薩庇佑，眼光獨到，讓咱們生到這個寶島來，要叫大家各個成仙。成什麼仙？菩薩金剛仙！

可是菩薩跟仙不一樣，在道教裡面，說 如來是「大羅金仙」，所以《阿含經》中 如來之道叫作「古仙人道」。但菩薩跟仙不一樣，「仙」會寫吧？把它拆成兩個字叫甚麼？（大眾答：山人）所以仙大部分住在山中。欸！我也被人家叫作「仙耶（臺語）」。（大眾笑…）我去年搬家之前，那些舊別墅左鄰右舍有的人遇到我，叫我：「仙耶！你好！」我說：「好、好、好！」我想：「嘿！我當然也有資格當仙哪！怎麼沒資格？」那菩薩是仙中仙呀！仙人遇到菩薩時也開不了口啊！那我也就接受了，隨便他們怎麼叫都可以。我們當菩薩就是不計較，人家說什麼算什麼，所以有時候遇到人家說：「你是算命的嗎？」我說：「是啊！是啊！」我也說是，那是以前去看新竹講堂的時候遇到的。反正不用解釋，跟他解釋了也聽不懂，解釋那麼多幹嘛？因爲他們看我是什麼，我就是什麼。

也就是說，佛法難可思議，難可實證，難可究竟，才說甚深極甚深，廣大極廣大。咱們講經二十多年了，沒有把一部經講兩遍的，都是只有講一遍。所以二十多年講了這麼多部經，結果講的都是第八識如來藏，可是內容不重複。以前講過《成唯識論》四年多，二○○三年開始講《瑜伽師地論》，到現在才八十幾卷，還沒講完（編案：已於二○二二年講述完畢）。但《成唯識論》我一定要再重講一遍，滿增上班同修們的願；有很多人沒聽我講過，而當時很多人其實也聽不懂，所以即使破參了，也都期待再聽一遍（編案：已於二○二二年初開講）。但是講來講去，都不離第八識如來藏。所以這個實相界的法非常廣大，非常深奧，因此才需要三大阿僧祇劫修行。否則如果能夠很快成佛，如來爲什麼不幫大家立刻成佛？要讓大家三大阿僧祇劫辛苦幹嘛？如來看待一切有情都像獨生子一般，假使你萬貫家財，你有個獨生子，當你要離開了，你會把大部分財物帶走，只留給他一點點嗎？不可能啊！所以如來一定要把所有的、到達成佛時應該要有的法都告訴大家；要這樣說完了，才能示現入涅槃，否則就是化緣未滿。

化緣未滿就不該入涅槃，如果化緣未滿就入涅槃，表示他連自己什麼時候要走都不知道，都不能自己決定，那算什麼佛？如果入涅槃時化緣未滿，還有很多法沒講完，那就應該再來一次啊！所以我說那一些主張「大乘非佛說」的人，他們應該是歸依不久就得了重感冒，發燒發到頭腦燒壞了；一定是腦筋燒壞了，否則怎麼敢講出那種完全不合邏輯，完全背離因明學，而且是大逆不道的造惡言語呢？所以如來一定先讓大家知道「無我」，那個範圍講的是世俗界，就是蘊、處、界、入等法，都是世俗法，這些都是無我的；但是怕大眾落入斷滅空，所以又說「如來地」的境界是如何，是常住的、安樂的。那當然就得要附帶解說，從阿羅漢位到達究竟佛地，這麼長遠的過程中，應該修證的有哪些內容？應該斷除的有哪些內容？這當然得要講。用這個方式來「壞彼斷、常」。接下來迦葉又怎麼問，如來又怎麼答呢？

經文：【迦葉白佛言：「世尊再轉無我、轉我久矣。」佛告迦葉：「為破世間『我』，故說無我義。若不如是說者，云何令彼受大師法？佛說無我，彼諸眾生生奇特想，聞所未聞，來詣佛所，然後以百千因緣令入佛法。入佛法已，信心增長，勤修精進，善學空法，然後為說常住安樂有色解脫。復次，或有世俗說『有』是解脫，為壞彼故，說言解脫悉無所有。若不如是說，云何令彼受大師法？是故百千因緣為說解脫、滅盡、無我。然後我復見彼眾生，見畢竟滅以為解脫，彼無慧人趣向滅盡；然後我復百千因緣說，解脫是『有』。」迦葉白佛言：「世尊！得解脫自在者，當知眾生必應有『常』。譬如見煙，必

知有火；若有我者，必有解脫。若說有我，則爲已說解脫有色，非世俗身見，亦非說『斷、常』。」】

語譯：【摩訶迦葉稟白佛陀說：「世尊再度運轉無我法輪、運轉我法輪，已經很久了。」佛陀告訴摩訶迦葉：「爲了破除世間『我』，以這個緣故而說無我的眞實道理。如果不是像這樣說的話，要如何能夠使那些人接受大師的法義呢？佛解說了無我，那一些眾生們生起了奇特之想，因爲這個無我之法聞所未聞，於是來到佛陀的所在求見，然後諸佛以百千因緣來使這一些人進入佛法中。進入佛法以後，信心開始增長，精勤修學而努力精進，善於修學空法，然後才爲大家演說常住安樂，而且是有色的解脫。另外呢，如果有世俗的說法，說『有』就是解脫，爲了毀壞他們邪見的緣故，說解脫以後全部都不存在了。如果不是像這樣說，又怎麼能夠使他們領受大師的法要呢？由於這樣的緣故，用百千因緣爲大眾演說解脫、滅盡和無我。然後我又看見了那一些眾生，他們看見畢竟滅盡，錯誤地認爲那就是解脫，那些沒有智慧的人就趣向滅盡了；然後我又爲那一些人施設了百千種的因緣，演說解脫其實是『有』。」摩訶迦葉稟白佛陀說：「世尊！得到解脫而且自在的人，應當知道眾生必定是背後應該有一個『常住』的法。就比如看見有煙的時候，必定要知道一定是有火存在；如果有眞實我的話，必定就有解脱。如果說有眞實的我，那就是爲大眾已經解說解脱是有色的，但不是世俗法中的身見，也不是說『斷見』和『常見』。」】

講義：這段經文其實對末法時代的學佛人而言非常重要，可是，如果沒有斷身見之後再證悟明心，或者說斷身見時是誤會了，乃至於開悟明心時也是誤會了的錯悟，不是眞悟，那麼這一段經文一定讀不懂的。摩訶迦葉說了：「世尊再度運轉無我、又再度運轉我，已經很久了。」表示這一部經是在般若期講的？還是方廣、種智期講的？一定是過了般若期以後，因爲般若期就是講我與無我，說有個眞如叫作非心心、無心相心、不念心、無住心，又說：「一切有情皆以眞如爲定量故。」所以有時說：「一切諸法皆以眞如爲定量故。」這句話講很多遍呢，不是只有講一遍。而眞如就是這個非心心、不念心等，就是第八識如來藏。

這就是說一切諸法、一切有情，乃至三十七菩提分法，全部都以眞如爲定量。眞如就是第八識如來藏，既然說是「以眞如爲定量故」，就表示祂不可改變，祂是實相，實相是不可改變的。開悟一定是悟實相，難道會是悟虛相嗎？所以不可以說：你們正覺悟你們的，我們悟我們的。難道眞的要像廣告詞說的「斯斯有兩種」嗎？但是現在斯斯有四種，那是不是開悟的實相也可以有四種？不行！因爲實相是絕待的，祂就只有一種，沒有兩種、三種。所以兩個證悟者之間所說一定是相同的，語言、文字、說的譬喻可以不同，內容一定相同，都同樣是那個第八識。

以前網路上常常有人說：「**你們正覺悟你們的，我們悟我們的，你們爲什麼要說我們不對？**」還說得很氣憤塡膺。可是我剛弘法的前五年中都不評論諸方大師的法義錯誤，都讚歎他們，竟然都還無根毀謗我們正覺是邪魔外道，這事兒他們都不講；而且他們那樣講也沒道理啊！所以早期講經，我有時候就插上一兩句說：「**那如果你悟你的、我悟我的，悟的內容可以不同，那不就是實相有兩種了嗎？**」他們才終於閉嘴。所以，這一部《大法鼓經》顯然是第三轉法輪初期時講的。因爲般若講「無我」也講「我」，已經講很久了，般若也講二十幾年了，隨後又來宣說《大法鼓經》；但是很多人讀《般若經》，那些語言、那些經文看起來都蠻淺顯的，然後自以爲懂了，就說：「一

切法緣起性空，緣生緣滅，這就是般若的眞實義了。」

依照他們那樣的理解，那麼《般若經》講的內涵，不就跟斷見外道一樣了嗎？斷見外道也這樣講的啊！如果 佛講的跟斷見外道一樣，那 佛就不必辛苦下來人間，因爲人間有斷見外道就夠了。但一定是不同，而且斷見外道所說容易理解，如來說的法卻很難理解；所以《大品般若》總共六百卷，講的就是「無我」，而諸法無我的背後就是眞實我的眞如心，所以才說「**一切有情、一切諸法、一切佛法皆以眞如爲定量故**」。既然「**以眞如爲定量故**」，眞如就不會是釋印順講的斷滅空，不是一切皆無。所以於沒有佛法流傳之世，佛法剛剛要演說時是非常困難的。

想想看，假使你在五濁惡世示現成佛，那時人間都沒有佛法，你要怎麼傳？難道你可以一開始就講般若嗎？講到嘴破了，舌頭爛了，都是白搭，因爲沒有人會懂。當然一定得要先從蘊處界入等「無我法」開始講，讓大家實證無我之後，再來運轉第八識「**眞我常住**」的法輪。那麼摩訶迦葉稟白了之後，就顯示出他完全懂得 如來在說什麼，所以前面他不斷地請問，表示他是爲眾生提問的，不是爲自己而問，因爲他懂。

那麼他講了這話，如來正好加以說明：爲什麼要轉「無我」法輪？無我法輪轉了以後，爲什麼還要再轉常住法的「眞我」第八識法輪？這時候正好說明，所以 佛陀說了：「爲了破斥世間人說的我、常住，所以要演說『無我』的道理。」因爲世間各種各類的修行人太多了，除了斷見以外，講的都是五蘊十八界中的全部、或者局部、或者少分、或者只有極小分說是常住的，但都同樣說是常住的我，那叫作常見，那其實全都是生滅法。而他們認爲那是常住的，就說那是眞我，如來只好說：「其實無我。」就是從世間法的範圍來說「無我」，不牽涉到背後的實相法界第八識眞我。

那麼世間法，什麼叫作世間？五蘊、六入、十二處、十八界等法組成爲一個人，這就是世間，叫作五陰世間。這個五陰世間運作的過程當中，有許許多多的心所法配合運作；正因爲這麼多的心所法配合運作，猶如人間一樣，所以才需要國王、需要各種官吏，才需要法律，也因爲如此才需要設立監獄，否則都用不著了。因爲這些心所法裡面，還有貪、瞋、癡、邪見等一堆的我，而這一些全部都是世間法，沒有一法超出於世間之外。但是這一些法，不論哪一個法，全部都是生滅、有爲、有漏之法。這些法既然都是生滅之法，顯然沒有常住不壞的眞我，所以應該說這叫作「**無我**」。

如來接著說：「**若不如是說者，云何令彼受大師法？**」「**大師**」是　如來的自稱，沒有誰可以自稱大師。但我在末法時代出來弘法，就專破大師，表示什麼呢？表示那些大師其實都是假名大師，所以我得破斥他們。但若是眞正的大師呢？我忙不迭頂禮、瞻仰、供養，哪裡敢破？諸天借給我膽子也不敢破的！因爲連諸天天主都不敢，所以我專破假名大師。那麼眾生一向執著世間諸法有我，便不得解脫生死苦，所以　如來得要說「**無我**」，爲大眾解說：「**這一切法都是生滅有爲，都是有漏而不淨。**」得要告訴大家：「**只要落在這些生滅法裡面，就得生死輪迴，永無窮盡。**」

如來這樣演說了無我法，眾生聽了，覺得　佛的說法很奇特，因爲以前沒有人這樣講過。釋迦如來降生人間之前，所有人都叫作外道，當年我自然也是那外道之一，因爲　如來還沒有開始弘法。當年你們也都是外道，跟我一樣，沒有一個人是佛弟子。直到　如來要去鹿野苑，途中先度了一個在家人，才第一次有弟子，所以那時只有師徒兩個人，僧寶還沒有出現。後來　佛陀去到鹿野苑，再度五個人，初次建立僧團，這樣是第一次有佛、法、僧三寶，所以那時候的人都叫作外道。外道說的法，或者說「色」是眞我，常住不滅；或者說「受」是眞我，常住不滅；或者說「想、行、識」是眞我，常住不滅；或者說有念靈知常住不滅，是眞我；或者說離念靈知是眞我，常住不滅，眾說紛紜。結果 如來出現在人間，竟然說：「這一些都是生滅有爲，都是有漏法，沒有眞實我，全部無我。」眾生第一次聽到這麼講，作奇特想：「嗄？這些全部都無我？嘿！很奇特欸！」聞所未聞。

這要是在這個年代第一次這樣講，還沒有經典等聖教量存在時，大家聞所未聞，一定會毀謗：「你這個叫作什麼佛？亂講！」一定會罵。可是那時候很多人都修行很久了，其中還有很多人都是有四禪八定的。因爲 如來把他們的境界一一剖析，都說清楚了，所以他們可以現前觀照，果然是生滅法！那就覺得很奇特了，所以主動來到 如來的所在，面見 如來請益；就像諸位主動來到正覺，當然有少數人是被人家拉很多次才來，這也有，但總算安住下來。可是我早期要把這個法送給人家時，還親自到人家的家裡去說法，去講給他聽，他還不要，道理是一樣的，因爲聞所未聞而難以信受。但有智慧的人就會判斷，知道說：「這個法很奇特！我要去問清楚。」所以「眾生生奇特想，聞所未聞，來詣佛所」。

這時 佛就提出宗旨來，再用很多的方法來爲他說明，說明之不足，繼之以譬喻，然後才作定論，因明學就是從 佛說法來的。所以 佛會先提出一個宗旨來，先告訴大家：「你說的這個是無我的，生滅不住。」先提出一個宗旨，然後 佛陀會告訴他原因，直接了當：爲何它是生滅不住，爲何無我，這叫作因。宗旨一定要先提出來，然後把那個道理講出來，這就是因；然後爲他廣作說明，這就是經典裡面的「長行」。「長行」講了，也許聞者不太信受，繼之以譬喻。講譬喻給他聽，他聽了就懂：「唉！果然是這樣。」信了，然後跟他作一個結論，這就是因明學。我出來說法，沒教過因明學，但我們這些老師以及增上班同修們，很多人自動就會我這樣的因明學了，用得非常棒，也很懂得發揮，因此就所向無敵。不是這樣嗎？這就是 如來「以百千因緣令入佛法」，所以很少人聽聞 如來說法以後，還不能悟入的。

你們看那《阿含經》，有時候有的《阿含經》一部只有短短幾十個字。那是因爲前面結集了同樣內容的那一部經，已經結集夠了，後面結集的經典就省略內容了。其實 如來說法非常詳細，但是經典結集時不可能像那樣詳細結集起來。如果要像我講經這樣整理成書籍，我告訴你，這三藏十二部不是一個經櫥可以放得進的！那要這整間講堂來放，搞不好都還不夠！你看，我只是講多少經，整理出來時現在都已經一百多冊了！然而那麼多部經，如來可都是一一詳細解說過的。當然有時候　如來會是略說其義，然後交代聖弟子們爲大眾解說，那已經是後期了。換句話說，如來說法非常詳細，特別又是知道說：「**這個是往世的弟子，現在有緣實證。**」那麼　如來就會爲他很詳細說法，開示完了就得「法眼淨」，第二天早上成爲阿羅漢。有的人是早上來求開示，得法眼淨，然後自己去觀行，到了傍晚成阿羅漢。這就是　如來「**以百千因緣令入佛法**」。至於後面「般若期」，那除了講《般若經》以外，還得在平常時施用機鋒，所謂教外別傳；否則想要悟入般若，難於登天哪！

諸位到正覺同修會來，也許想：「**大概開悟不會很久，頂多再給我個三、五年吧！我一定悟了。**」信心很夠喔！可是以前的學人聽到開悟時都說：「**很想啦，但是我不是那塊料！**」對吧？以前總是那樣想的。如今因爲我們見道報告登多了，現在《我的菩提路》都印到第四輯了，大家更有信心。可是在此之前，談到開悟，根本想都不敢想！所以要能夠進入　如來大師的法中，不是容易的事！但是如果有因緣面謁　如來，不證阿羅漢果也難，而你不開悟般若也難！因為　如來有百千因緣，施設各種方便來幫助你；而且　如來老婆心切，所以你遇到　如來的時候，一心就想親近，只是不敢放肆而已，因為太慈悲。話說回來，單單是施設「無我法」，這就已經夠慈悲了；由於施設了「無我法」所以眾生不會繼續輪轉生死，這就是天大的慈悲。那麼眾生入佛法以後，得阿羅漢果了，現觀自己：「**我生已盡，梵行已立，所作已辦，不受後有。**」這時信心百倍、千倍、萬倍都有了，所以才說：「**入佛法已，信心增長。**」

信心增長了之後，佛說還有菩薩道可以證得無我背後的「眞我」，就能夠像菩薩們那樣有智慧而且當下解脫，不必入無餘涅槃。如果你是已經成阿羅漢的人，你聽到　如來這樣說，還會想要入無餘涅槃嗎？才怪哩！所以諸位搖頭是正確的。到那個階段，又何必入涅槃？生死歸生死，苦也是無常；為了眾生、為了成就佛道，苦就苦吧！生就生，死就死，無所謂了！因為背後有那個最崇高的目標在那裡——就是如來地的究竟功德。所以這時迴心菩薩道，不當聲聞人了！其實在佛世可以證阿羅漢果，絕大多數都是菩薩再來；否則怎麼可能 如來一說法，快則當下，慢則次日、後天就成阿羅漢？不是沒來由的！都因爲往昔就是 如來的弟子，這一世因爲 如來要再來這裡利樂眾生，要滿以前一千位兄弟的願，再來示現成佛，當然大家要跟著而來；聽到可以像菩薩那樣當下涅槃，不用入無餘涅槃，大家當然要學。

既然想要學，但是這「開悟般若」並不容易，所以就得「**勤修精進，善學空法**」。「**善學空法**」是什麼意思？就是善學般若。「般若」說的就是「空」，所以從頭到尾都在說「空」；但是這個空，有講現象界的緣生性空，乃至於一切菩提法都是空，卻在此說背後有一個一切法空所依的另一個「空」，那叫作「勝義空」，那「勝義空」指涉的就是第八識「眞如」。既然稱爲眞如，表示祂眞實而又如如，具足這兩個法。既然說眞如，當然不是斷滅空，因爲斷滅不可能是眞，斷滅也不會是如；一定是眞實存在而無礙於一切境界的法，才能叫作「如」。所以眞實而如如的眞如，絕對不是釋印順講的滅相不滅，他那個說法是精神錯亂而講的。滅相就是一切法都滅了，那還有相嗎？所以施設個「滅相」時就已經自語不通了，何況還說滅相不滅！滅了就是無，不能說是不滅。

如果眞像他講的這樣，哪天遇見了印順，我說：「你那個滅相不滅是假的，我現在給你眞的滅相不滅，你要不要？」他如果說要，一拳把他打死，打死了就是滅相。滅相不滅那就是眞如，那你就是給他眞如了。假使印順的門徒之中有個百億富翁，他想要求「滅相不滅」而不可得，便教他說：「你把這一百億元都捐給正覺，然後包括你這個五陰也捐給正覺。你全部都捐了，那就是滅相。你一切無了、都沒了，連自己都變成他人所有的了，那你就是滅相，就是證眞如。你要不要？」問他，他一定說不要，那他就不是釋印順的門徒。所以釋印順的門徒想要證眞如，就叫他們全部自殺，那就是滅相，那就是證眞如。他們又不要了。

但是證眞如不必把自己的一切都捨了，也不必把自己給滅了，當下就可證。無妨蘊處界和六入具足存在，色蘊繼續存在時，同時有一個眞實空，叫作畢竟空，祂叫作第八識眞如，恆住不滅。要學這樣的般若才叫作「善學空法」。那些六識論者學空，學的都是假空，因爲他們全都落入現象界緣生諸法的無常空，不是「勝義空」，更不是依眞如自住境界而說的勝義也空的「勝義空」。如果能夠「善學空法」，也就是說：「先聽聞如實的、正確的般若波羅蜜」，這樣才叫作「善學空法」。以前的臺灣佛教界、現在的大陸佛教界，他們學的空法都是錯誤的，叫作不善學空，因爲全都在緣生性空的蘊處界諸法上用心，沒有碰觸到第一義中所說的空。終於大家「善學空法」了，才爲他們說「常住安樂有色解脫」，否則不能講！一定要先「善學空法」。如果已經實證阿羅漢果了，這時候學「空法」一定善學，除非那是假名善知識在亂教。

假使如實斷除了「身見」，「三結」已斷，這時候追隨眞善知識修學般若，那就是眞正的「善學空法」。沒有斷身見的人，要學空法難免錯會；錯會了，你幫他證悟如來藏以後，還是會退轉，這就是我們正覺度人的慘痛經驗。所以後來才改了，禪三起三的時候，先把諸位五陰十八界全部都「殺」了——一定要把「身見」給斷了，才能開始禪三；否則悟到了如來藏，也會把祂當作是「五陰」的一部分；要不然就是不信受，時間久了懷疑，然後就否定、謗正法。所以「善學空法」是不容易的，一定要懂得先斷身見、斷三縛結，然後依眞善知識修學正確的「般若波羅蜜」，這時候才叫作「善學空法」。

如來的定義更嚴格，就是先要證得人無我，而這個證無我是指阿羅漢位。那麼 如來說：「然後爲說常住安樂有色解脫。」這一句聖教，末法時代沒有人敢講，唯有我們正覺敢講，我講了大家也認同。這「常住安樂有色解脫」，我們親教師也可以講啊！但是外面有誰敢講？一個也無！不是誇大，是如實語。所以這部經一定得留給我講，他們誰敢搶去講呢？接下來講《不退轉法輪經》也是一樣，也是得留給我講，他們誰敢講呢？這是如實語。

也就是說，必須先證解脫，然後「善學空法」。諸位在禪淨班學滿一期以後，親教師教導大家怎樣觀行蘊處界的生滅、緣起，身見也該斷了。如果這時再不斷，那一定是自己有問題，就是沒有好好作功夫，所以觀行的結果只成爲知識，沒有辦法眞的斷三結。如果有好好作功夫降伏其心，如實觀行斷了三結；上到山上去，我再殺一殺，連半條命都不見了，身見一定得死！這時候法身慧命正好可以活轉。但是一定要先「善學空法」，也就是說：週二講經不斷地熏習，熏習到腦袋裡面去了，心中有底了：「般若波羅蜜不是斷滅空，而是有第八識眞如，諸法以眞如爲定量，那我要證眞如。」到那時就好用功了。到那個地步，諸位在禪三親證了，再來聽我講經，我告訴你：「『常住安樂有色解脫』你一定接受。」因爲你的現觀就是這樣。

在這個色身存在的當下就是解脫，所以不必到捨壽入無餘涅槃才叫作解脫。你的有色根眼、耳、鼻、舌、身根存在時，以及你的六塵存在的當下，這都叫作有色境界；在這個境界當下就已經解脫了，這個當下就已經是涅槃。因爲阿羅漢入了無餘涅槃的時候，還是現前這個如來藏的不生不死。但你現前就已經照見自己，也照見其他有情的如來藏不生不死；所以無妨色法繼續存在，而涅槃解脫已經在你眼前；當你現前觀察到自己正好住在本來涅槃的如來藏裡面，但色法都沒有滅除，這時叫作「有色解脫」。這個法太深了！太難理解、太難實證了！所以叫作不可思議。因此實證這樣的法的人永遠是少數，不會是多數。除非你有一天看見滿街都是勞斯萊斯、法拉利，只有你一個人開著國產的裕隆，那時候才會變成多數人悟了，只有少數人悟錯了；否則，能夠實證的人永遠是少數。

那麼這個「有色解脫」，就譬如阿含部《央掘魔羅經》講的：村莊空，是因爲人都離去了，人空無了，所以說村莊空；但這個村莊空，不是說村莊不存在了。同一部經也講：河流空了，是因爲河中的水已經乾了，沒有水了，所以叫作河空；不是那條河已經不存在了。同樣的道理，解脫是因爲流轉生死的煩惱已經斷了，所以叫作解脫；而不是說解脫的人已經死了、不存在了叫作解脫。如果人死了叫作解脫，那就乾脆把所有人都殺死好了，不就是度眾生了嗎？可是那沒道理啊！是因爲生死流轉的「煩惱」斷盡了所以得解脫，而不是人死了叫作解脫。

所以「**有色解脫**」我們也可以說「有心解脫」，因爲我這覺知心現前解脫，我這覺知心住在本來涅槃的如來藏裡面，本來就是涅槃，還需要把自己殺了去入涅槃嗎？不必要了！所以「**有色解脫**」也可以引申出來說「有心解脫」；但是這個解脫實際上還是第八識如來藏的本來涅槃。而如來藏的本來涅槃並無涅槃之可言，因爲如來藏不反觀自己，所以「**涅槃皆以眞如爲定量故**」。而當你從眞如本身的境界來看的時候，也沒有涅槃可得。

如果你還沒有證得如來藏，這時候怎麼想、怎麼不通。然後只好想：「**這佛法爲什麼這麼難理解？**」正是難理解啊！所以叫作不可思議。如果一個人隨便學個三年、五載就理解了，那佛法還叫深嗎？所以「**有色解脫**」甚深難解，但絕對不是虛妄語，祂是如實語，因爲可以現觀；只要你實證了，就能現觀哪！那我就要請問諸位了，跟諸位討個人情：「**當你找到如來藏了，你**

可以如是現觀，是不是很幸福？」（眾答：是。）很幸福！那你該不該護持正法？（眾答：該。）該！所以應該在　如來聖像前，再把四宏誓願發一發；同時發個別願：「**我盡形壽，而且是盡未來際護持正法。**」

我討這個人情是對我有利，還是對諸位有利？（眾答：都有。）都有！啊！你們眞是我的知音，確實如此，在佛法中付出，其實得利的是自己，因爲你據以成佛就是由這個來支持；由什麼來支持？由福德啊！福德大，表示貪越少；貪越少，因貪起瞋的機會就不見了，那就越快速成佛。所以作了很多的福德，爲正法作很多事以後，不要到佛前去說：「**老爸！我爲您作了多少事。**」那都是爲自己作的，不是爲佛作的。佛的福德已經圓滿，不需要誰爲祂作什麼。佛吩咐大家「**末後世護持正法**」也是爲大家，不是爲佛。

接下來，世尊繼續點出重要的知見。我還是唸一下好了：「**復次，或有世俗說『有』是解脫，爲壞彼故，說言解脫悉無所有。若不如是說，云何令彼受大師法？是故百千因緣爲說解脫、滅盡、無我。**」當　如來說「有色解脫」的時候，有的人聽了會想：「欸！那跟世俗人講的有色解脫有什麼兩樣？」這也是我弘法時，曾經遭遇過的質疑。如來度許多人成阿羅漢以後，再度他們證悟般若，這時就說「有色解脫」，於是大家迴入菩薩道，不再行聲聞道。

但有的人聽過外道講「有色解脫」，我們舉個現成的例子好了，反正我們破斥密法諸位很習慣聽了，我依舊拿密宗來講。那喇嘛教講的不正是外道的「有色解脫」嗎？你看《菩提道次第廣論》，他說五陰是眞實的，斷我見就是「五陰」那個名詞即是眾生我，把那個「我」斷了叫作斷我見。就好像說，我要殺死一個人，然後去把稻草弄成一個假人把它殺了，就說我已經眞的殺死一個人了。道理是一樣的，那叫作兒戲。他在《菩提道次第廣論》裡面說什麼？說色是眞實的，受想行識是眞實的，是常住不壞的，但是我見是虛妄法，要滅掉。你們覺得很奇怪吧？我沒有誣枉他。不信的話，你把《菩提道次第廣論》翻出來，一字一字詳細讀，你會讀出他講的就是這個道理。

宗喀巴說五蘊是眞實的，那他爲什麼要主張這樣？因爲五蘊如果是虛妄的，依附五蘊而有的樂空雙運、無上瑜伽不就破滅了嗎？所以他必須要說五蘊是眞實的。然後依於五蘊的眞實修樂空雙運，說這個樂是俱生樂；而那個時候就說正在領受淫樂的一念不生的覺知心是空無形色，叫作空性，說這樣叫作證空性。然後那個樂的境界修到第四喜時，那第四喜就是全身都有樂觸了，那個時候叫作報身佛的境界，說這樣就是成佛、就是解脫。所以他們說涅槃與輪迴是不二的，他們這樣講；所以就說「輪迴」的當下即是「涅槃」，叫作輪涅不二，所以他們說的也是「有色解脫」。那麼這樣，如來說「有色解脫」，他們密宗外道也說「有色解脫」，看起來不就是一樣了嗎？因爲沒有實證解脫果、也沒有實證般若的人，聽起來就會覺得一樣。所以，古天竺密教的法才能滲入佛門裡面來。

由於佛菩提的「有色解脫」太難思議，太難實證了，他們才有機會混進來，因爲大多數人沒有辦法實證，才會被他們誤導。如果你實證了第八識眞如，就再也不會認同喇嘛教的法了；不管它是現代喇嘛教或以前古天竺的密教，再也不信了！因爲牴觸正法太嚴重了！而你的現觀是：這一切世間之法，就是蘊處界等法全部生滅、無住、無常、苦、空、無我；但這一些世間法背後另一個第八識眞「我」在這個色法上面、在我們的五陰上面、在我們六入十八界上面不斷地顯示出來，所以在我們這個色法存在的當下，已經是解脫了。那麼這樣的「有色解脫」，跟密宗外道那個「有色解脫」，截然不同！只有愚癡的人才會把小孩子玩的那個玩具勞斯萊斯，當作是人家大老闆開的勞斯萊斯，說那一樣都是勞斯萊斯！表面上看來是一樣，但一個是小孩的玩具，他在那邊踩著走或是裝上馬達慢慢走；另一個是人家請了司機，幾千萬元買的勞斯萊斯；雖然同樣叫作勞斯萊斯，但本質天差地別。

所以世俗人說「有」是解脫，如來必須要「壞彼」，一定要把它加以破斥。所以我們說當下是解脫的時候，密宗也在說當下解脫，我們就得破斥他，這時要告訴他：「**第八識眞如的境界中，一切諸法都不存在。**」如來就說了：「**說言解脫悉無所有。**」所以無餘涅槃裡面的境界，什麼樂空雙運？連覺知心都不存在了，還能夠樂空雙運？要告訴他：「**解脫悉無所有。**」但這樣子破斥他，不是爲了使他沒面子，不是爲了剝奪他的名聞利養，因爲我們不求名聞利養，目的是爲了讓他們入「**大師法**」，要讓他們領受「**大師法**」。也就是 如來眞正的法要爲他們說清楚，把他們所說的「**有色解脫**」和 如來說的「**有色解脫**」的差異條分縷析，解釋清楚。要這樣，他們才有辦法接受 如來大師所說的正法。那麼 如來說：「**若不如是說，云何令彼受大師法？**」我同樣也要這樣講，所以我寫了《狂密與眞密》之後，應該要加上這一句：「**若不如是說，云何令彼受大師法？**」好，我們今天講到這裡。

《大法鼓經》上週說到二十八頁第二行：「若不如是說，云何令彼受大師法？」意思是說，諸佛如來度化眾生時，要先讓眾生斷除身見，然後繼之以斷除我執，並且滅除我所的執著；一定先得如此，才能夠再演說眞實的我。否則，直接開始就演說第八識常住妙法，眾生聽了往往以爲現前這個蘊處界我就是常住的；所以得爲大家先演說：「蘊處界等我都是虛妄。」必須先讓大家先如實了知：「世間我是虛妄的、是無我性的。」讓大家知道：「證得解脫是不存在世間我的。」然後才能夠爲眾生演說如何是「眞實我」。

所以如來先度化眾生證聲聞、緣覺菩提，這是必然的。雖然已經這樣作了，但是到了末法時代，眾生還是誤會了，只有在正法時代是沒有誤會。到了末法時代，雖然 如來已事先施設三乘菩提的次第了，但是末法時代的大法師們依舊誤會。可見 如來在五濁惡世攝受有情時，施設三乘菩提確實必要。所以一定先讓大家知道：「三界我是虛妄法。」瞭解三界諸我是虛妄的，讓眾生看見欲界我、色界我、無色界我都是虛妄，不再落入三界法中，脫離了三界我的範疇，然後再告訴他：「解脫其實不是萬法全部滅盡。」再告訴眾生：「解脫其實是第八識眞我。」那麼眾生就不會錯把三界我當作眞實我，這就是 如來的睿智與大悲。如若不如此施設，一開始就講一切有情本有的第八識眞我，那麼大家一定會混淆。但是雖然如此，到了末法時期，學佛人乃至教化眾生的大法師們依舊誤會了，但這也莫可奈何！因爲末法時代就是這樣。

像法時代，至少那些大法師們還會依文解義，他們也不敢大妄語；因爲依文解義時，也會知道自己尚未成佛。可是到了末法時代，連依文解義都辦不到時，他們就錯會佛法，於是一個又一個冒出來都自稱成佛了。所以聲聞、緣覺菩提必須要先教導，若不教導，眾生就算悟了也會退轉，這就是我這一世弘法走過來的路；所以我親自來證實：如來這個施設是必要的。那麼 世尊說了：「**爲了讓眾生得入佛法中，必須先施設二乘菩提，讓眾生知道什麼是解脫。**」由二乘菩提而了知如何是解脫時，他就不會再落入三界我中；然後再告訴他們：「**解脫的背後有個眞實我，不一定要入無餘涅槃，先能夠解脫了，叫作『有色解脫』。**」我們把它衍伸出來，也可以說叫作「有心解脫」，所以色身與覺知心固然世世不同，無妨色身與覺知心存在的當下，已經是解脫。同樣的道理，色身是無情，誰解脫呢？當然要有心在運作，才說是有情，才能領受第八識本來解脫的境界。

心當然有兩類：一類是常住法，一類是生滅法。但如果單單常住法這個心存在，也不能稱之爲有情，還得有意根加上前六識，能領受六塵境界時才能稱之爲有情。那我們說，「**有色解脫**」也可以衍伸說爲「有心解脫」，就是這七轉識存在的當下，便能領受第八識眞正解脫的境界，也就是「有心解脫」；因爲不管你有色、無色，其實都是解脫；也不管你有心或無心，也都是解脫；因爲背後的眞我如來藏一直都在——活著時在，死了也在，死後中陰身時也在，投胎而無知無覺時也在；所以這個解脫是常住的，而且追溯到無量劫前，以及窮盡未來無量劫後，依舊如是解脫，絲毫不改。但是這個解脫，眾生難以理解，所以必須先讓大家超越了三界我；超越三界我的境界以後，有智慧、有眼光，看得廣、看得深，知道這一切三界我都是虛妄，但背後有一個眞實我，祂是本來解脫的，這就是 如來大師的特地施設。

但是眾生執著於我，始終在三界我裡面用心，而這是眾生的天性——自無始以來就有著無明，因此對三界我的虛妄無能了知，必須仰賴諸佛如來的教導；所以這個法，也就是這個解脫，很難親證。雖然諸位進入正覺以來修學大乘法，甚至有人進了增上班了，以現在的見地來看，這二乘解脫並不勝妙，也不深廣，容易理解。可是諸位想想：在你進入正覺之前，縱使學佛三十幾年了，依舊不如實知，這是事實。所以我出來弘法，三十年前就有人在學法了，然後見道之後說：「老師！您都不趕快出來弘法，我多走了這三十年冤枉路。」我跟他說老實話：「以我這種有一說一、有五說五的個性，我如果在你初學佛就出來弘法，在白色恐怖的年代早就沒命了，你還遇得上我？」他聽了也釋然：「啊！說的也是，那就是我的因緣啦。」結果就不怪我了，本來怪我太晚出來啊！

也就是說，大乘法難知難解，而今諸位親證了，來看二乘菩提時非常淺顯。可是諸位想想：「在我出來弘法之前，人間有好多的阿羅漢，也有三果、二果、初果；結果我出來弘法以後，各個都變成凡夫，都回去當凡夫了！因為他們阿羅漢都入涅槃去了，卻還留著五陰在人間混啊！」那你說二乘菩提容易學嗎？果然不容易！很難啦！所以 如來才說：「是故百千因緣為說解脫、滅盡、無我。」

因為眾生的心性都是自認蘊處界等「我」是眞實的，把欲界我、色界我、無色界我全都自認為是眞實，那你要他們把自己推翻、否定，無比困難啦！修行人都已經是如此了，如果是對於欲界法那些「外我所」執著深厚的人，比如密宗外道那些人呢？更不用提了！所以即使是二乘菩提，也必須要運用百千因緣來演說，否則關於解脫、滅盡和無我的正理，眾生是無法理解的，縱使眞能理解了也不能信受。

也許有人現在腦海裡面打個問號，我告訴你，不用打問號，趕快把它從腦海裡擦掉；沒有橡皮擦的話，我借給你。因為《阿含經》明載著古天竺好多的修行人，他們都自稱阿羅漢。這在《阿含經》裡面明文記載著。也有人傳說三界中有如來，只是沒有人自稱如來，但自稱阿羅漢的人一堆。你們去看釋迦如來所度的那五百大弟子，有好多人本來都是自稱阿羅漢，遇到如來之後，才知道自己不是阿羅漢；聽聞 如來開示之後，他們才成為阿羅漢。那你說，二乘菩提容易懂嗎？很深哪！

但是，雖然那麼多的弟子證阿羅漢了，可是有時候 如來為了度某個弟子成阿羅漢，也是十八般武藝統統搬出來呢。所以為度一個迦葉尊者，（因為迦葉有好多位）其中一位優毘迦葉，如來今天現神通給他看，沒辦法度；

明天再現另外一種神通，不斷地示現。聰明人第一天就應該得度了，如來去找他，還說：「天晚了，我跟你借石洞住一宿。」這迦葉說：「不是我吝惜山洞，我是怕你受害。因爲那石洞裡面有一條惡龍，恐怕會害死你。」他眞的小看如來了。如來說「無妨」，那晚住了進去，那一條毒龍看見如來進去時，瞋心大發，噴火要燒死如來；如來就用三昧眞火來應對牠，所以一個晚上山洞裡火光通明。這迦葉因爲擔心，說：「這個人這麼莊嚴，心性這麼好，被害了多可惜。」沒想到天亮了，如來安好無損，托缽來到他面前。這迦葉說：「啊？你沒有被害喔！那毒龍哪裡去了？」如來說：「我收服了，在這缽裡面，你看看。」把牠收到缽裡面來了，他嚇得不太敢看。如來說：「但視無妨。」這時他信了沒？也沒信！改天要午齋時，如來就去天上取食回來，他看著說：「欸！如來竟然有食物哩。這是什麼食物？」如來說：「這是我從天上拿來的。」這時應該信了吧？也沒信！就是度他時這一類示現的事情很多，我看，如來沒有花上一個月，也得花半個月才能度得迦葉。《阿含經》裡面記載如來度他，花了很多時間；等到他信服了，如來爲他說法，才成爲阿羅漢。

所以當年自稱阿羅漢的外道非常多，大部分見過　如來的阿羅漢都會證涅槃。那些未見　如來的所謂阿羅漢既然都先證了涅槃，但都留著五陰，因爲他是假阿羅漢！跟現代末法時代的大法師們一樣。然後　如來爲他們說法，他們當下得了「法眼淨」，就是證初果了，接著求出家；出家了，然後樹下坐或山洞裡坐，自己去思惟　如來的開示。早上來的，到傍晚就成阿羅漢了；如果是下午來的，思惟到明天早上成阿羅漢，就來報告自己證阿羅漢。如來最先度得的阿羅漢，當然是鹿野苑五比丘，那時是三轉十二行法輪才度得的，也不是很容易；所以那時候人間有六位阿羅漢，因爲　如來一定是阿羅漢。你看　如來度眾生確實不容易，所以一定要「百千因緣」來演說。所以　如來說的譬喻非常多，但那還只是二乘菩提，大乘菩提裡面必須講的譬喻當然更多了。

那麼度眾生成阿羅漢以後，有許多人看見　如來聖弟子成阿羅漢了，可是他們誤會，不如實理解阿羅漢的所證。就好像現代，末法時代的那一些大法師、大居士們以及他們的徒眾一樣誤會；怎麼誤會？「見畢竟滅以爲解脫」，因爲他們聽聞阿羅漢們說法時，都談到入無餘涅槃是蘊處界悉滅；這十八界全部都滅盡了，那不就是斷滅空嗎？他們是這樣想的，因爲他們不知有第八識常住。以前 如來度化弟子時會告訴他們：「蘊處界滅盡之後，尚有本際不滅。」有時 如來會講：「名色緣識，識緣名色。」如來弟子們有智慧，他們懂得名色的內涵。「色」當然是五色根，無妨加上六塵；但是加上六塵這個說法，是在「十八界」裡面才講，通常只說五色根。「名」有意，加上眼、耳、鼻、舌、身；而 如來在四阿含諸經中說的「意」，包括了意根和意識，再加前五識，這就是「名」。如來聖弟子們都知道：「名」函蓋這七個識，加上「色」，成其爲有情。

如來有時又說「六界」，這六界講的就是地、水、火、風、空、識；是從另一個層面來講有情有這六種功能差別。所以 如來聖弟子都知道：「入無餘涅槃之後，還有本際不滅，還有名色所緣的『識』不滅，因此不是斷滅空。」但是 如來聖弟子們爲眾生說法時，不太講這個，因爲眾生會誤會；而且「十八界」並不是常常講的，那是對特別愚癡的人才要講十八界，一般人都講五蘊就夠了。但你們不要誤會說，禪三時我講十八界是當你們很差，不是這個道理，而是因爲我對你們很老婆，因爲深怕萬一有一個人、兩個人誤會了，就不能斷我見，既是他們的損失，也是我的損失，所以我沒那個意思。

也就是說，沒有智慧的人，他們不能理解：二乘菩提所證的無餘涅槃並不是斷滅空；他們誤會了，所以他們「**趣向滅盡**」，認爲就是要一切都滅盡，就與斷見外道相同了；如是，縱使他眞的接受了，也無法斷三結。諸位不要懷疑這一點，因爲他意識的層面會說、會想：「**我接受啊！這十八界、這五蘊都虛妄，我都接受。**」可是他們無法發起「初果」的功德，就是「我生已盡」的功德發不起來，因爲他的意根沒接受，意根沒接受是因爲恐怕斷滅。斷見外道也是這樣，他們堅持人死後一切空，可是他們深心裡面一直期望著說：「**我死後不空，還可以到未來世。**」不但外道們有這樣的恐懼，佛弟子中一樣也有，於是如來不得不有時說一說，特別說明眾生「**因外有恐怖**」、「**因內有恐怖**」。

這是說，眾生害怕外法「五蘊」斷滅以後變成空無，但有的佛弟子聞熏二乘菩提之後，不恐懼「外法五陰」斷滅以後入涅槃成爲空無，可是他想：「**如來說入涅槃以後蘊處界悉滅而仍然有本際，但我不能證得！**」由於無法實證，心中有疑惑，於是對於入涅槃後是否成爲斷滅空？他的心中有疑慮，因此也有恐怖，這就是「因內有恐怖」。所以 如來度化眾生成就二乘菩提，也不是容易的事。在完全沒有佛法通行人間的時代，開始度眾生證二乘菩提是爲極難；那是很困難的事，所以必須要先說二乘菩提。

有的人用聲聞菩提無法得度，必須要講十因緣、十二因緣，因爲他的心性比較聰利，但是也比較難以說服，所以 如來得用「因緣觀」來度他們。甚至於有的人心躁不定，你得要幫他對治，因此得要有「數息法」；有的人心性貪欲，你得要有「不淨觀」對治他；那有的人心性怯懦，對於實證三乘菩提，即使是聲聞乘，他也覺得沒辦法，只好讓他求生淨土世界，教他「念佛觀」。至於「界差別觀」或十八界的道理就不必再解釋，剛剛講過了。所以你看度眾生容易嗎？有時還得用神通帶他去忉利天看一看，再帶他去地獄看一看，他才願意當阿羅漢呢！那孫陀羅難陀阿羅漢不就是這樣嗎？如果知道這個典故，就想：「哼！男人不可靠！」把我也罵了喔，對啊！他看見五百天女就把孫陀羅給忘了，他就捨了！但是在那五百天女之後呢？他看了就嚇死了，終於願意當阿羅漢了，然後才迴小向大。

所以二乘菩提都不容易理解，如果不是我們寫了《阿含正義》出來，臺灣佛教界的佛法水平能有今天這個狀況嗎？其實有很多法師買了《阿含正義》整套，很用心讀，然後自己作筆記來教導信徒。當然，那一套書要藏好，別給徒弟看見，但這是好的。我從來不吝法，只要對他的信徒有利益就好。那麼這樣看來，誤會聲聞菩提的人非常多，所以就「**趣向滅盡**」了。但「**趣向滅盡**」時心中有恐怖，他覺得茫無所依，至少抓根稻草也好吧！

不會游泳的人在大海裡面載沉載浮，看見一根稻草也抓的。釋印順不就是現成的例子嗎？他也知道「**不受後有**」是什麼意思，但他怕落入斷滅空，於是回來建立一個「細意識常住說」，結果細意識依舊是意識，又落入常見外道裡面去了！想當年正覺還沒有弘法之前，印順法師在臺灣佛教界可謂意氣風發，眞是不可一世，沒有人敢指點他一句話；而他也不讓人家指點一句話，可就是網開一面，對我完全地放任。只要人家敢講他一句話，他一定出來反駁的，但是他就像經文講的：「**彼無慧人趣向滅盡**。」正因爲無慧而「**趣向滅盡**」，落入斷見中，所以他不得不建立一個「細意識常住說」，來消除「因**外有恐怖**」這個恐懼心。那麼針對這樣的人，如來不得不講了「緣覺法」。末法時代，大家講因緣法的時候都只講十二因緣，從來沒有人講十因緣。釋印順有講九因緣，但因爲他沒有眞懂，所以叫作九因緣，亂說一氣，其實是十因緣。

那麼 如來演說十二因緣之前，就是先說十因緣法。如來特地說明當年要成佛時，在菩提樹下觀因緣法是怎麼觀的。那是以手按地，明心開悟之前，也許一個時辰、兩個時辰，祂說是先觀十因緣法。是從生、老、病、死往上推，推到名色的時候，名色再往上推叫作「識」，超過這個識時就沒有任何一法存在，必須要退回來了。換句話說，名色之所從來就是「識」，由一個「識」出生了名色，因此導致生、老、病、死。然後再推究：爲什麼這個「識」會一世又一世不斷地出生名色？喔！是因爲無明。然後探究無明是怎麼來的？這時才是十二因緣。

如果沒有探究十因緣，不管怎麼修因緣法都不會成就。因爲就像 如來講的，眾生「因外有恐怖」，對這個外法五蘊的滅盡有恐怖，因緣法便不可能修得成。比較聰明的人是「因內有恐怖」，就像釋印順一樣；釋印順把《阿含經》每天翻閱及思惟，聽說他的《阿含經》邊邊都起毛了，你看他多努力讀！但他不想讀大乘經。縱使如此專研阿含，依舊對二乘菩提誤會，就像是佛講的這樣，完全無差別。末法時代活脫脫的一個大法師作例子，剛剛好。

所以，無法如實理解二乘菩提時，就會以爲入涅槃得解脫是滅盡；而且入涅槃以後也沒有解脫可說。因爲這個緣故，世尊不得不「百千因緣」說解脫是「有」，說眞的有解脫。否則他們會想：「那三界我，也許我在欲界、我在色界，或我在無色界，那我入滅後全部斷滅空了。如果是斷滅空，我幹嘛要修證求解脫？」於是他不想求解脫了。爲了這些人，如來只好說「解脫是『有』」。可是說了以後，有很多人依舊是不信，所以如來不得不施設「百千因緣」來解說：「解脫是『有』，所以解脫不是斷滅空。」

接著，迦葉白佛言：「世尊！得解脫自在者，當知眾生必應有『常』。譬如見煙，必知有火；若有我者，必有解脫。」這是說，世尊開示完之後，摩訶迦葉作了個定義，就他的所知來說給眾生聽：「如果得解脫自在，就表示不是斷滅空。斷滅空不能說是解脫，斷滅空是無，『無』怎能說是解脫？」所以他解釋說：「得解脫自在的人應當知道，眾生必定背後應該有個『常住法』。」換句話說，現前照見欲界我、色界我或者無色界我都是虛妄法，但是這些虛妄法卻會一世又一世維持下來，的確是有一個永遠解脫、本來自在的法，才能夠使眾生一世又一世不會間斷。

這道理很容易懂的，不說學佛人，單說哲學界就好。哲學界到二十世紀末，我說他們的哲學已經到頂了，爲什麼到頂呢？因爲他們提出一個說法：假必依實！虛假的法必定要依止於一個眞實法，否則不可能世世都有五陰而不會終止或斷滅。他們也讀過佛經，知道眾生是虛假的，因爲眾生不是常住的，會生、會成長、會老、會病、最後會死；既然這樣，就是虛假的，可是爲什麼又能夠一世一世延續下來？有情死了以後不可能是眞實有啊！在他們的想法，也不懂中陰身，但哲學界大多數人認爲人死了會再轉生到下一世（當然，有的哲學界認爲人死了一了百了，就是斷滅，沒有未來世，當然也沒有前一世），大部分的哲學家認爲：「人是一世又一世流轉的。這個流轉現象之所以一世又一世不會斷滅，是因爲背後有個眞實法。因爲五陰死後就壞了，壞了成爲無，不能自己再生自己；因爲壞了以後就是無，不可能無中生有；所以背後一定有個眞實法，由這個眞實法再出生另一個五陰，於是叫作下一世。背後的那個法一定是常住不滅的實有法，所以眾生才能夠永無窮盡。」這就是哲學界最近的看法。他們二十世紀末已經提出這個看法，這表示哲學的最高理論已經出現了，但他們的說法不會超過這個理論。

如果是夠聰明的哲學家想到這裡，一定會探討諸家宗教：所有的宗教裡面，有哪個宗教提到這一個「實法」到底是什麼？他遲早要走入佛教，因爲別的宗教沒辦法解答這問題而又合乎邏輯，而且是可以證實的。但是他們想要悟入很困難，因爲從哲學界轉入佛教裡面的人，通常都是慢心高漲！也許他們想：「聽說這位師父是證悟的人，可是我看他的學歷不過是初中畢業，這會是證悟的人嗎？」又他們也許想：「我是哲學系教授，我也是哲學博士的指導教授；他不過初中畢業，我去拜他為師喔？」拉不下臉皮。所以哲學家看重世間法，想要證悟，非常、非常困難！

也就是你們不計較學歷，這倒好！因爲我連大學都沒讀。如果當年不是陰錯陽差，我讀上大學也只是讀美術系，本就想要當美術老師。但就是命中註定我是不能讀大學的，老實說，考上了，家人也不會給我錢去讀的。如果考上大學後，當美術系學生，然後到初中、高中去教美術；搞不好，現在都還沒退休，還要爲五斗米折腰！可我這一世，四十幾歲就退休了，不想賺錢了！所以這事情很難講。哲學家想要開悟，不能說門兒都沒有，但我要說：

那個叫作窄門，那個門雖然也有八、九尺高，但是那個門只有一條縫，而且那個門只能衝出來，很難塞進去；塞塞看，看能不能塞得過去？頭過，身就過！問題是頭都過不去，因爲這腦袋裡面想太多！

古時候，有的禪師甚至不識字，像六祖，斗大的字識不了一籮筐。他後來對唯識經文有瞭解，是因爲人家誦給他聽。所以我說，現代哲學界提出了學說，未來的哲學界不會超過這個學說了；以後縱使再有人提出來，也不會超過這個學說——假必依實。那麼當你知道：眾生可以一世又一世有五陰不斷地流轉，用之不盡，而這個五陰只能存在一世，不從前世來，不能去至未來世；既然如此，當然背後有一個眞實法常住不滅。若不是有一個「常住法」常住不滅，那五陰只能有一世；如果五陰只能有一世，一定會有一個現象：同一對父母生的子女會一模一樣，完全沒差別，就像是同一個模子印出來的；因爲這個沒有所謂的或然率、機率的問題，因爲這個父親的基因這樣，而這個母親的基因是這樣，這是固定的；那麼生出來的孩子，應該五個兄弟一模一樣，好像同一個模子鑄出來的一樣。可是現見不然！你看見五個孩子心性、面貌各不相同！就我們家五兄弟加上兩個姊妹，七個人都不一樣，可見各人都是有往世不同的因緣。所以這一世憑著往世的因緣來到這一世，由於往世因緣各自不同，這一世五陰的示現就各自不同，才會有那一句成語：「人心不同，各如其面。」

兄弟再怎麼像，熟的人還是會分得出來。譬如說，我們劉老師跟他弟弟惠源，兩人眞的蠻像，可是相處久了也認得啊！像我年輕時，有一次我在火車上，有個人一直找我說話，說如何如何，我們以前在學校怎麼樣。結果我都聽不懂，我就說：「你大概把我哥哥當作我吧？」他說：「嗄！你不是某某人哪？」我說：「不是！他是我哥哥。」

也有人去到員林郵局，跟我哥哥一直講個不停。我哥說：「你大概認錯人了！你把我當作是我弟弟。」也有這樣的事，但若是很熟的人就會知道兄弟間的不同。這表示什麼？表示：把我哥哥錯認作我的那個人，對我不是很熟，不是我很要好的同學。也許他想，經過那麼久了，大概變成這個樣子；但是眞熟的人，久了還會認得的。可是時隔太久，也會不認得；所以我的同學來歸依、來受戒時，我都沒認出來。分手五十年，畢業五十年了，他現在當助教老師了（編案：此書出版時已當親教師了）。但是，從同一對父母所生的孩子各不相同來看，表示每一個人都有不同的過去世；否則出生了以後，他的模樣俊俏與否、美麗與否、色身健康與否、模樣心性應該都一樣，因爲是同一對父母所生；但是明明各不相同！聰明人從這裡可以確定：每一個人都有不同的往世。

所以，聰明的哲學家二十世紀末提出來說：「**假必依實**。」我說這就是哲學界到頂的理論。再提出來的，最多就是補充這個理論，無能超越。如果有另外一種理論，一定比這個理論差。如果哲學家夠聰明，思惟到此，應該試著理解佛經如何說？然後試著理解：佛經所說是否當代有人實證？如果他夠聰明，廣閱諸家之說，就會找上正覺來。可是我現在好像還沒有遇到哪一個哲學家來修學呢！如果學術界探究哲學的人也算是哲學家的話，應該就可以說有了。這就是說，一般哲學家或學術界人士，面皮看得太重，拉不下臉來。如果我得了諾貝爾佛學獎，他們可能就會來學了。可是諾貝爾獎有這個宗教類獎項嗎？好像沒有吧？喔！有哲學獎，但是我沒興趣！因爲哲學是思想，我這個法不是思想。老實說：我講出來，他們審核委員也不會信呢！如果菩薩們去當審核委員，那我就會得獎，我也可以去領獎；否則頒給我，我也不領獎，捐回去就好了。

這就是說：「得解脫自在者，當知眾生必應有『常』。」這是永遠不會改變的道理，放之古今中外而皆準。古今中外好像沒有函蓋未來吧？我說：「放之於未來際而皆準。」我再補上這一句：「因爲這是實相，實相是永遠不可能改變的。」那麼摩訶迦葉作了個譬喻：「譬如見煙，必知有火。」你如果遠遠地十里外，看見曠野平原那邊有煙，你就知道：「啊，那裡一定著火了！」如果看見遠遠的有個山頭一直冒煙，「啊！火山爆發了！」如果有個圍牆很高，你看不見那邊，可是那邊有煙，你知道：「啊！一定有火。」如果那個牆矮矮的，你坐在地上，看見那個牆有個牛角一晃、一晃的，「啊，一定有牛！」不會有人無聊到弄個角在那邊故意表演吧？這叫作「隔牆見角，必知有牛」。所以，既然虛妄法必須依眞實法而有，表示這個虛妄法背後一定有眞實的「本住法」常住不壞，那個才是眾生的眞我；而那個眞我，沒有三界我的我性，就是第八識如來藏。

那麼如果從理論上確定有這個我的話，就一定有解脫，不可能沒有解脫；因爲生滅法是無我性的，會壞掉，而背後這個我始終常住，祂不曾有生，是本住法；既然祂始終存在，永遠不生不滅，那就是解脫。所以五陰這個生滅法不斷毀壞，但是卻世世相續不斷，已經顯示有第八識眞我的事實了；既然有這個我，當然就有解脫。以前我常常講：「**假使沒有如來藏常住，阿羅漢入無餘涅槃就是斷滅。**」那些六識論的法師、居士們很氣我講這一句話，因爲我踩到他們的痛腳。被踩著了以後應該哇哇大叫，偏又不能叫，各個都把嘴巴蒙得緊緊的，悶不吭聲；其實是很痛、很痛，但又不能出聲，就這樣悶住，你說他們會不會快樂？一定很痛苦啊！所以如果有這樣的眞我，就有解脫，而這樣的解脫，在蘊處界滅盡之後，不是斷滅空，這才是眞解脫。

既然有這個解脫，眾生就不必滅盡五蘊去入無餘涅槃了。所以摩訶迦葉說：「**若說有我，則爲已說解脫有色，非世俗身見。**」世俗人之所以有身見，是因爲對於色陰的功能放不下；之所以有身見，是因爲對於識陰六識的功能也放不下；由於對色陰、識陰的功能放不下，所以以色陰爲身、以識陰爲身（身就是功能差別，就是界）。那麼既然有色陰，也有識陰的功能，這功能不可能一刹那不存在，也不可能不領受境界，所以就有「受」存在。有受就會有「了知性」存在，有外境進來就受了，受了就會了知，了知即是想；有了知就會有過程，於是就有「行」的功能。對於這五陰的功能放不下，就把這五陰的功能認作實有；把這五陰功能認作實有而產生的見解，就為人家主張說「這五個法是眞實的」，這便叫作「身見」。所以身見或者我見，是因為以這五個法作為我，那就是「我見」，叫作「身見」。

不能像宗喀巴那樣，另外去施設個「五蘊實有的見解，叫作我見」；又說把那個見解砍掉時就是斷我見，而說我的五蘊是眞實的（編案：《廣論》卷十七：「**五蘊名言我**，是薩迦耶見所緣境界，由我不可得故，則能斷除薩迦耶見。」後來《廣論》此句於紙本書與 CBETA 中已修改為：「**又見我**，是薩迦耶見所緣境界，由我不可得故，則能斷除薩迦耶見。」）。他正是這樣的愚人啊！這就是《菩提道次第廣論》講的。就好比說，他從來沒看過蛇，人家拿蛇的圖片給他看，「喔！我知道這就是蛇。」當大家說：「欸！看到毒蛇就要斬掉，沒斬掉時你就是凡夫喔！」好，他就畫一條蛇，把它砍了，就說：「我砍掉蛇了，我不是凡夫了！」他的斷我見就是這樣；無怪乎學《廣論》的人，再怎麼學都斷不了我見。

這就是說，只有先斷我見，才能去思索到最後這個問題：「當我全部斷滅以後，是否斷滅空？假使有一天我證得阿羅漢了，此時把自己滅盡，入無餘涅槃，不受後有。那是否斷滅空？」他遲早會接觸到這個問題，除非他對二乘菩提完全不懂。可是最後一定會想到說，人或者其他有情，既然能夠一世又一世不斷地生滅；滅了的無，不可能自己再出生，那麼背後一定有個常住法，那個法才是眾生的「眞我」；既然有這個眞我，表示眾生在生死輪迴的過程當中，這個「眞我」一定是與五陰同時在的。

這個眞我總不會離你遠遠的吧？你們認爲不會，可是一神教徒就認爲會。他們都想：上帝創造了我，但上帝住在天上，而我在這邊活動。若是這樣的話，這個人跟上帝到底是有關還是無關？這個人既然可以外於上帝而存在，那就不必上帝來創造他了。所以上帝告訴大眾說：「你們是我出生的。」那上帝也不夠聰明。他們說上帝是全知全能的，如果上帝是全知又是全能，那就有問題了！他創造了亞當與夏娃，種了棵果樹，再說那是禁果來誘惑他們。這是個很可笑的說法欸！很可笑！你明明弄了蘋果給他們，表示那是可以吃的，你就是要給他們吃的！卻是把他們誘惑了，然後告訴他們不可以吃！天下有這種父母嗎？

且不說這件事，這亞當、夏娃是上帝創造的，他創造當時知不知道亞當、夏娃會受不了誘惑，將來會背叛他？顯然不知道！所以他不是全知。至於解脫，他也不知道！緣覺法，也不知道！佛菩提更不知道！那就不談它，因爲對上帝的層次而言，陳義過高了。單說他創造亞當、夏娃時，知不知道這兩個人將來會背叛他？顯然也不知道。如果你知道，生了個兒子，將來會殺死你，你還生他嗎？不生他了！所以他那個「全知」是假的，是人封給上帝的。那上帝是「全能」的嗎？如果他全能的話，就創造一對不會背叛他的亞當、夏娃不就好了？也可以創造一棵沒有毒的蘋果樹，讓他們吃了永生不死，不必輪迴，多棒！但他又作不到，所以他也不是「全能」。

我今天又講這些，將來整理出來流通時，基督教又要罵我了。因爲他們在大陸印了一本書，放在各旅館房間抽屜裡面。那本書講什麼？說「蕭平實講錯了」，但是他們不破佛教各大山頭，原來他們把蕭平實當作佛教中的主要目標了。我家同修說：「你怎麼不把那本書拿回來？我也瞧瞧，讓我樂活樂活。」因爲從這件事看來，我蕭平實在佛教界是有身分的人，不然怎麼會被基督教當作佛教界中的主要目標？可見有一些牧師、神父都在讀我的書。

那沒關係，他們肯讀、肯罵都是好的，即使罵過以後死了下墮三塗，將來回到人間會信我的著作就行了，因爲讀過了，心裡面也知道我講的對。

所以聰明人知道說，假使已經提出來主張，或者心裡面認定，或者公開說明，說有「眞實我」，那就應當說：「**在色蘊存在的時候，就是有解脫了，而那個解脫是有色法的；因爲那個解脫法是本來就解脫，不必把祂所生的色法滅了才有解脫。**」那同樣的，「**則爲已說解脫有色**」；是不是有人就會說：「**喔！那你落入身見裡面了。**」同樣的道理，「**若說有我，則爲已說解脫有心**（有六識心），**非世俗身見**」，一定是如此。可是那些六識論的法師們，如果一開始就聽我這麼對眾生說明的時候，她們一定會罵我說：「**你身見未斷！**」我都還沒有這樣說，她們就已經說我是自性見外道了，所以才會有那一場官司。最後，連檢察官都勸她撤告；檢察官勸她勸了兩次，最後第三次勸告，她不得已撤告，否則她下不了臺。

所以迦葉說：「**解脫有色，非世俗身見。**」我說：「**解脫有六識心，有意根，七識，非世俗身見。**」所以我說：「**在當下就已經解脫。**」但不是密宗那個解脫，那是輪迴，因爲密宗所有人都墮在五陰的我所中了。我說的現前即有解脫，也不是五現外道那種解脫，那仍然是輪迴，因爲那個落在「身見」裡面了；而密宗外道是落在「我所」裡面，求的是五陰的淫樂境界。那麼這樣來講「解脫有色」的時候，不但「**非世俗身見，亦非說斷、常**」，不是講斷滅空，也不是世間人的常見。世間人的「常見」是把五陰的全部或局部，認作是眞實我，譬如宗喀巴的《菩提道次第廣論》；比較聰明的修行人，是把五陰裡面的局部或少部分認作是眞實我。一般不會說「色」是眞實，會說「受」是眞實，或者「識」是眞實，或者「想、行」是眞實，但這都是「常見」；因爲這是一般世俗人都會認同的看法，總是把覺知心意識認作常，所以叫作常見。也因爲一般世俗人都會把五陰的全部或多或少認定爲「常」，所以叫作「常見」。

但是特別聰明的人會去觀察五陰，說五陰「非常」；然而他又看不到這個五陰有沒有前世的連結，也看不到這個五陰能與後世五陰連結，所以他認爲人只有一世。當他這樣想的時候，他就會主張「**人死了一了百了，什麼都沒有了**」，這就是「斷滅見」。那麼一、兩百年前，歐洲、蘇聯有人主張人只有一世，結果茶毒世界到現在，都還在中國繼續茶毒人們。

其實人不是只有一世，人如果只有一世，應該我歸依三寶到現在還在混，也應該那些大法師們的證量一定都比我高，因爲他們學佛比我久。如今我出來弘法二十幾年了，但我此世學法不超過五年，還不滿五年就明心又眼見佛性。那爲什麼我出來弘法而他們多方抵制以後，現在放棄抵制了？爲何？我又不是擁有幾百萬的信徒，也沒有一、兩百公頃的道場，金碧輝煌。都沒有啊！我們正覺也不是很有錢，爲什麼他們就這樣默然？因爲我不是老好人，我拈提他們很多了，而他們爲什麼都願意默然？這表示什麼？表示我有這個證量，而他們作不到。然而我這個證量符合聖教量，符合現量也符合比量，他們無法推翻，最後只能接受並且努力去閱讀思惟。這表示什麼？表示我這一些證量是從過去世來的。

人如果只有一世，我應當要禮請他們爲師，繼續追隨，因爲他們學得比我更久，由此證明人人都有過去的無量世。所以我說了很多法，並不是從經論上讀來的，但是說到後來發覺跟某些論一模一樣，這表示人有過去世。既然有很多的過去世，人就一定也會去到未來的無量世，除非入無餘涅槃。既然可以從以前的無量世來到這一世，當然就能夠去到未來的無量世。如果可以前後都有無量世，而每一世的五陰都只能存在一世，那麼背後一定有個眞我常住；否則這一世的五陰壞了，不可能出生下一世的五陰；前一世的五陰壞了，也不可能出生這一世的五陰，就不會前後三世的五陰互有關係連結。但是爲什麼一世又一世都有連結，卻可以連續不斷因滅果生？背後當然有一個「法」常住，能不斷地出生前一世、出生這一世、又不斷來出生未來世的五陰，一定是這樣。

如果是這樣，表示每一世的五陰存在的時候，那背後常住的「眞我」就是跟著存在著，不會離開五陰的。所以如果我是上帝生的，那麼上帝在天上，我在這裡，有什麼連結呢？都沒有啊！一定要連結互通才對，這個「眞我」與你五陰不可以是分開的，必然要同時同處！如果同時同處，就一定是互通的。這時候一定有人說：「不對！我怎麼看都沒有看到什麼地方互通。」對吧？對啊！如果你有這樣想，我接受的，這也是正常的，因爲你還沒有悟得那個眞我，日用而不知。當你悟得那個「眞我」的時候，你一定拍膝讚歎：「蕭導師不我欺也！」這時候可能會跩文了，因爲確實是有連結、有互動。那你悟前呢，是因爲日用而不知，所以你不知道有互動。

所有的人悟了，都知道是怎麼互動的，這一點，你一定要相信，不要懷疑！因爲我再怎麼能言善道，也騙不了這增上班五百多個人，讓他們跟我一起來騙大家吧？不可能啊！一定早就有人揭竿而起當眾斥責說：「**啊！你蕭老師亂講！**」可是沒有。當然，有三次法難，不就是揭竿而起嗎？結果呢，是揭錯竿了。這表示，我繼承的 如來妙法是不可推翻的。從理路上去思惟、推理已經是這樣，從現量上來看，也是這樣。所以這個眞我如來藏是本住法，無始以來就在，不曾有生。所以當你證得這個本住法時，《楞伽經》說，你就是證得人無我，因爲祂沒有我性，而祂和你同在一起。

此外，當你看見祂和你同在一起的時候，你就會很快樂，所以《阿含經》裡的偈，我在《眞實如來藏》裡面也有引述出來說：「**快樂自追，如影隨形。**」這時候你一定會想起兒時唱的那一首歌「當我們同在一起」，對吧？對啊！眞的同在一起，所以「其快樂無比」。這時候你就知道：「**啊！原來祂跟我是有互動的，並且我還不能沒有祂；誰離開我都行，就是祂不可以離開我。**」就把祂抓得牢牢的，這時便叫作「**名色緣識**」——名色緣於那個第八識，牢牢不放；抓到什麼時候？抓到祂不要我爲止，叫作命根已盡。

所以這個「解脫有色」不是世俗法，不是世俗人所墮的身見，絕對不是世俗法的色蘊，而是另一個能生色法的眞我叫作如來藏。《佛藏經》裡面叫作無分別法、無名相法；《般若經》裡面叫作眞如、非心心、無心相心、不念心、無住心；這不是世俗法中的身見，因爲身見的內涵都是世俗法，不外於三界世俗法。這個法既然是「本住法」，那當然不是世間人認以爲常的那個意識心或直覺或細意識。既然這個法一直都存在，性如金剛而不可壞，悟者當然不是斷見。所以證得二乘菩提，此時入了無餘涅槃，不受後有，捨棄了十八界時，仍然有這個「眞我」存在，所以二乘聖人所證涅槃常住不變，不是斷滅空，所以不是斷見。因此迦葉等於站出來爲 佛陀作證，說 佛陀所說如實不異。那麼接下來，迦葉又爲大家來請問了，我們看 如來怎麼回答？

經文：【迦葉復白佛言：「世尊！云何如來不般涅槃、示般涅槃？不生、示生？」佛告迦葉：「爲壞眾生計常想故，如來不般涅槃示般涅槃，不生示生。所以者何？眾生謂『佛尚有終歿，不得自在，何況我等有我、我所？』譬如有王，爲鄰國所執，繫縛枷鎖，作是思惟：『我今復是王、是主耶？我今非王、

非主；何緣乃致如是諸難？由放逸故。』如是，眾生乃至生死輪迴，我不自在；不自在故，說無我義。譬如有人爲賊所逐，舉刀欲害，作是思惟：『我今無力當得免此死難，以不如是生老病死種種眾苦成就眾生思想，願作帝釋、梵王。』如來爲壞彼思想故，示現有死。如來是天中之天，若般涅槃悉磨滅者，世間應滅；若不滅者，則常住安樂。常住安樂，則必有我，如煙有火。若復無我而有我者，世間應滿；實有我非，無我亦不壞；若實無我，我則不成。」】

語譯：【摩訶迦葉又稟白佛陀說：「世尊！爲什麼如來不會般涅槃，卻示現般涅槃呢？爲何如來是不生的，卻示現有出生呢？」佛陀告訴摩訶迦葉：「爲了毀壞眾生錯誤的認知常而不滅的想法的緣故，如來雖然不會入涅槃，卻示現入了涅槃，如來雖然從來無生卻示現有所出生。爲何這樣呢？眾生看見了會這樣說：『佛陀尚且會有終歿，沒辦法在人間得自在，何況我們這些人都還有我和我所呢？』譬如有一個國王，被鄰國的國王所抓住，把他加上了繫縛枷鎖，他就這樣思惟：『我如今依舊是王、是眾生的主人嗎？我如今已經不是王、不是眾生的主人了；那麼我是什麼因緣以致於如今得到這樣的各種災難？都是由於我往昔放逸的緣故。』就像是這個道理，眾生出生乃至一世一世不斷地生死輪迴，這樣的眾生我是不自在的；由於不自在的緣故，我就告訴大家無我的眞實理。譬如有人被賊人所追逐，趕上了之後舉起刀子想要害死他，這個人就這樣思惟：『我如今沒有力量可以免除這個被殺死的災難，由於不能像這樣子在生老病死種種不同痛苦而成就的眾生的思想中，願意來世作釋提桓因，作大梵天王。』如來爲了壞掉大眾這樣的思想的緣故，所以示現有死。如來是天中之天，如果入了涅槃以後是全部都磨滅的話，那麼世間現在應該滅壞了；如果世間一直存在還沒有滅壞的話，那就是常住安樂。如果世間一直存在而令眾生常住安樂，那就表示背後必定有眞實我，猶如看見了煙就知道背後一定有火。如果又因爲無我而有我的話，世間應該人滿爲患了；所以，五陰眞實有我，這是錯誤的；然而五陰沒有實不壞我，也不會毀壞磨盡；如果眞的沒有常住我的話，五陰我就不能成就了。」】

釋義：諸位想一想，如果這經文不加以解釋，誰能讀懂？如果這個經文你沒有親證第八識眞我時，你能讀懂嗎？一定會想：「這是什麼人創造這部經典，自語相違、前後矛盾。」一定會這樣想。可是你如果證得背後那個第八識眞我，又看清了現前蘊處界這個假我的生住異滅，那你就知道這一段經文在講什麼，否則怎麼讀也讀不懂的。怪不得《大法鼓經》沒有人講過。如果我們不講，也不會有人講的，因爲讀到這一段，頭都大了，絞盡了腦汁也想不出這是在講什麼啊！看來是很奇怪的說法，因爲道理不通啊。

特別是六識論者、或者宗喀巴他們那一些人，因爲都落在五陰裡面，就誤會說這「五陰」怎麼有時候說有我，有時說無我；有時候說眞我，有時候說會壞滅，有時候又說不壞滅，那到底在講什麼？正是意識思惟之所不能到，就是這一段經文的特色。你得要實證了，有證量以後從現量來觀察這一段經文講的，跟所證的現量是不是符合？那時你會證明：果然一點都不差！所以那些人隨著日本人毀謗大乘經，說「大乘非佛說」，說是後代弟子集體創造的；等我解釋出來，原來比《阿含經》更勝妙，豈不是後代佛弟子們比釋迦如來更有智慧了嗎？那眞的是謗佛！後代的弟子們能創造這樣的法喔？尤其他們講的後代弟子，是指聲聞部派佛教那些聲聞人。

可是部派佛教那些人，除了上座部的長老以外，都是沒有斷我見的人，連《阿含經》都讀不懂，何況能創造這樣的經典？所以說他們都是糊塗蟲！

我不說他們是糊塗人，因爲沒有人會糊塗到這個地步的，只有蟲才會這樣。那叫作什麼蟲？獅子什麼蟲？（眾答：身中蟲。）對了！因爲他們不知道這佛法是一頭雄獅，他們儘管吃，什麼都不懂！就一直吃啊；所以 如來家的飯一直吃，吃到死爲止，還是糊塗蟲。接著再來說：

迦葉菩薩又問：「**世尊！如來是不會入無餘涅槃的，那爲什麼將來卻要示現入無餘涅槃給大家看見？如來是本來無生的呀！爲什麼卻要示現有生給大眾看？**」在我們正覺弘法之前，那一些法師們都說：「**如來已經入涅槃了，不存在了。**」都是這樣講的啊！可是我們二十年前講《成唯識論》時，就告訴大家：「**如來沒有入涅槃，如來入涅槃只是一種示現。**」因爲 如來有四種涅槃。

如來既然同時又名爲「阿羅訶」，也就是阿羅漢，祂當然有阿羅漢所證的兩種涅槃，這是無量劫前就證的。然後 如來還有本來自性清淨涅槃，這就是我們增上班的同修們所證的。證悟了以後，通過考驗了，都可以現前觀察：這個如來藏本來就在，不論你往前如何追溯，都找不出祂是何時出生的，所以本來就不生，從來無生。那也許有人想：「**那這個如來藏是何時出現的？**

難道都沒有什麼理由嗎？」如來說：「法爾如是。」這第三個本來自性清淨涅槃，你找到了如來藏以後，你會發覺祂是本來法，沒有什麼法可以出生祂，所以祂本來就在；本來就在所以叫作「自在」，因爲祂自己本來就在，不用誰來生祂，法爾如是。你現在能現前觀察祂的存在，也能現觀祂本來就在，你就是「觀自在菩薩」。而這個本來性是第八識眞我的第一個自性。

再來，祂有許多的自性。因爲如來藏不是一個名詞施設，祂有許多的功能差別，來顯示出祂有各種自性。如果沒有許多功能差別，祂就無法顯示什麼自性了，但祂的自性可以顯示出來。祂的自性是能生萬法，祂的自性是本來清淨的，祂的自性猶如金剛而不可壞等；所以祂是有自性的，不是沒有自性，當然不是名言施設的假有。這是兩個法了。

而祂是清淨性的，並且祂的清淨性是本來就這樣，不是修行以後才轉成清淨的。這一個清淨性作爲你的所依，你依止祂的清淨性修行，才能不斷地把染污法、把煩惱斷除；斷除以後七轉識就不再與染污法相應，而第八識這個清淨是本來就清淨，非因修得。

而祂有涅槃性，也就是說祂不生不死，有生死就不叫涅槃；從來沒有生死，不是修行以後才沒有生死，是本無生死，無生無死就是涅槃。這個本來自性清淨涅槃是菩薩在因地就已經實證了，實證這個本來自性清淨涅槃時，位在三賢之中的第七住位，如果不退轉就是第七住。這個第七住位證得本來自性清淨涅槃就被稱爲菩薩摩訶薩，但是後面還有三住位要修：八住、九住、十住，這樣才是三賢位的第一個部分修好。接著十行位、十迴向位也修好了，才能入地。這樣才算完成一大阿僧祇劫。

好了，腳底有沒有涼了？沒有？果然是菩薩！也就是說，第一大阿僧祇劫當你證悟不退，剛進入第七住位不退時，後面還有三十分之二十四要修。如果七住位已經滿心了，就是第一大阿僧祇劫的三十分之二十三你還得修。所以這時候只過完……譬如說你今天證悟不退了，拿到我的金剛寶印了，最多就是第七住位滿心，有的人還只是第七住位才剛安住而已。

縱使過完三賢位而入地了，也還有兩大阿僧祇劫等著你走。不過這時候比較放心了，因爲知道自己已經到了第七住，後面該怎麼作，已經知道了。**「正覺同修會都爲我安排好了，那我就一步一步去作，至少安下心來用功。」**還沒到這個地步之前，有四個字正好形容，叫作渺渺茫茫。進了正覺同修會就安心了，對不對？自己檢查說：「我布施度修完，初住位滿心了。我受了菩薩戒了，我也很留意，都沒有犯戒，那我第二住滿心了。忍辱，管他幹部或同修們怎麼罵我，我就是忍了；週二講經那麼深，我也能忍；我都能忍了啊！我第三住完成了。」對吧？要這樣想啊！否則你無法安住欸。上課滿一年，終於可以作義工，興沖沖來作，結果假使有位幹部不滿意，開口就說：「你怎麼這麼笨！老是學不會。」聽了心裡很不好受，表示什麼？第三住沒有修好，未來世就得繼續慢慢修！就是這樣啊。

當你終於都可以修好兩年半，忍辱也沒問題了。假使遇上親教師哪一天心情不好，把你痛罵一頓，說你小參時亂問（大眾笑…）。欸！覺得很沒面子啊！因為助教老師在旁邊聽著，也都不給我留面子。但是你都無所謂，這樣子安忍下來，而且精進不退。週二一定來聽經，上課的日子也都來上課，義工一定都去作，每天必定拜佛作功夫，看話頭就看話頭，眞的夠精進了！如果一天打魚，三天晒網，顯然你精進度沒有修好，再回去精進吧！那你如果夠精進，就說：「喔！我第四度也完成了！」終於最後半年，靜慮與般若也學了，開始觀行，週二熏習般若也夠多了，都能忍，「雖然很深，我也能忍。」

欸！般若度學好了。接著就是教你看話頭、參禪，那就是加行位。所以上山打禪三是什麼位？加行位！打三回來以後，繼續再參禪，都叫作加行位。這是可以一步一步自我檢查的。

可不要想說：「我才來兩年半，就過完第一大阿僧祇劫三十分之六，哪有那麼快！」豈不聞　如來說「化長劫入短劫」？其實三大阿僧祇劫就是看「貪、瞋、癡」及習氣隨眠過不過得完？你能過完，三大阿僧祇劫就過完了。所以不管你怎麼樣，就這樣子修；從七住位的本來自性清淨涅槃，修到入地的時候，你至少有餘、無餘涅槃都有。入地以後，你有三個涅槃，但是把其中兩個二乘涅槃捨了，因為迴心菩薩道繼續受生，起惑潤生，然後繼續修到佛地，多了個無住處涅槃，當然可以無生啊！因為阿羅漢就可以不生了，如來當然更可以不生；可是無生以後為什麼卻要「示生」？這是有道理的啊！所以摩訶迦葉知道一定有許多人有這個疑惑，為大家提出來請問。今天講到這裡。

今天我突然想起來，這回禪三是六六大順，兩個梯次剛好都一樣多，都是六位。應該恭喜我吧？（大眾鼓掌…）不過，禪三期間接到一份資料，那個標題叫作：「蕭平實，佛教界繞不過的檻兒。」「檻兒」知道嗎？知道！所以現代的佛教界是悲哀，遇到了一個蕭平實，弄出了一道檻兒在那邊等著他們。想要跨過去又過不了，可是又非過不可！眞是爲難了！這好像基督教有個刊物叫作《標竿》，有沒有？我們正覺就等於建立一個標竿在那裡，你沒有達到這個最低標準，就不是眞正的佛教了，是應該這樣。什麼是佛法？得要有個標準，不能夠是「公說公有理，婆說婆有理，不說也有理」，那就沒道理了！

因爲所謂的佛法實證，必定有一個準繩。開悟的內涵是什麼？必定是唯一不變的，祂是絕對待的，不可能是你悟你的、我悟我的。所以咱們算是爲末法時代的佛教界立下一個準繩：凡是大乘法的實證，必須是證得第八識，現觀祂的眞如法性而轉依之。一切人類有情，不管他是黑人、白人、黃人、紅人，最多就是八個識，不可能少於八個識，也不可能多於八個識。如果有人少於八個識，那是極少數，一定要叫作殘障者；少了眼識、少了耳識就是殘障。正常人就是八識，我們過去世曾經楷定過了；禪宗依據這個標準，可以有根據流傳下來。可是到末法時代大家都忘了，所以也有人講六、七識，有人講八識，有人講九識，也有極少數人講十識；就好像講越多識的越行，其實都是頭上安頭。所以我們這一世又再來楷定一次：「所有人仍舊是八個識，八個識合為一心，名為阿賴耶識。」誰要是違背了這個原則，他就是悟錯了！那這樣，諸位來看看：我劃下這一道檻兒該不該？（眾答：該。）所以要引諸位為我的知心，出了正覺同修會，我就沒有知心可言了！

回到《大法鼓經》來，上週講的最後一句「不生示生」；禪宗也有一句話常常會拿來問學人，大意是說：「明知生是不生之性，為何仍被生之所繫？（編案：《萬松老人評唱天童覺和尚頌古從容庵錄》卷五：「進一日問修曰：明知生，不生性，為甚麼為生之所留？」）」因為從教理上來說，明明白白告訴大眾了：「有生之法本來就是不生法中的一部分，所以一切有生之法收歸於不生之法時，那就變成無生法了，因此而證解脫。」因此大乘般若一反《阿含經》所說。阿含裡面說：「一切法緣生緣滅，無有不滅者。」但是阿含也講「名色緣識，識緣名色」；又說五陰之法，不管它是遠色、近色、現在色、粗細等一切色；說到意識時，從眼識到意識，乃至不論是遠意識、近意識以及現在意識，或者粗意識、細意識，說：「彼一切皆意、法因緣生故。」是說不論哪一種意識，全都是生滅法。所以阿含講的是從三界的法來說，也就是單從欲界、色界到無色界等三界法來說「諸法緣生緣滅」。但是來到般若期時，卻說：「一切諸法本來不生不滅。」有時說：「一切諸法無漏無為，本不生滅。」看起來，好像與阿含期顛倒、牴觸、相反，其實不然，只是把那一切有為法、生滅法收攝到不生不滅的如來藏來講，講的是實相法界的事；而如來藏不生不滅，所以一切法附屬於第八識時，就變成無漏無為、不生不滅。否則諸地菩薩豈不是變成有漏有為了？

所以眾人都只看到表相諸法，就說有漏有為：「你看！諸大菩薩們不是照樣要過堂嗎？諸大菩薩們不是也會死嗎？那不叫作有漏有為嗎？」他們是這樣想的。但是他們只看到這個部分，就像愚癡人只看到明鏡上的影像，而沒有看到明鏡。如果有智慧看見明鏡時，從明鏡來看鏡中的影像，就不會再說那些影像有生有滅、有漏有為。這就是有智慧的人和愚癡凡夫之間的差別。所以有生有滅的法本來就是不生之法中的一部分。那咱們出來弘法，專講這種法呀！而那些六識論的大法師們，想要研究我的書籍，以便找碴、攻破，卻沒有機會，所以我們的法成為他們的研究對象。

而我們說的法都是依據大乘經典所說，本來他們主張「大乘非佛說」，但我們證明這大乘法眞是 佛說，而且遠比阿含諸經勝妙很多倍。他們研究再三找不出一顆碴，不說碴，連細沙都找不出一顆來！碴比較大顆，細沙很細；就像白沙灣那麼粗的沙好了，也找不出來，別說碴！白沙灣的沙還算粗，恆河沙夠細了吧？那種沙也找不出來，連一顆都沒！因爲咱們專講這大乘經，函蓋了二乘解脫道的諸經法要；而這大乘經非得證悟第八識「如來藏」，否則無法理解！六識論者想要把它詳細解釋，甚至加以演繹，根本不可能！偏偏是蕭平實專講大乘經，還能解釋，還能演繹出其他的、更深的、不同層面的法義，並且含攝了二乘經；對他們而言，眞的苦惱！於是蕭平實所說的三乘菩提法義，就變成了佛教界繞不過去的一道檻兒。

諸位想想，這種經怎麼講啊？不信的話，你再聽到下一段時看要怎麼說？沒有悟得如來藏、沒有腳踏實相界與現象界，你要怎麼解釋它？連依文解義都難，就別說加以演繹了。所以呢，禪師就這麼一悟，有時就會拿學人來質問：「明知生是不生之性，爲何卻被生之所繫？」你讀了大乘經典，明知道有生之性是不生之性中的一部分，它就屬於不生之性，那你爲何還繼續被有生之性所繫縛呢？學人當然無可奈何。因為我們上週也有解釋過了，就不再重新解釋。接著：

「佛告迦葉：『為壞眾生計常想故，如來不般涅槃示般涅槃，不生示生。所以者何？眾生謂〔佛尚有終歿，不得自在，何況我等有我、我所？〕』」佛陀告訴迦葉：「為了滅除眾生錯誤的認知：三界我是常。想要滅除他們這種錯誤的想法或者認知，因此如來不般涅槃，卻示現有般涅槃；證得不生，卻示現有生。」那些六識論者總是說：「釋迦牟尼佛入涅槃兩千多年了，灰飛煙滅，不存在了。」這是釋印順的主張，也是一分日本人的主張，因為是日本的學術界。

他們很奇怪，他們都讀懂中文，而我講了《起信論》並且印出來流通也十幾年了，我知道他們也有在讀。那他們一大批人否定《起信論》，讀了我的書，卻都學 維摩詰大士默然。特別是松本史朗，還有一個叫什麼……有三個人，還有一個日本人……對！袴谷憲昭，另一個洋人我就不記得了。

十來年前，他們拒絕大陸政府（而且是中央政府某部）要為他們重印那本書，叫作《修剪菩提樹》。那是他們的著作，但他們拒絕了。人家官方中央政府要幫他們印這本書，那是莫大的榮幸，他們爲什麼拒絕？因爲可能會有後果。假使有哪個政府爲他們再印出那本書來流通，我一定會下手，一定下重手評論！他們「修剪菩提樹」，我就把那本書給「剪」了，不能讓他們放肆。官方事後讀了我的辨正書籍，也許感覺到滿頭灰，那也不是我的過失，我並沒有批評官方；我批評的是那本書，我沒有招惹官方。我一定評論，這就是說，這個「法」不能容許人家和稀泥！如果他是解釋大乘經，解釋錯誤了，我們能容忍，因爲畢竟還只是凡夫，但他是否定大乘經；二乘菩提是依大乘菩提而建立的，他們竟然敢來否定大乘菩提！所以我說，他們就是聰明，婉拒了；婉拒了倒好，我也省事。

所以諸佛菩薩都是腳踏兩條船，腳踏兩條船才好啊！別說不好！世間法腳踏兩條船才不好，但是講佛法時一定要腳踏兩條船：「一隻腳踏在實相法界，另一隻腳踩在現象法界。」以前我還沒有回復證量時，追隨聖嚴法師去天竺朝禮聖地。有一天，他在一個皇宮改建的旅館召見幹部們，當然我得在場。他就說了：「有人腳踏兩條船，這樣不好！你們大家說說看，腳踏兩條船最後會怎麼樣？」大家很高興說：「會跌入海裡啊！」我當然知道他在講我，當時我還沒有破參，但因爲我喜歡李元松的書，他主張：「想要開悟，至少必須有未到地定支持。」我很認同這個說法，所以我買了兩本，一本送給我姪兒，另一本送給寺裡一位法師，他因此就認爲我在跟李元松學，就去跟聖嚴法師告狀。老實說，我如果去跟他學，李元松可倒楣了，就像聖嚴法師會倒楣一樣。可是我要說回來：諸佛菩薩都是腳踏兩條船，並且永遠不會跌入海裡，因爲所有天下的大海，都在如來藏的法性大海裡面，要跌到哪裡去？所以大乘經中，有的經句是講實相法界，有的經句從實相法界講到現象法界來，你得腳踏兩條船，才知道佛菩薩在講什麼；因此這些大乘經典你就能瞭解，可以爲人說明，也能加以演繹。

但是，如果弄不清楚法義，讀了我的演繹了，他越發覺得不能信受，因爲他的智慧不夠，讀不懂我演繹出來的內容，所以他就會講：「這大乘經典被蕭平實解釋了很多以後，我反而越讀越糊塗了。」果然他糊塗了，可你們讀了爲什麼很喜歡？欸！也有許多大學哲學系教授在讀，他們讀得也很喜歡哪！也有哲學系教授本來誇下海口說：「我要寫書破斥蕭平實。」結果現在已經幾年過去了？我想他應該是被我說服了。臺灣如是，大陸也如是，這是因為我腳踏兩條船：一腳踩在實相法界，另一腳踩在現象法界，然後兩頭都通。你要講世俗法，我也可以跟你講，世俗法就是二乘菩提，講的都是世俗有；至於第一義諦，我沒有辦法跟他們對話，因為他們這樣罵我，我承認，我真的沒辦法跟他們對話。因為他們才一開口質疑說：「你憑什麼講第一義諦？」我當胸一拳就擊過去了。他們一定去法院告我，那我要怎麼跟他們對話？如果要說老實話，就說：「他們沒辦法跟我對話，因為我腳踏兩條船，他們只在那一艘會沉的船上面。」那一艘船最多給他開一百零一年。那些六識論的法師們，哪個能活過釋印順的一百零一歲？但是我可以從這一艘船又另外出生一艘船，不斷地出生，永遠都是腳踏兩條船，他們對我真的是無可奈何！所以諸位也要這樣，一定要腳踏兩條船，這才是真正的佛弟子；否則，縱使能證無生，最多也只是二乘聖人，焦芽敗種！

糟糕！我竟然罵起阿羅漢、緣覺來了，但我說：他們真的該罵。看到我罵阿羅漢、罵緣覺，他們初果尚且未得，還敢來跟我對話？我才不信呢！只有初生之犢敢上講堂來跟我對話。初生之犢下面三個字是什麼？(眾答：不怕虎。)對嘛！然而我不是老虎。所以呢，「不般涅槃示般涅槃」，眾生難信啊！

「**不生示生**」，眾生一樣難信啊！你從明鏡來看鏡中的影像時，了知影像會永遠存在於明鏡中；除非你修學二乘菩提，影像才能滅，等於用一大片汙泥把鏡面糊上了，可是明鏡還是在，只是蒙塵，並沒有消失，但鏡面的影像消失了。如果他入滅之前、入無餘涅槃之前，曾經聽聞 如來或諸大菩薩說法，心中曾經生起一念羨慕大乘之心，就這麼種下了佛菩提的種子；在無餘涅槃中，可能經過百千萬億阿僧祇劫之後，由於自心流注很久的緣故，那個種子終於發芽了，他們又會受生在三界中；然後一聽到佛菩提道的內容，他就會成爲新學菩薩，還不是久學菩薩喔！那我要請問諸位：「**你們是新學、還是久學菩薩？**」（眾答：久學。）太棒了！

你們自己有這個膽識，對你們內地人應該發音成爲「膽實」，因爲你們內地都這麼講的，但是來臺灣時你們要習慣我才行。你們有這個膽識，這就是久學菩薩；不急著求證解脫，要跟眾生不斷地同事、利行，布施給他們、對他們說愛語，不畏懼生死。因爲已經不斷地串習佛法，知道有生之法其實本是不生之法的第八識所含攝的；生也在如來藏中生，死也在如來藏中死。縱使二乘聖人入了無餘涅槃，依舊是死在他的如來藏中，滅在他的如來藏中，仍然是第八識本來的「不生」；既然這樣，現前就已經不生了，又何必去入無餘涅槃再取無生？因爲一切有漏有爲法，它的本質是歸屬於第八識而「本來不生」的，所以無妨一世一世示現有生死，而其實沒有生死；但是爲了示現來教育眾生，只能夠「不般涅槃示般涅槃，不生示生」。因爲眾生會想，想了就講出來：「佛陀尚且還有終歿，於有爲法不得自在，何況我們還有這個我，以及各種的我所。」這就是示現給眾生看。

然而以 佛的福德和智慧，可以不必示現生死的，所以 佛陀入涅槃前，宣布三月後要入涅槃，其實是因爲天魔波旬又來求，因爲他以前就來求過了，他說：「佛陀啊！您可以入涅槃；都已經成佛，就可以入涅槃了。」佛陀說：「我還有事情沒辦好，我得要這些弟子們都得解脫了，然後才能入涅槃。」所以天魔波旬走了，回天宮享樂去了。有一天突然想到了，又來；看一看，佛陀有好多弟子道業成就了，所以他又來了：「佛陀啊！您以前答應我，諸弟子們成就道業時，您就要入涅槃的。並且佛是不二語、不誑語者。」這大帽子一扣，就說：「請問佛陀您可以入涅槃了吧？」佛陀想：「唉呀！八、九十歲了，而且以前也承諾過天魔。」因爲天魔也是眾生之一，而 佛對一切眾生都憐憫哪！天魔有時候也會這樣講：「佛陀！您愛惜一切眾生如獨子，我也是眾生之一，也是您的獨子，難道就不能留下一人來扶我啊。」有時候他也是這樣賣乖。所以你看，天魔厲害吧！他懂得用這一招。那時 佛陀只好答應他：過後三個月般涅槃，於是就捨壽留身：捨壽後，繼續住世三個月才入涅槃。

後來阿難尊者想想，這樣不對呀！就問 如來說：「如來！您當時爲什麼不拒絕他？」如來說：「我有三度拒絕他，但你沒有爲眾生請命，都不說話，我就沒理由拒絕了。」所以大迦葉後來就責備阿難。這是因爲 如來當時有跟阿難說：「諸佛如來住世，可得住壽一劫若減一劫。」就是可以住壽一個小劫，或者少於一個小劫。那表示如果住壽一個小劫，那麼大眾可以不斷死了又來，又能看見 如來，可以繼續修學。這有多棒！太棒了！可是，其實不然。因爲下一世又來時，心想：「哈！如來還在！原來如來都不會死，那我慢慢修就好，不用害怕不能追隨如來！因爲有如來給我作依靠，永遠都在人間。」就懈怠了。

假使 釋迦老爸到現在一直都還在人間，你會想：「欸！不急啦！反正我這一世還沒有玩夠，等下一世再來修學，下一世再說啦！」對啊！很多人也是這樣想的。你叫他來唸佛、來修行，他說：「你當作我幾歲？我又不是老婆婆、老公公，叫我去唸佛、去修行！」他反而怒目而視。所以我見了任何人，都不主動勸他們學佛，因爲我曾經勸過。等他們想要修的時候，再來抱怨說：「早知道，我來跟你學就好了。但已浪擲了三十年寶貴時光！」我都安慰說：「你現在知道來學就好了，不晚！不晚！因爲你過去世無量劫都混過去了。」（大眾笑⋯）這麼一講，他有點兒寬心了，但其實也是哭笑不得。

所以呢，如來其實可以不般涅槃的。譬如有一部經中講：「如來因爲久劫修行無量的苦行，難行能行、難忍能忍，而證得這個『究竟第一義』之法，繼續利樂眾生永無窮盡，於是得到的命根可以有七百阿僧祇劫。」這指說壽命喔！那麼以這七百阿僧祇劫的壽命繼續再利樂眾生，那又會活多久？諸位想想看啊，那已經超過等比級數了！所以說「如來壽命無量」，不論哪一尊佛都叫作「無量壽佛」。但是爲什麼要示現有生，然後有滅？爲什麼要示現般涅槃？因爲要讓眾生珍惜寶貴的光陰。光陰其實就是生命，所以如果一天混過一天，那就是在把他的生命浪費了，因爲時間就是生命。

每一個人的一生都有固定的壽算，可以算得出來；人壽最多八萬四千歲，彌勒尊佛來的時候。那現在呢？現在的生命好短，只有一百歲，而且少出多減；出過一百歲的人是很少的，大部分都減於一百歲。只有一百歲的光陰，把這一天浪費了，就是浪費一天的生命，就這麼簡單，所以時間就是生命。因此如果寫書得要用筆寫，我現在眞的覺得很不耐煩，再也不要用筆寫書了。所以我去學了電腦，因爲人家告訴我說：「**學電腦來寫書，比手寫的快很多倍。**」欸！果然如此，所以現在都用鍵盤來敲，眞的快上三、四倍。所以現在不耐煩寫字，因爲時間太寶貴。

但是　如來可以不用管這個時間，即使在這一種娑婆世界，可以住壽一小劫，所以不用計較時間；但是這對眾生不一定有利，因爲眾生就會不精進了，因此　如來還是示現了般涅槃。眾生就想：「**三界中證量最高的佛陀都還有終歿，那我們還落在我與我所裡面，想要長生不死，根本不可能！**」假使今晚有個修崑崙宗的，修什麼仙宗的人來聽經，聽到了一定不服氣，心裡面想：「**你蕭平實說的，我不認同！我們修仙宗可以活上一千歲、一萬歲沒問題呀。**」那我就有兩問，首先問他：「你修成了沒？」如果他說修成了，我就問他：「請問貴庚？」他一定答不來，明明就只有幾十歲啊！「如果你修成了，至少也要活上兩、三百歲給我看一看。不然怎麼說服我呢？其二，就算讓你修得一萬歲的壽命好了，你爲了活這一萬歲得要每天修練。但我不用修練！我這個色身若是老壞了，投胎再來就好了。而你一萬歲以後還是要滅，依舊是在凡夫位裡混；我可是一世一世往前走。但你修得這個境界，不說色界天，說你能不能生欲界天去？如果能，你是哪一『天』？」假使他說得出來：「我可以到他化自在天。」那是欲界天最高的，我就說：「你到不到得了初禪天？」我一定問他。他說到不了，一定到不了！我說：「初禪天我都不看在眼裡，我超過初禪的境界了！」那到底哪一種比較好？我說：「你如果想通了，放棄仙道，趕快進正覺來。」這就是無生之法，本來無生。

依著這個無生之法，你可以證得欲界天、色界天的境界，甚至於你還可以證得無色界的境界；但你不往生去無色天，繼續留在人間，因爲人間修福德最快。想要早成佛，在人間修最快。佛陀來人間，把開悟之法教導大家，把入地之法教導大家，還把地後的十度波羅蜜也教導了，可以超越三界境界了；饒他修得八萬四千歲的壽命，咱們不修也可以得。先去兜率陀天享受法樂，那時再下來人間，不必修練就有八萬四千歲了，何必那麼辛苦、那麼傻地修仙道呢？這才是聰明人！

所以眾生執著在我與我所時，如來爲了針對這樣的眾生加以救護，所以「不般涅槃示般涅槃，不生示生」。因爲眾生會想：「怎麼比都比不過如來，且不說比不過如來，根本不敢去跟菩薩比；連阿羅漢、緣覺都不敢去問一問說：『你們阿羅漢是什麼境界？』連問都不敢問，何況是問如來！而如來示現有終歿，那我們這些人在世間法上努力，最後一樣消滅啊，那又何苦呢？」如果想通了，他就離開外道法，進入佛法了，而且進入佛法以後會精進用功。

我要問諸位：「你們進正覺來修行，苦不苦？」（眾答：不苦。）不苦喔？可是外面的人都覺得很恐怖，說進正覺學法很恐怖：「週二要聽經，每週還有一天要上課；每天下班回家一定還要作功夫！每天作功夫還不打緊，到了週末、週日放假，還要出去作義工，因爲要修集福德啊！喔！那太苦了。我不要去！」都是這樣想的，只有諸位傻瓜這樣努力修行。對吧？不對喔？不是傻瓜喔？果然是智者！在正覺同修會只要改姓「賴」，終有一天就會開悟；賴著不走，機會總會輪到你。這就是說，如來可以「不生」，但是爲了讓眾生精進，所以「不般涅槃示般涅槃，不生示生」。

那麼世尊接著說了一個譬喻，譬如有個國王被鄰國打敗了，因此成爲別人的階下囚，這時被繫縛而且還套上了枷鎖，他就想：「我如今依舊是國王嗎？依舊是大眾之主嗎？我如今不是國王，也不是大眾的主人了。而我是什麼樣的緣故，導致今天有這種種的災難？都因爲我放逸的緣故。」當國王就是要勤政愛民，勤政就是要時時留意著國家的一切事務，不能休廢；愛民就是不斷地爲民眾造福，民眾當然也從深心裡面感戴他，如果國王有難，大家就鼎力護持。但是如果不精進，荒廢政事，並且對民眾橫徵暴斂，那人家外國來一打，人民都不支持，他就垮了；就被人家所拘捕，成爲階下囚。所以這位國王這樣想：「因爲我放逸的緣故。」

那麼同樣的道理，「如是，眾生乃至生死輪迴，我不自在；不自在故，說無我義。」所以如來一定在剛開始弘法時要講二乘菩提。如果不先講二乘菩提，一開始就直接講佛菩提，大眾一定混亂，所說的法就無法信受了，因爲無法理解。所以必須要先讓眾生對於三界中的這個「我」先能得解脫，然後再來演說佛菩提；而且剛開始演說佛菩提時，還得同時運用教外別傳的手段，幫助一些弟子證悟第八識眞如。但如果還沒有幫助眾生得解脫，或者眾生還不理解二乘菩提之前，你就演說了般若，眾生心中大多不會相信，能信受的人一定很少。

但如果先教授了二乘菩提，眾生可以實證；證了之後，可以現前印證自己能否出三界，也能現觀蘊處界入全都是生滅無常之法，不再執著。當他們確定自己可以出離三界生死了，對佛陀就有大信，有大信時就能夠不畏懼生死，此時修學佛菩提雖然聽說要三大阿僧祇劫，心中仍然無所畏懼；因爲他知道自己隨時可以出離三界生死，所以三大阿僧祇劫對他來講，已經不是大事了。

譬如一個很大的監獄，關著好幾千萬的眾生，但是其中有個人是故意造個什麼業，然後被捉進這個大監獄來，但他其實隨時都有辦法出離監獄。他目的其實只是取得一個罪犯的名義，就住在這個大監獄裡面，然後就教導大家：怎麼樣可以脫出這個監獄的拘束。有一天獄卒發現了，就來找他麻煩說：「**你怎麼可以教他們這樣？我就把你捉去處罰！**」可是抓不到他，因爲想要抓的時候，他隨時就出去了；獄卒發覺抓不了他就放棄不抓時，他又回來度人出離。要不然，獄卒在這裡抓，他就出去！然後跑到另外一個地方，繼續幫助大家，獄卒是無可奈何的，等過一段時間又再回來。

那個獄卒就譬如天魔波旬，用五欲之繩，把大家綁在欲界大監獄裡面。那大監獄裡面什麼享樂的都有，讓大家樂不思蜀，就不覺得自己是被監管的人了。那麼有許多人依著教導，也可以脫離出去了，他發覺自己眞的可以脫離出去，那時你再催著他說：「唉呀，趕快出去、趕快出去啊！」那時他急不急？不急了！他說：「我隨時都可以出去啊！所以不急著出去，我還要再教幾個人同樣可以出去，最後才走人。」就這樣一傳十、十傳百。一個人只要傳十個就好，那就會有多少人解脫？當大家都可以出去了，只剩下那個獄卒出不去時，那也無所謂，到最後就度那個獄卒，這就是佛法。因此大乘菩提跟二乘迴然有異，眾生就像這個國王被拘繫一樣，於三界不得自在。

同樣的道理，眾生不但這一世不自在，乃至無量世來生死輪迴，未來無量世仍將生死輪迴。而三界中的這個五陰「我」，特別是人間這個欲界「我」很不自在。「不自在」就是說：他沒有辦法自己作主、決定要不要脫離。沒辦法！因爲眾生在三界中被三界牢獄所繫縛，無法自在出離。所以釋迦牟尼佛特地來三界中，爲大家說：「三界中的這個我，其實不是可以常住不壞的，終究會毀壞，所以沒有眞實的我。」要這樣講，並且幫助一部分人實證了，由他們來證明：「釋迦牟尼佛講的沒錯！我們如今已經可以出離三界，這個五陰『我』是假的，要捨棄才能解脫生死。」這就是「無我」義。所以無我的道理要先教，教大眾實證無我；然後再來說無我背後那個眞我。

爲什麼要爲眾生演說這個「無我」之義呢？如來又講了個譬喻：「譬如有人爲賊所逐，舉刀欲害，作是思惟：『我今無力當得免此死難，以不如是生老病死種種眾苦成就眾生思想，願作帝釋、梵王。』如來爲壞彼思想故，示現有死。」眾生會怎麼想？假使有人被強盜所追逐、抓住了，舉起刀子來想要把他殺死的時候，那強盜在那邊辱罵，準備辱罵之後就要把他殺了。這時，這個人會怎麼想？他會想：「我如今沒有力量免除這個死亡的災難，這樣看來，我眞的不應該像這樣子在生老病死以及種種眾苦的境界當中，來成就眾生的思想，所以我不要再當人間的眾生了！如今他把我殺了，我應該未來世就去當帝釋，或者去當梵王，就免除被這樣殺死的情況了。」就是想要死後去當忉利天的天主，或者當初禪天的天主。他爲何發這個願？因爲他想：「我如果當了忉利天天主，或者大梵天的天王，我統領眾生，誰也無法殺我，而我就長生不死。」他會這樣想；如果他這樣想，那就會永遠輪迴生死。爲了不讓眾生起這樣的思想，想要把他們這樣的思想給斷壞，所以示現「乃至成佛了都還會死」的事實，就這樣示現。因爲即使當了大梵天王那麼長壽，終究不免一死，死後還能繼續當大梵天王嗎？不能！因爲他把福享完了；福享完了，來世下墮，依舊要被人殺。但眾生並不知道，如來就爲了讓眾生不起這種思想，所以示現有死。

有的人比那些修煉丹道的人聰明，他想：「你修煉丹道或者修練什麼仙術，成爲地行仙、空行仙，最多活不了幾萬歲。那我如果好好修定，死後生到色界天去，壽命超過你的好幾倍，而且我只要修一世就夠了；而你修練仙道、丹道等，還得要連續不斷地修，否則你的壽命還是沒有辦法那麼長，那不是很辛苦嗎？我只要一世把禪定修好就夠了。」這個人確實很聰明。可是如來爲了「壞彼思想」，告訴他們，讓他們知道自己的證量遠不如阿羅漢，阿羅漢遠不如菩薩，菩薩又遠不如如來。眾生假使想通了，就死了那個心說：「欸！連大梵天王我都不要當了，我當菩薩好了！」他們會這樣想。因爲他看見三明六通的大阿羅漢遇見了菩薩，各個都乖得很。他們可是人天應供啊！爲什麼見了菩薩都不敢開口？一點都不敢放肆！後來又看見：這諸大菩薩見了諸佛，都是恭恭敬敬的奉侍。喔！那麼當佛最好，就會想到要學佛了。這就是 如來的方便善巧。

然後 世尊開示：「**如來是天中之天，若般涅槃悉磨滅者，世間應滅；若不滅者，則常住安樂。**」接著是說理：如來果然是「天中之天」，阿羅漢叫作「解脫天」，那麼諸天天人、天主叫作「生天」——生而爲天。可是這一些諸天—天主、天人—見了阿羅漢都要供養，因爲阿羅漢是解脫天，不是他們所能想像的。可是這一些「解脫天」看見了菩薩們，各個都很恭敬，因爲如果不恭敬，萬一菩薩訓示了怎麼辦？有時候，菩薩會當眾訓示阿羅漢。你看諸大阿羅漢遇見了 維摩詰菩薩，維摩詰對他們是一個一個加以訓示，眾生看見了就說：「**原來解脫天遠不如菩薩。**」那麼菩薩是什麼天？叫作「**第一義天**」。世間國王叫作「世間天」，那就不在話下。這樣看來，顯然 如來是諸天中的天。諸天奉侍 如來，猶如世人奉侍諸天一樣，然而 如來「天中天」竟然還示現般涅槃，可見三界諸多有爲法，無有一法可以作爲依恃。

但是如來這般涅槃並不是磨滅，在我們正覺弘法之前，佛教界普遍的認知就是：諸佛入涅槃以後就是磨滅。他們不懂得「涅槃是常住不變」的，產生誤會了，如來就說：「天中之天如果般涅槃以後是全部磨滅，成爲斷滅空的話，那世間應該已經滅了。」因爲無始以來已經有許多人成佛，非常非常之多了；這是因爲世界無邊，沒有邊際，所以諸佛在十方三界世間已經非常多了，雖然比起眾生數來講，根本不成比例，極難得遇！但是諸佛如來也度了很多菩薩得證解脫，如果都入無餘涅槃，而且證無餘涅槃就是磨滅的話，應該有許多眾生都磨滅了。無始劫以來到現在已經有很多佛度了很多菩薩，這些菩薩繼續度下去，應該再不用多少阿僧祇劫，世間就滅盡了，表示世間一定會滅盡。可是般涅槃並不是磨滅，所以過無量無邊不可思議阿僧祇劫以來，有那麼多的菩薩成佛了，也有更多的菩薩入地了，但眾生並沒有減少，而入涅槃的阿羅漢永遠是少數。

譬如釋迦如來座下，大部分阿羅漢都迴小向大，只有幾位在　如來入涅槃前先入涅槃，還有四十位聲聞阿羅漢　如來入滅之後還在，所以他們領著三果以下的那些聲聞人和凡夫，共同結集了四大部《阿含經》，佛教史上稱爲五百結集。那結集四阿含的只有四十位阿羅漢，其他大阿羅漢們是菩薩，大部分人都沒參與；所以 文殊菩薩等人要求重新結集其中的大乘經時（因爲他們把大乘經結集成二乘法義了），但是被聲聞人所拒絕，文殊菩薩等人當場就說：**「吾等亦欲結集。」**才會有後來七葉窟外的千人大結集，成就大乘諸經，諸位都應該知道這個道理。

言歸正傳，那四十位阿羅漢後來看見菩薩結集出來大乘經典，而且又看見菩薩們智慧那麼勝妙，解脫證量也比他們還要好太多；他們其中一定也有少數人後來想：**「我還是不要入涅槃，繼續受生當菩薩吧。」**那其他阿羅漢們認爲：**「我是他的同參，就自己不講出來就好了，反正到時候不要入涅槃就是了，可以繼續受生人間修菩薩道。」**一定也會有這種人。所以那四十位阿羅漢不會全部入無餘涅槃，因爲他們對大乘法也不是不喜歡呀！而我這樣說是有證據的，不能信口開河。你們信我就行了，因爲我不信口開河！

再說回頭，從另一方面來說，假使諸佛如來入涅槃後就是磨滅，就表示五陰十八界的後面沒有一個常住的第八識眞如作爲所依、作爲能生五陰的法，那麼諸佛如來入涅槃後一定成爲磨滅，而眾生每一個人死後也應當成爲斷滅空，無始劫以來那麼久了，眾生也應該早已死盡、滅盡而空盡了。然而由於有第八識眞如的常住而且能生萬法，所以眾生縱使全部成佛以後入涅槃了，也不會成爲斷滅空，所以說：「**如來是天中之天，若般涅槃悉磨滅者，世間應滅；若不滅者，則常住安樂。**」換言之，究竟位的如來與未曾修行的眾生都一樣是八識心王具足的，雖然眾生不知道自身有第八識眞如，但不因爲不知就沒有第八識；所以諸佛如來若入涅槃就成爲磨滅時，就表示諸佛的五蘊背後沒有第八識常住，那麼眾生也將一樣沒有第八識常住，那麼無始以來都應該在第一次五陰死後就成爲斷滅空，這樣一來，三界世間應該早就滅盡了。

我這樣的說法其實也是有聖教根據的，那我拿出證據給諸位看，譬如四阿含裡面有一部《央掘魔羅經》，共有兩種譯本，這部經典明明是講大乘法的，因爲整部經都在講如來藏；雖然只講總相，不講別相，因爲講別相的話，大部分不迴心阿羅漢都聽不懂的。所以我認爲那四十位阿羅漢裡面潛伏著菩薩，例如參與五百結集的阿難就是菩薩，也一定不止阿難尊者一個人，這就是眞相。爲什麼呢？因爲一定會有菩薩跟他們同事。

四攝法中有個「同事」，菩薩跟他們同事，主張一定要結集這部經，會跟他們講：「如果你不結集這部經，將來人家會說《阿含經》講的涅槃都是斷滅空，阿羅漢入涅槃就是斷滅空。」這麼一聽，那其他的聲聞阿羅漢心裡面想：「這也有道理。」所以就不得不結集下來。因此那一部經，分量不小，就放在阿含部裡面。所以五百結集諸人之中一定有「奸細」，那些「奸細」叫作入地的菩薩阿羅漢，裝著跟他們一樣是聲聞人，這就是證據。否則阿羅漢們為什麼要結集那一部經？前前後後不斷地講如來藏，而他們並沒有親證，經中說的內容是他們所不知道的，卻還是一樣結集出來了，這樣諸位就知道我所說的道理與證據了。

菩薩的人數是多數，阿羅漢永遠是少數，都是極少數！所以他們入涅槃，對眾生數沒有什麼影響。就像大海，你今天開了大卡車去，把它載了一大卡車走，大海也不會覺得怎麼樣。可是，如來所教導給菩薩們所證的涅槃如果是磨滅法，那麼久遠以來的時間度了很多菩薩入地了，應該減少很多眾生了，為什麼卻繼續有這麼多有情住在人間？所以 如來才說：「若般涅槃悉磨滅者，世間應滅。」

然後反過來說，如果般涅槃不是磨滅法，當然涅槃就是常住安樂。可是釋印順不知道這個道理，他就抱怨：「這部《央掘魔羅經》根本不該歸在阿含部諸經裡面。」他的《如來藏之研究》就這樣寫的。奇怪！他的著作我沒讀上幾本，可是他的過失我都知道。我老是拈他，即使他已經在三惡道裡面受苦，耳朵也得癢了。我就一天到晚叨念著他，因爲他是個活教材，負面的教材！如果般涅槃不是磨滅，就表示般涅槃是常住，也是眞正的安樂。所以我把《阿含正義》寫出來，釋印順那個門派大家一定很氣，可是不能講出來，只能悶在心裡。

悶在心裡不能講，那是最大的痛苦！世俗人如果眞的很痛苦，就訴訴苦，講出來給好友解解氣，心裡就比較沒那麼痛苦，至少有人聽他訴苦；如果都不能訴苦，那一定氣壞了。但是我說他們是愚人，聰明人就說：「好！我來跟你修學，等你印證我以後，我來證明你這個涅槃是假的！我學了，我就可以證明。」等到學了以後說：「喔！原來是眞的！」就不回去了！佛法中都是這樣啊！

那個須深來盜法，不也是這樣嗎？他被外道推舉爲盜法的人，因爲他很聰明，適合盜法。當他來學時 如來何嘗不知？就裝作不知，爲他說法。當他得「法眼淨」時，他立即知道：「我不該於佛法中盜密出家！對這種法來盜法，其罪一定極重。」所以他馬上發露懺悔，接著向 佛懺悔滅罪，就這樣出家不久，他就成爲阿羅漢了。那到底是盜法好、還是不盜法好？這很明白！聰明人一看就知道了。「既然可以證初果，顯然阿羅漢是可證的，那我追隨如來繼續修學，很快就可以證阿羅漢。那我回去再跟外道混？沒意義了！」利弊得失立刻分曉。除非無法實證，另當別論。

所以 如來教導大眾：般涅槃之法是常住的，常住的才是安樂法；斷滅空不會是安樂，有生有滅不會是安樂。所以 如來在《阿含經》裡面有講：「阿羅漢所證的涅槃叫作『常住不變』。」因爲涅槃的境界是永遠不會改變的，永遠是常。意思也是說涅槃只有一種，不會你證你的涅槃、我證我的涅槃，你不要評論我，我也不要評論你，誰誤導眾生？無所謂。如果你證的涅槃跟我證的涅槃不一樣，有三種可能：第一是我對、你錯；第二是你對、我錯；第三，兩個都錯，兩個都對。如果兩個人都對，不會是不一樣的涅槃，因爲出三界的涅槃只有一種，所以涅槃是常住、安樂；如果涅槃是斷滅空，

那就不需要 如來辛苦下生人間，來教導大眾了。

世尊接著說：「常住安樂，則必有我，如煙有火。」常住的就是安樂的，如果般涅槃以後是會磨滅、會毀壞，就不安樂。這在世間法也通，所以你看，如果活到四十歲了說：「哇，我四十整壽。」就來慶祝；活到五十歲了，五十整壽又來慶祝。可是如果會死呢？沒有人慶祝死亡，對吧？只有臺灣，有一種死亡是被慶祝的。你們有沒有看過人家告別式，會場裡供奉的花是紅色的。有沒有？雖然家屬仍然不捨，可是大家說：「我老爸活過九十歲了，高壽啊！算是有福報的人。」所以那告別式的會場不用白花了，或者說雖然也有白花，但同時奉上幾盆紅花在那上面，向世人炫耀說：「我很孝順，所以我老爸能夠活九十幾歲。」那是一種變相的慶祝，對吧？對啊。可是如果三十歲就走人呢？出殯那天，老爸拄著拐杖來到棺材邊，舉起杖來就敲打棺材，表示這兒子不孝，讓白髮人來送黑髮人。有的老爸甚至要開口輕罵：「不孝子啊！」然後哭將起來，因爲他的兒子磨滅了，老來無所依靠。這就是說：世間人的想法都一樣，常住的就是安樂。

但如果生死無盡之中，有一個常住的法陪著你，而你證得涅槃可以出三界，這個常住的境界是一直存在著的。這個本來就出三界的法，一直陪著你這一世又一世生死不斷的五陰，同時同處，這個就是「眞我」，因爲祂不磨滅。不管有情的五蘊遭遇什麼樣的境界，羅諸橫難，這一個眞我第八識依舊不滅。有情假使證得解脫果，能夠滅盡一切法而入無餘涅槃，無餘涅槃中畢竟不是斷滅，那就是「眞我」第八識眞如。聰明人可以從一世又一世永不中斷的五陰持續生滅，來推斷出五陰背後一定有一個常住法；所以這個五陰是生滅的，就好像圍牆外看見有煙不斷地冒出來，剎那剎那不斷生滅，可是這個煙一直存在、不消失，就表示那個火一直在燃燒著。「**如煙有火**」，煙是生滅法，火就譬喻這個常住的不生滅法。

那麼接著又說：「**若復無我而有我者，世間應滿。**」先說這兩句。「**如果無我而又有我**」，也就是說，有的學人思路矛盾，他跟著善知識學法，知道這一切都是生滅法，可是他不相信，就是無忍；他認爲其中一定有什麼是不生滅的，那就是我；比如說十八界，也許他認定其中的幾界是有我。如果是這樣，那十八界中的其中幾界不會壞滅，才可以說有我；可是這些無我性的法裡面，他認定其中的某一個部分有我而常住不滅時，而這幾個部分的五陰我又會一世一世不斷出生而不滅，就應該每一世都不斷地出生這些我而累積起來，那麼世間不就應該一世又一世充滿了這些「我」嗎？包括海裡也該都是有情了，所以說「**世間應滿**」！

然而，這些無我法不可能有我，所以接著說：「**實有我非，無我亦不壞。**」如果把這三界我都當作是眞實不壞的，說爲眞實有我，那是錯誤的想法；雖然說應該是無我的，實際上也是無我的，但是我說的無我不是壞滅的空無，不是磨滅法、不是斷滅空，所以「**無我亦不壞**」。那麼反過來說：「**若實無我，我則不成。**」如果三界有眞的無我的話，那又有什麼法是常住的？如果眞實無我——沒有眞我如來藏的話，三界世間中的五陰我根本不可能存在，要談什麼欲界我、色界我、無色界我？根本不能成立。諸位增上班的同修，你們現觀一下！不必用思惟的，你能現觀就夠了，是否如此？你能推翻這個聖教嗎？不能！

可是你看經文後面這三行，如果是六識論者，要怎麼解說呢？只能抱著頭發燒了！因爲有時談到實相法界，有時又從這邊談到現象法界去了；現象法界說完了，又拉回來實相法界說。所以你看，這個我與無我到底該怎麼說？

解釋不通啊！因爲解釋不通，所以就來把意識再細分一分出來說是「細意識」，說細意識就是眞實我，結果又落入意識去了，因爲細意識仍然叫作意識啊！除非他們把細意識改個名字，叫作如來藏，那人家就無法破他了。可是他們偏不，因爲他們先前已經先否定如來藏阿賴耶識，把這第八識改稱爲細意識而落入意識中了。否則弟子四眾一定會說：「師父啊！那您以前不是說沒有如來藏嗎？」正因爲他們否定得太快了，等到發覺出問題的時候，要再來承認有如來藏時，這老臉又拉不下來了。

可是我說他們眞笨，那臉皮能賣得多少錢？那臉皮能夠賣得一串錢就太多了！一串錢沒多久就花完了。一串是多少錢？不超過一千文吧？不要一、兩年就花光了。所以老顧著臉皮，那是生死人，又名愚癡人。人家指示說：他自己身中有那個摩尼寶珠，價值無量，教導他，要教他們去找出來；找到以後，千變萬化，運用無方，多自在！他們竟然不要，偏要顧戀著那張老臉，所以叫作愚癡人、生死人，因爲這個愚癡會導致他們繼續無量地生死。愚癡人有的顧戀著自己的名聲、有的顧戀著錢財、有的顧戀著權位，但這些能帶去未來世嗎？不能！可是般若智慧可以一世又一世帶著，誰也搶不走；假使你得罪了誰，被誰殺了，沒關係！來世不是一條好漢，而是繼續當一位菩薩。沒奈你何！

所以，早期有人好意勸我說：「不要去批評耶和華，搞不好，哪一天他來害你！怎麼辦？我們不想看到這個狀況。」我說：「耶和華看不見我，你別擔心啦。」因爲縱使被他殺了，投胎到哪裡去，他也不知道；然後長大了，又把法重新悟回來，繼續破他。讓他連殺十次好不好？他也覺得累了吧！乾脆算了，你去講你的，不管你了！對吧？一定是這樣。你會有空閒看著一條毛毛蟲又來咬你，你把牠弄死了以後，未來牠投胎重新再來又去跟別人評論，說你多麼可惡；你再來弄死牠，弄上幾次，兩、三次你就膩了！你說：「唉！隨牠去了。不管了！」對吧？因爲牠有那個功夫，牠會緊緊咬著你，不如就算了。不理牠！因爲你也無可奈何牠，就不想理牠了。

何況耶和華能否近我的身？那還是未知數。當了義法存在人間，你既然領著這個勝義僧團在繼續利樂眾生，諸天都看得清楚，他們就知道：「我們天眾會越來越多。」因爲實證的人畢竟是少數，但是跟著這了義法修集福德，他們之中有許多未悟的人會生天，天眾會越來越多。如果是信受天魔波旬的人多，就是修羅眾會越來越多，所以諸天要好好保護你，因爲保護你就是幫自己增長天眾。那諸位看看《舊約》或者《新約》來斷一下：上帝的境界是什麼層次？頂多是在須彌山腳下的羅刹；因爲他吃肉，而且還要帶血的鮮肉；也就是說，必須是那個動物殺了，血還沒有流乾，就馬上割了肉下來，叫作血食。你煮了供養他，他還不喜歡呢，他要生鮮的血肉，那他的層次在哪裡？這就明白了！那他的層次是這樣；當忉利天不斷地在保護著，他能近我的身喔？所以我心裡很篤定，不是不怕死，是很篤定：死，又不是沒被殺過！那殺我的人呢，如今安在？我還坐在這裡講經啊，所以沒什麼可怕的。

這意思就是說：菩薩不怕死滅，因爲菩薩證得涅槃了，沒什麼可怕的，被殺就當作入涅槃吧！但是再受生又來，看看下一世誰還在人間。所以該摧邪顯正，就摧、就顯，無所畏懼！但是也不必仗恃著佛法威德，就故意去招惹說：「你來殺，你來殺啊！」（眾笑⋯⋯）有智慧的人不幹這種事情。對吧？所以該留意的繼續留意，這也是保護對方，因爲這樣一來他想要造惡業就造不成；雖然有根本、有方便了，沒有成已，不下墮阿鼻地獄；這也是菩薩應當要考慮的。但是我就說，以這三行經文來講，六識論者要怎麼解釋它？眞的不容易。再來看下一段，世尊與摩訶迦葉是怎麼對答的？

經文：【迦葉白佛言：「世尊！有者何耶？」佛告迦葉：「有者，二十五有眾生行；非有者，無思之物。若非有是眾生者，應從他來；設有思之物壞者，眾生當滅；若非有是眾生者，則應充滿。以眾生不生不壞故，不減不滿。」】

語譯：【摩訶迦葉稟白佛陀說：「世尊！所謂『有』是指什麼呢？」佛陀告訴摩訶迦葉：「所謂的『有』，是指二十五有的眾生，持續不斷地有行；『非有』呢，是指無思的物質。如果非有是眾生的話，應當從他處來到這裡；假使有思的物毀壞的話，眾生應當日漸減少；如果非有，可以是眾生的話，那麼眾生就應該充滿。因為眾生不生不壞的緣故，所以眾生不會減少，也不會充滿。」】

講義：如果是六識論者，這一段又要怎麼解說？他連想都想不懂了，還能解說？所以咱們專要講這些大乘經。因此這一部講完了，講《不退轉法輪經》，《不退轉法輪經》講完了，我想可以來講《大方等如來藏經》、來講《解節經》、講《不增不減經》，讓那些六識論者氣死了說：「一部又一部大乘經不停講解出來！」他們讀不懂，我們把祂解釋出來，他們會更氣。你看，摩訶迦葉不斷地爲眾生挖寶，所以他又問了：「世尊！『有』是指什麼呢？」世尊就說：「有，是指二十五有的眾生，不斷地有行。」很多人忽略了「行」，譬如說五陰，五陰色、受、想、行、識，依現行的次第來講則是：色、識、受、想、行。「行」雖然只是一種過程、一種示現，但「行」就顯示了眾生的存在。如果沒有行，表示眾生只是一剎那的存在，過去就沒有了，那還能叫眾生嗎？一定是有「行」的持續，才顯示他是眾生，所以行是個很重要的法。

特別是在種智裡面，「行」代表很重要的法。因爲眾生之所以成其爲眾生，就是有一段時間的存在，不斷地運作才能稱爲眾生。譬如說：如果生了個兒子，但他只存在一秒鐘，還能叫作眾生嗎？頂多只能夠說他是個幻象，一秒鐘就消失了。即使蜉蝣被稱爲眾生，也有一天的時間離開水中不斷運行，那才能叫作眾生，所以「行」是很重要的法。譬如在《楞嚴經》裡面，講「行陰區宇」，也講「行陰盡」。是什麼叫作「行陰盡」？表示：這個行的範圍也是很廣的，你必須要超脫於這個部分。又譬如說，在《瑜伽師地論》

裡面，也有很多地方談到行；許多的法都以「行」爲根本來說，表示行是很難超越的；因爲眾生的存在表現就是行，如果沒有行，他就不是眾生，只能叫作死人，或者叫作物，所以說：「有者，二十五有眾生行。」

那麼「非有」呢？就叫作「無思之物」。「思」也就是有一個作意想要作這個、不作那個，要作那個、不作這個，那就是「思」——有一個心作決定後的作意存在，想要怎麼樣，或不想要怎麼樣。那麼「物」會不會有思？石頭、木頭，或者說無情生的樹木、花、草都不會有思；既然是無思之物，就叫作「非有」，全都不屬於三界有。如果那些植物也有思，請問諸位吃啥？沒得吃了！因爲它會避免被吃，甚至會開口說：「欸！你不要摘我，不要摘我啊！」然而無情生不會有思心所！它們是如來藏所變現的，由共業眾生的如來藏變現出來，所以叫作物。而這個物雖然看來它有生命、會生長，可是無思。無思就不能叫作有情，就不會有行；挖了植物、砍了植物就不叫作殺生，所以你摘了菜、摘了果實下來，那是人類該吃的，那就不叫傷害眾生，因爲它們是無情生。看來雖然有生命，卻是共業眾生的如來藏變現的，這就不是傷害。所以不可以跟人家說：「欸！你把那棵樹砍了，殺死它了。」沒有！它是無情，它是無思之物。所以無思之物叫作「非有」。今天講到這裡。

《大法鼓經》上週講到二十九頁第二段第二行「無思之物」。今天要從下一句開始：「**若非有是眾生者，應從他來；設有思之物壞者，眾生當滅；若非有是眾生者，則應充滿。**」這一小段談到：「**如果非有是眾生，如果有思之物會壞。**」先來談前面兩句。

「**若非有是眾生者，應從他來；**」如同前面所說，「**非有**」就表示它不是有情，所以不屬於三界有，名爲「**非有**」。因爲前面說，所謂的「**有**」是指二十五有的眾生；「**非有**」是沒有能作意識層面的思惟、理解，而且完全沒有情緒的，才叫作非有，那就是屬於「**物**」了。所以這裡說「**如果**」「**非有**」也可以是眾生，就是說：如果無情也可以是眾生，那麼這些無情「**應從他來**」，應當是別的法所生，不是依於自己的因果律所生或自己可以存在。

諸位來正覺學到今天，已經知道：每一個有情都是由如來藏所生；而如來藏是個人自己的，不是別人的如來藏，也不是和別人共有一個如來藏；但是所有的有情並不是由自己的五蘊所生，不是由自己的蘊處界所生，所以不是自生的；但亦非他生，不是由大梵天王或上帝所生，而是由自己的如來藏來出生。那麼如果「非有」，也就是無情；例如石頭或者金、銀、銅、鐵等，這些如果是眾生，那麼應該是由別的法所生，不是他自己的第八識能生，所以「應從他來」。就好像說：一神教講上帝創造人類，然後又創造了一切動物，又創造了天地。那麼依他們所謂的《聖經》這麼說，就表示世界上的一切無情物都是「從他來」；既然都「從他來」，顯然跟自己的業因與業緣是沒有關聯的。所以如果主張「非有」也是眾生，那麼這一些所謂的眾生一定是從他而生，不是由自己的如來藏所生。

那麼下一句說：「設有思之物壞者，眾生當減。」如果「非有」等物可以是有思的，換句話說，石頭、金、銀、銅、鐵、錫就會都有情緒，那麼因此產生了「思」的作用，也就是常常會決定我要這樣、我不要這樣，或者我要繼續這樣、我不要繼續這樣，這就是作出決定的「思」。如果「非有」等一切物可以是有思的話，是有情緒的話，那麼這一些「非有」持續地、不斷被人類、被眾生、被動物所消耗損壞，結果就是這一些有思之物，也等於說這些有思的「非有」，應當會越來越減少。

打個比方，如果石頭有思，金銀銅鐵錫有思，當我們搬運石頭的時候，或者從河裡、從山裡去挖掘石頭的時候，它們應該有反應，因爲它們有思。有思之物如果是眾生的話，那麼這些眾生應該是「從他而來」。既然從他而來，那麼那個「他」應該可以繼續變化，繼續出生這一些有思之物。可是這些有思之物，譬如石頭或金銀銅鐵錫，當你去挖掘的時候，它們應該就會有情緒反應。比如說你去挖大石頭，想要挖來當大樓的地基，它們可能跟你抗議：「我不要當地基，我要當人家庭園裡面的擺設，那才有面子。」因爲它有思，就會像這樣成爲有情而作出決定。

假使如此，你想要挖它的時候，它要先跟你問清楚，然後雙方取得同意，你才能挖它，否則它會抗議你。怎麼抗議呢？也許你一挖了，它就哇啦哇啦不斷地叫，發出各種情緒來。所以「非有」不該是眾生！但這個前提是說，假設「非有」是眾生，而這些「非有」既是有思之物，那麼有情不斷地把它使用之後，「非有」眾生就會越來越少，因爲這些物都會用壞。所以作工程的時候，許多的砂石、許多的礦物不斷地被使用，不斷地消耗；那麼它們這些「眾生」越消耗它就應當越來越少。

那麼這裡牽涉到一個問題，這個地球，據科學家說已經四十幾億年了，所以地球上的「非有」無情物經歷了那麼多的眾生不斷使用，為什麼這地球依舊沒有損減呢？依道理來講，地球應該不斷被消耗，越來越小而漸漸消失吧？譬如說，樹木生長要從土裡攝受許多的養分，然後才能長成那一棵大樹。那棵大樹被砍了，然後加以修剪、裁剪，然後變成建材、用掉；也許火燒了，又去砍了重建。那這些「非有」成為有思之物而說為有情眾生時，不斷地被使用之後，是不是眾生應當越來越損減？是！那麼像這樣不斷地又重新成長，又從土裡繼續攝取養分，又生成大樹，又被眾生砍去使用或燒掉，這樣四十幾億年來，已經用掉多少樹！

且不說被人類用掉的，單說被眾生吃掉的，例如古時候長頸龍也吃了很多的樹葉；然後，許多的蟲也吃。那麼被吃掉，或是枯了、死了、爛了以後，也是被小蟲、細蟲、微生物吃掉。那麼這樣不斷地生長、不斷地被吃掉，理論上，應該地球越來越小，因為無情生不斷地給攝受、用掉了。但是並沒有！地球含藏沒有越來越少；所以這個地球及所持的一切物質雖然屬於「非有」，它所含藏的一切石塊、泥土等雖然也是非有，但它們並沒有變少，因為它們是無情，而無情是由眾生的如來藏所變現的，所以眾生需要多少的物資，它就會有多少物資，這是不變的定律或者說鐵律。如果「非有」（也就是這些無情）可以是眾生，所以叫作有思之物，那麼這些物不斷地被使用、消耗，這些物又是眾生，那就應該說：「**眾生將越來越少。**」

接著說：「**若非有是眾生者，則應充滿。**」如果「非有」也是眾生，眾生有一個特性，就是世世輪轉；如果不是世世輪轉，就不稱之為眾生了。既然「非有」可以是眾生的話，那麼被用掉以後，它又會再出生；而且沒有被用掉的部分也會再出生，因為一定是「**從他而來**」呀！所以它自己也會再出生，也有新的會被它所生，到最後，就是世界充滿了「非有」。所以「非有」是不能稱為眾生的，如果把「非有」稱為眾生，問題很大。所以有的法師不懂，亂說法；有時候禪師講：「**不但有情說法，無情也會說法。**」譬如像慧忠國師，有時候人家問：「**如何是無情說法？**」那禪師還會罵人說：「**你尚且不懂有情說法，如何能聽懂無情說法？**」你看這樣一句話就堵回去了。

但禪師講的無情說法，不是講那個泥土、石塊會說法，但這是般若密意，咱們只在禪三講。另外，無情說法，從另一方面來講，譬如說我寫《公案拈提》，我說「朗州山、澧州水」，那也是無情說法。那你如果想懂，冬天去朗州山裡走一走，不錯！不然夏天去澧水，跳下去游一游也不錯；回來臺灣時不許跟我說你不會，這也是無情說法呀！可是跟諸位點了出來：「禪師們所謂無情說法，其實也是有情說法。」這樣就說白了。所以禪門裡面說的眾生迷己逐物，是有道理的。但這個道理，講經時就不公開講了，咱們只在禪三講。

話說回來，有的法師不懂這個道理，就說：「無情也有佛性啊。」因爲他誤會了禪師講的無情說法，所以他自己聯想說「無情也有佛性」。如果無情也有佛性，無情也該成佛了；無情如果有佛性，那你吃無情的時候，比如說你吃菜，有時候樹也可以吃，比如說香椿，有很多人拿來做醬料；或者有時人們吃蕨類的尖端嫩莖，或者有人砍了檳榔樹，把那個檳榔樹心拿來當菜吃，叫作半天筍。那你吃了那些無情，由於那法師說無情也有佛性，那你是不是吃了佛性？那你的佛性應該會逐日增長了。好極了！就來每天吃無情，吃的菜也是無情，同樣是無情生，那你的佛性應當就會逐日增長，也不用來找我求見性了，而你自己有一天就會發覺：「喔！我的佛性太多了，我都看見了！」哪能看不見？因爲太多了。所以無情就是無情，不能夠說無情也有佛性！因爲無情無思，沒有思心所，所以它不會想要作什麼，也不會想要不幹什麼，因爲它叫作無情。

有個問題：有一些栽種植物的人，他們說：「**我種了這些，每天放音樂給它們聽，它們有感應呢！**」還作了一些電波或什麼的實驗，說：「**你看，你看！眞的有感應呢！**」那一方面說，搞不好那是因爲放了音樂，有電波的感應吧？就算有感應，那也是如來藏才能有感應。然而植物是無情，植物無思，它沒有思心所，所以植物沒有情緒，對音樂不會有感應的。假使你每天依照他們的那個邏輯或者說法，那你每天拿了刀子跟你家的盆栽恐嚇：「**明天我要殺你！我要殺你！**」那它是不是要驚嚇？那應該沒幾天就枯死了。對吧？對呀，應該這樣；可是沒有啊！它繼續長得好好的，除非你不澆水。所以無情無思，「**非有**」無思，沒有思心所的一切「**非有**」，不在二十五有裡面的，那都叫作無情。眾生當然得要吃無情生才能生存，但無情生從哪兒來？會自己出生嗎？一切無情生不可能自己生，一定要有因緣。它之所以能夠生長，因爲那種子就有那個功能，但那種子爲什麼有這個功能？科學家說：「**那是自然就這樣子，是自然性。**」那我就說：「**他叫作自然外道。**」

那種子生長了、發芽了，爲什麼會生長？生長了，爲什麼會有枝、幹，然後會有細枝，會長葉子還會開花，還會結果；果實還會長大，長大以後還會在裡面生了種子，然後會熟、會爛，最後又回歸於大地。爲什麼會這樣？那都是共業眾生的「如來藏」運作的結果。假使果實生長了、圓滿了，不會爛！就表示那不能吃；它就像石頭一樣，像塑膠一樣，那不能吃！一定得要是會爛的，你才能吃啊。所以「種智」裡面說：「**眾生的摶食，以爛壞爲相。**」眾生吃的摶食或者叫段食，也就是我們在人間或者在欲界天還有摶食，這一些食以「爛壞」爲相。如果你所吃的東西，吃下去以後都不爛、不壞，明天、後天原樣又還給大地，那你能吸收到營養嗎？每天照樣吃三餐，可是越來越瘦，沒多久死掉了；因爲吃下去的東西不爛，不爛不壞就表示它不會發酵與分解，就無法從其中取得你所要的營養。可是爲什麼它會爛、會壞？有的人也許說：「**那是上帝的功勞啊！**」問題是上帝在哪裡？哲學家已經問了一、兩百年了，一神教終究沒辦法證明。但是我們說的這個能造萬物的這個「上帝的上帝」——「上帝的母親」，就是第八識，如實可以證明啊。哲學家如果來問，我說：「**你好好學，你當菩薩當好了，我幫你悟；不當菩薩，沒辦**

法幫！等你悟了，由你來證明：看這個是不是『上帝的母親』？」這是可以重複驗證的，但是眾生不瞭解，就當作一切都是天然的、自然的。

所以因爲眾生需要這樣，於是無情生的植物就生長了食物，供給這些有情來飲食使用。那麼這些無情的植物有生命，所以生命把它分成兩個部分：有情生與無情生。那麼無情生沒有七轉識在運作，可是它的背後就是眾生的如來藏在運作，使它種子可以發芽、可以成長；然後有枝、葉、花、果，而果實可以成長、可以爛、可以壞，這樣成就眾生飲食的法相。所以「非有」不可以說是眾生，除了二十五有以外，都不能叫作眾生。那麼樹木、穀子、麥子、一切菜類等等，它們都不屬於二十五有，所以不能說它們是眾生；但它們有生命，所以都有一個生命的週期。譬如有的樹木也許活上幾千年、上萬年都有，但是最後一定會壞；因爲眾生業力的關係，該壞時就壞，該重新有別的再生長時它就生長，這是跟眾生的業力有關。

譬如《起世因本經》講：光音天的天人，逐次下降來到欲界，然後最後來到人間。人間那時也還沒有可以吃的東西，但那時候天人也會飛，都還有光明。由於這些天人來到了人間，所以如果你在晚上看見了，那天上就像小飛俠飛來飛去一樣，都有光，想來應該很美喔！但沒有東西吃，可是後來出現了地肥（其味有如無蠟之蜜），有的天人好奇，沾一下，這是什麼？嚐嚐看：「啊！這個好吃欸！」然後傳開了，大家都來試試看，「好吃！」後來大家貪吃，吃多了身體就越來越粗重，開始飛不高、飛不遠了。後來那地肥終於吃完了，因爲大家貪口味；以前天上沒這個味道可以嚐，他們貪那個口味，後來吃完了就消失了，於是開始又有粳米出現；就這樣，最後連粳米也沒有了，就變成現在的稻米，就這樣越來越粗糙。由於越來越粗糙的緣故，人們越吃以後身子就越粗重，於是就變成現在這個人身，飛不了了，只能在地上行走，就變成這樣，道理是一樣的。

那爲什麼會有這些食物的演變？當然是因爲眾生的如來藏。由於眾生有這樣的需要，就這樣的變化。所以這些無情生固然看來是有生命，卻是共業有情的如來藏所變化出來，是要給眾生吃的，這跟上帝無關，他不是眞正的造物主。因爲這些東西怎麼來，那個原理上帝根本不懂得；連他自己的五陰是怎麼來的，他都不懂，何況能創造萬物？這告訴我們說，有的人在批評：**「你們佛教都說慈悲，但你們不都吃那些生命嗎？植物也有生命，你們爲什**

麼吃它們？」那就問他們：「都不吃，不然大家都餓死？你先餓死好不好？」他也不要，他也要吃。但這些無情生雖然會生長、有生命，可是它們是無思之物，並沒有思，不是有情生。那麼這些無情生之所以存在，是因爲眾生的如來藏所變現。爲什麼變現呢？因爲眾生有需要，祂就變現出來了。所以「非有」不能稱爲眾生，如果那些植物也能稱爲眾生，糟了！一定會很快就佔滿了整個地球，讓人類、讓動物無處生活，連存在的地方都不見了；但它們不是眾生，所以有情可以吃它們。

假使那些植物都是眾生的話，全都有思，那麼每一次農夫進了田裡要割稻，一定被抗議；要去摘菜，也會被抗議。也一定會有人出來抗議說：「你們爲什麼一直吃它們？它們一直在抗議啊。我們跟這些植物應當平等、平等，你們爲什麼吃它們？」有沒有人會這樣抗議？我想不會有。但是也有可能一萬個人之中、一百萬人之中，蹦出一個來抗議。抗議完了，回家還偷偷吃植物，不就是這樣嗎？愚癡人很多呢！明知道抗議是不對，他還是要抗議。這表示什麼？「非有」不可能是眾生。除了二十五有以外，不管是石頭、木頭、樹木或者稻穀、麥子、各種的菜，都不能叫作眾生；雖然看來它們會有成長，然後毀壞，有一個生命週期，但它們不是生命。不是生命，所以依照　如來這個定義，把它叫作「無情生」；因為它們是無情，無情沒有眞正的生命。而它們之所以這樣生長、圓滿、爛壞，是因為眾生有這個需要，所以共業眾生的如來藏就運作，產生這樣的植物，有這樣的過程；而生出來的那些果實一定會壞、會爛，成就眾生飲食的法相。所以它們不是眾生。如果把它們叫作無情生，那就有些矛盾了，無情怎麼可能有生命？無情不該有生命啊！因為那是物性，是共業眾生的如來藏運作，而產生這樣的結果。所以無情就是無情，即使它們會生長，你也不能把它們叫作生命，所以無情不是眾生。因此無情生這個說法是有語病的。

那麼　如來最後歸結：「以眾生不生不壞故，不減不滿。」現在把這些法義拉回到眾生身上來。如來說：「眾生不生不壞。」欸！這話好像跟現前所見不符合。所以不懂的人就說：「唉！這大乘經都是後人偽造的。」其實不然，這是　如來所說，因為其義深妙而無可反駁，非愚人所知；要再加上四個字：「唯證乃知。」眾生從表面看來，有出生、有壞滅，所以「人無不死者」。一切有情縱使成為非想非非想天的有情，不超過八萬四千劫，依舊死；

繼續下墮這個人間或者欲界天，或者乃至三惡道，有情無有不死者。既然這樣，爲什麼 如來說「**不生不壞**」？因爲每一個有情死了又會生，生了又會死，死了又會生，永遠在三界中存在。然而看來那個五陰世世不同，其實卻是同一個有情，不會增加，也不會減少，都同樣源於各自的第八識如來藏。所以愚癡人只看這一世，有智慧的人不但看這一世，也看過往無量世，也看未來無量世；看來看去，依如來藏而言，沒有一個眾生曾經出生後死壞，因爲永遠是同一個如來藏中所示現的生死。

就好比一面明鏡，明鏡中那個影像有時候出現了一個張三；張三離開了，又出現一個李四；李四離開了，又出現一個王五；乃至趙六等等，永遠數不盡，但是永遠就是那一個有情。一面明鏡有一個眾生，這個明鏡裡面的眾生永遠都會存在，所以張三走了就換李四上來，李四走了又換王五上來，就這樣不斷地換，永遠都有一個有情存在著；所以從長遠來看，眾生不生不壞，因爲如來藏不壞而且必然會世世都出生有情。如果只看這一世，就說某某某出生了，然後某某某死了，但從長遠劫來看時其實並沒有生死！所以眾生是不生不壞的。正因爲眾生從來沒有生，因爲依於如來藏或者依於明鏡而有，所以你不能夠說眾生有生。

因爲眾生就是如來藏，如來藏名爲眾生、名爲法身；當你從如來藏來看眾生的時候，你就不可以說眾生有生有滅；因爲祂只是不斷地換，一個又一個、一個又一個，不斷地換，但永遠都是這個如來藏裡面的眾生，永遠歸屬於如來藏。那麼這個如來藏，不論你往前怎麼樣推求追溯，追究不到祂出生的時候，乃至過無量無邊不可思議阿僧祇劫前，最早的佛也追究不到祂的如來藏是什麼時候出生過。祂是本有的，沒有出生過。爲什麼祂是本有而沒有出生？因爲「**法爾如是**」，沒有道理可講。凡是有生，必定有滅，但是祂沒有出生過，本來就在。既然祂自己本來就在，當然要叫作「自在」；那你能夠觀察自己這個如來藏本來就在，你就是「觀自在菩薩」。

所以《心經》爲什麼說：「**觀自在菩薩，行深般若波羅蜜多時，照見五蘊皆空……**」等？五蘊不眞實，那個第八識眞如心才是眞實的。所以《心經》叫作《心經》，不叫作《一切法空經》。因爲這個如來藏無始以來不曾出生過，也沒有誰可以創造新的如來藏，所以宇宙中有情的如來藏雖然無量無邊，但卻是不增不減。既然如來藏不增不減，那每一個如來藏所出生的眾生也就不增不減。不可以說我如來藏這一世要變兩個眾生出來，未來世我要變五個五陰出來。不行！就是這一個。所以密宗說：「這某某法王死後，下一世變成五個法王。」那是沒智慧的人才信！因為密宗想要擴充勢力，就這樣再拉四個凡夫來，就充當成法王，就有五個法王凡夫，勢力就擴大了。如果需要去美國發展時，就去找個美國初生的嬰兒說：「這是某某法王來出生的。」那父母也被騙得傻呼呼地就認為說：「哇！可以當法王，我兒子當法王，不錯咧！」就被騙了，其實沒這回事。

這時候也許有人想：「那諸佛如來，來人間應化，可是祂也變化了許多化身在十方世界利樂有情。那不是變現很多了嗎？」問題是：那叫作化身，不是應身。應身如來永遠只有一個，化身可以變很多，但那是變化而有，不是真實存在的五蘊身，只是暫時而有，所以呢，依舊不增不減。而密宗那些法王全都是業報身，不是化身；業報身只會有一個，不會有更多。所以我有時候想：「什麼時候來講一講《不增不減經》也不錯。」我們還沒有講的「經」還很多，《大方等如來藏經》、《佛說解節經》，還有許多這一類的經典還沒講，也都不長，應該要講；所以應該要活久一點（大眾鼓掌…），但是沒辦法！如那果活久一點，你們未來世再受生時又看到我：「還是您喔？」（大眾笑…）可是就不會精進哪！（眾答：會。）會喔？繼續還會精進喔？你們厲害啦！人一般眾生都會懈怠，所以該走了還是走。要不然，如果活上兩、三百歲，家會說：「你本來就是菩薩，你是菩薩當然可以悟。但我們是人，怎麼可以跟你一樣悟？」那反而不好，眞的不好！

話說回來，這就是說：其實化身是依於祂的無生法忍和神通力去變化出來的，但是應身如來永遠只有一位。而這化身是由應身如來所變化的，所以那不是眞正的有情。但你也不能夠說祂是無情，因爲祂畢竟是應身如來所變化，而能夠跟有情互動。但是，其實生命的本體仍然是在應身如來上面，所以生命或有情不增不減。那麼因爲眾生依於如來藏而有，而如來藏永遠只有出生一個五蘊身，所以祂既然是不增不減的，那麼祂所生的眾生就是不增不滅的；因此而說眾生不生，因爲如來藏不生。

所以每一個如來藏裡面永遠會有一個眾生，看來有出生，其實是在自己的如來藏中生，死了也在如來藏中死，然後下一世如來藏中又生一個五蘊出來。眾生因爲如來藏不生，所以眾生便跟著不生；既然不生，眾生就不會斷滅。所以假使有人死了，被人家說他灰飛煙滅了，表示那樣講的人是個外道；好一點，就叫作佛門外道。其實沒有生，也沒有壞，怎麼會灰飛煙滅了？

所以因爲如來藏不生不滅的緣故，那麼祂就一世又一世不斷地出生一個有情。這些有情從如來藏貫通三世來看，他們就是不生不壞的；正因爲有情是這樣的不生不壞，所以不會減少，也不會一直增加而把整個世界充滿。因此 如來說：「不減不滿。」那這個道理諸位這樣一聽就懂了。可是你要找人來講這一段經文，你不論找哪個大法師，他看了這一段經文說：「呃！你還是請教別人吧！」客氣一點講：「請你另請高明，老朽不敏，告辭！」接著再來看摩訶迦葉和 佛陀又怎麼對話？

經文：【迦葉白佛言：「世尊！若有『我』者，云何生彼煩惱諸垢？」佛告迦葉：「善哉！善哉！應以是問，問於如來。譬如金師見彼金性，作是思惟：『如此金性何由生垢？今當推尋生垢之本。』彼人云何爲得本不？」迦葉白言：「不也！世尊！」佛告迦葉：「若盡壽思惟尋初因相，乃至無始得本際不？」「既不得本，亦不得金。若巧方便，精勤不懈，除彼金垢，爾乃得金。」佛

告迦葉：「如是『我』者，生客煩惱。欲見『我』者，作是思惟：『今當推尋〔我〕及垢本。』彼人云何爲得本不？」迦葉白佛言：「不也！世尊！」佛告迦葉：「若勤方便除煩惱垢，爾乃得『我』。謂聞如是比經，深心信樂，不緩不急，善巧方便，專精三業。以是因緣，爾乃得『我』。」

語譯：【摩訶迦葉稟白佛陀說：「世尊！如果有『眞實我』的話，爲什麼又會出生那些煩惱等種種的垢穢呢？」佛陀告訴迦葉：「問得好呀！問得好呀！應該以這樣的問題來請問於如來。就譬如有一個鍊金師，看見那黃金的體性，作了這樣的思惟：『像這樣清淨的黃金體性，爲什麼還會出生了污垢呢？我如今應當推尋黃金產生污垢的根本。』那個人你認爲怎麼樣，可以追究到那個根本嗎？」摩訶迦葉白佛言：「不是這樣的！世尊！」佛陀告訴摩訶迦葉：「如果盡形壽思惟、推尋最早的產生污垢的因相，乃至於推尋到無始以前，能夠得到污垢的本際嗎？」摩訶迦葉回答說：「這樣作的話，既無法推尋到污垢的根本，他連黃金都找不到。如果有善巧方便，精勤不懈地繼續努力，除掉了那些黃金裡面的污垢，然後才能得到黃金。」佛陀告訴摩訶迦葉：「就像是這樣的道理，這個『眞實我』產生了客塵煩惱。想要看見這個『眞我』的人，他作出了這樣的思惟：『如今我應當要推尋這個〔眞我〕以及污垢的來源。』那個人，你認爲如何呢？他可以推尋到根本嗎？」摩訶迦葉稟白佛陀說：「不是這樣的！世尊！」佛陀告訴摩訶迦葉：「如果精勤地運用各種方便善巧，修除了煩惱污垢，然後才能得到『眞實的我』。這是說，聽聞像這一類的經典，從深心裡面信受和喜樂，然後不太鬆緩也不太急躁，以各種善巧方便專精於三種業。由於這樣的因緣，才能夠得到這個『眞我』。」】

講義：「專精三業」是哪三業？那太簡單了！叫作定業、慧業、福業。若是沒有修這三業，想要找到那個第八識「眞實我」，門兒都沒有！好，回到經文來。迦葉稟白 佛陀說：「世尊！如果有本來清淨的『眞實我』，爲何還會出生那麼多的煩惱和種種的污垢呢？」他這個問題也問得好，有很多人都有這個疑問。所以到現在那一些六識論的僧人們，依舊不信大乘經，對他們眞的沒奈何！他們心裡面大概都是這樣想：「反正我就是不信大乘經，你能奈我何？」是沒有人能奈他們何！但是，那不就是愚癡嗎？

人家都可以實證，並且不是只有一個人實證，而是可以再三、再四、再五、再六不斷地重複驗證：大乘經所說是眞實的！但他們還是要執著原來的六識論邪見，繼續不信，咱們也眞的沒奈他何。就像如來有「三不能」一樣，其中一樣叫作「無緣者不度」，沒有因緣的人，你根本度不了他們，那我們只能夠說：「他們十信位尚未修滿，所以無緣得度。」

所以大乘經裡面都說：「每一個有情都各有一個自性清淨心，而這個自性清淨心卻有染污，所以有情不能得度。」那些人推翻了第七識、第八識以後，所知道的心就只有六個識了，用這六識論套到大乘法裡面就講不通了，他們想：「我這六個識，最究竟的識就是意識。如果大乘經講的是眞實不二，應該我現前這個意識是自性清淨的；但既然自性清淨，怎麼可能又有染污？」他們又想不通了！因爲染污就不叫清淨，清淨就不是染污；有染污的時候，表示會打種種妄想，有時候還會想幹惡業。但是大乘經又說：「每一個人都有個自性清淨心，而這個自性清淨心又有染污。」這道理從六識論來看都是講不通啊！怎麼想、怎麼不通。

因爲他們把意識心要套到第八識頭上來，當然套不進。就好像世俗話裡面，老人家會罵一些年輕不懂事的人：「你怎麼用方木要逗圓孔呢？」那個洞是圓的，他要用圓的來逗，才會剛剛好；他用方木就逗不上去了！那如果古時候木工師傅說：「徒弟啊！拿個榫來。」「榫」就是三角形的那個木片，那他東西裝進去以後，就用這個榫從這邊敲進去。結果徒弟拿個方形的木頭來，那不能當榫用啊！老師傅一定往他頭上一敲，就給他一個包了，罵說：「你這麼笨！榫也不懂！」這就是說：「他們用意識要套到第八識頭上，根本無法套，因爲意識從來有染污。」

意識如果修行清淨了以後，譬如說到達佛地，那就永遠清淨，就不會再有染污。所以祂一定是在清淨或者染污的一邊，不可能通兩邊。那麼意識因地有時清淨，清淨就不能叫染污；有時染污，染污的時候不能叫作清淨。可是第八識自體永遠都是清淨的時候而有染污，祂是剎那、剎那都如此，無始劫以來都如此，除非進修到佛地，那才是內外都是究竟的清淨。那爲什麼是這個道理呢？我怕佛教界不懂，所以我在以前寫《眞假開悟之簡易辨正法》把這個也寫進去，說這個心體非清淨非染污，這樣才能成就中道義。

如果是究竟清淨，那不是中道，是成佛了；如果祂只有染污，沒有清淨性，那也不是中道。當他們用意識要來套上時，就套不通了。所以佛法厲害就是這樣，如果你用八識論來解釋，都可以通。譬如說《中論》，《中論》裡面有很多六識論者的質問句，那一些質問句，你如果用八識的理論來解釋，那質問句就變成正法了；可是如果你都用六識論來解釋那整部論，那龍樹菩薩說的也都錯了。這就是祖師講的：「邪人說正法，正法亦邪；正人說邪法，邪法亦正。」就是這個道理。所以有的祖師悟前講經說法錯到一塌糊塗，悟後他還是那樣講，但可以轉圜，就變沒有過失了。你看佛法厲害吧？欸！就這麼厲害啊。

現在回到經文來。他問：「如果有『眞實我』的話，為什麼還會生出那麼多的煩惱和污垢？」對啊！因爲「眞實我」一定是清淨的，不會出生煩惱與污垢。只有假我才會產生煩惱，「眞我」不會跟煩惱相應的。這時當然得要想一想：既然有個「眞實我」是不會生煩惱的，那應該就是清涼、解脫了。對！不會生煩惱的就是清涼與解脫，但不會生煩惱的那個心難思議、難了知，所以還沒有證得之前，心裡面可能就在想：「那我如果證得這個不會生煩惱的，我就很清涼，我就解脫了，那就是不生不死了。那我好像可以在地球上一直住到地球壞吧？」不！得清涼，你得，而祂「眞實我」沒有清涼；你證得不生不死的，是祂不生不死，你依舊得死。所以證得了這個清淨的我，你轉依了祂，所以你變清淨了，但你永遠不如祂的清淨；可是你之所以會有煩惱，就是從祂含藏的種子而來，所以是祂給你煩惱。如果還沒有找到這個心，這個道理腦袋瓜搔到出血了，也沒奈何！因爲想不通。

那爲什麼想不通？因爲這個不是世間法，怎麼可能用想的就能通？當然得要是佛法中第一義諦的修學，付諸於實修之後才可能通，這不可以用思惟的。所以，好多哲學教授與學術界非常努力用功研讀經典，甚至還作文獻考證；各種經典不斷地加以比對去思惟，結果依舊沒辦法悟入。所以，好多大山頭都有個研究小組在研究正覺的書，但是這些研究小組研究到後來，有沒有開悟了？沒有啊！研究十幾年，還是悟不了！所以有的人很氣：「這蕭平實怎麼搞的？這密意都保護著，都不洩漏出來。」我當然不能洩漏，洩漏了還有價值嗎？對呀，好像臺灣有一句話說：「江湖一點訣。」就是一個訣竅！江湖一點訣，說穿了，不值一文！眞是如此。但這個不是用思議的，如果思議可以通，諸佛也不用那麼辛苦成佛了；所以這個法甚深難解，不可思議。

摩訶迦葉既然問了，佛陀就告訴他說：「你問得很好！你問得很好！」因爲很多人有疑，爲了幫這一些人解開疑惑，當然要請問。如來也知道他爲什麼要問，所以讚歎他問得好。而且直接告訴他：「你正好應該用這樣的問題，提出來問如來。」因爲很多人心中有疑不能解開，疑存在的時候，就無法如實付諸於實修，他們心中就會遲疑不前，不得無生忍，所以正應該問。

這時如來就講了一個譬喻：「譬如有一個專門在鍊黃金的人，那個人看見砂石之中有黃金的體性，知道那可以鍊出黃金；但有個人不是直接去提煉，他是這樣子先想：『像這樣的黃金自性，是什麼原因會產生了這些污垢，而跟黃金混在一起？我如今應當去推尋這些黃金之內會有這些污垢產生，它的根本是什麼？』這個金師這樣想，如來就此提出問題說：『那這個金師像這樣想、這樣子作，能不能得到黃金會有污垢的那個原本呢？』」其實鍊金師一看到金礦時，從來沒有人去想說：「我看這個石頭裡面有黃金、這些砂裡面有黃金，」他們也都不會去想說：「這黃金裡面爲什麼會有這些污垢？」從來沒有一個人這樣想，他們一看到就趕快挖回家了，整塊挖回家，然後用火開始燒煉，就得到純正的黃金。可是那個人在那邊想，想破了腦袋也想不出石沙礦中爲何會有黃金，黃金爲什麼會有污垢，然後他想到死，連一塊黃金都得不到，因爲他只在那邊想。

所以佛法該怎麼樣？該實修！不要在那邊想。善知識是過來人，他告訴你怎麼修，然後你可以拿到黃金。但是有的人從來不肯實修，就不聽善知識的開示：去拿金礦石回來，用水洗之後再用火去燒。但他從來不作，就在那邊想；希望想到後來黃金的純金就會出現，他們是這樣的。那些愚癡人叫作誰？叫作「佛學研究者」，就是學術界的研究佛學者；所以他們研究了那麼久，結果佛法完全不得。研究佛學，最早開始的其實不是日本人，日本人是近代才開始的；其實中國人早就開始研究了，就是儒家裡有一分人，他們研究佛學，是幾百年前就開始了。就像朱熹那些人，不就是研究佛學的嗎？包括近代王陽明應該也是吧！還有一貫道，像黃庭堅那些人；現在一貫道都還有張慶祥創立的黃庭禪在流傳，傳的正是黃庭堅的離念靈知，全都是落在意識裡面。

那麼最有系統研究佛學的就是近代的日本學術界，可是那些日本人有沒有研究出經典裡面的黃金呢？沒有！永遠都在那邊思惟，不斷作文獻考證，然後作經典比對，沒想到各個都取材錯誤；而他們想要比對其中的差異，然後想：「這個差異找出來就找到了。」結果依舊沒找到，連二乘菩提都不懂。

沒想到最後的結果是被一個學佛才五年，都沒有研究過佛學的蕭平實找出黃金來。因爲我只管修練，不管研究。就像鍊金師，只管把它拿回家，用火燒除雜質，就是開始鍊金，黃金熔解而分解出來，就得到黃金了。鍊金師們從來不去想：「**這黃金的污垢是從哪兒來？是怎麼來的？原因是什麼？**」他們根本想都不想，直接去作就好了，那咱們就是這樣。（編案：從二〇二〇年開始的琅琊閣、張志成等人就是這類研究者，不聽老人言，繼續走著學術界已經走過失敗的老路子。）

結果咱們寫出書來，那些日本的漢學家們都懂漢文，讀了以後發覺：「**我不懂！**」他們發覺自己不懂，所以他們以前流通的書也不敢再出了，就把它絕版了。欸！人家強國的官方要出版他們的書，這是給他們多大的面子！結果他們說不要，不想再印行了。天下有這種作家嗎？（不是禪宗講的「作家」。）寫書的人都希望自己的書一版又一版不斷地印出去，名利雙收，誰不要？可他們現在就不想要。爲何呢？怕呀！怕印多了被正覺看見，自找麻煩。

所以 如來說得對呀：「**你想要得到黃金，不用去思惟金中的污垢是怎麼來的。**」只要依照前輩教的，怎麼樣把它挖起來，怎麼弄回家，然後去把它燒煉，這樣就好了，不必在那邊想。想了老半天也沒用，想到死，依舊一場空！但人家願意作的，滿滿的黃金拿出去賣，生活過得很優渥。如來就講了這個譬喻，那迦葉當然說：「不也！世尊！」因爲用想的，絕對得不到黃金，並且怎麼想也想不出來說：那黃金爲什麼會夾雜著那麼多的雜質？

他答覆完了，佛陀又開示說：「如果盡形壽去思惟、去推尋：黃金是從哪裡來的？那黃金爲什麼一開始就會有那些汙垢？一直推尋到無始，」「無始」就是最早之前、再最早之前，推尋不到最早的時候就是無始；推尋到那麼早的時間，依舊推尋不到本際的，所以 如來繼續說：「若盡壽思惟尋初因相，乃至無始得本際不？」摩訶迦葉答得爽快，因爲他知道 如來就是要他這樣答的，就說：「既無法得到那黃金之所從來的根本，也思惟不出來它是爲什麼會有那些雜質污垢，並且還得不到黃金。他如果有善巧方便，努力去實行而不懈怠，把黃金裡面的汙垢、雜質都去除了，然後才可以得到黃金。」佛法就是這樣，得要眞參實究，探聽來的密意並不是眞正的密意，智慧與解脫都不會因爲探聽到密意就可生起的。

例如二乘菩提得要努力去實修，而不是用想的。有不少人想一想，經典讀一讀，或者正覺的書讀一讀，然後就說：「我是阿羅漢。」很多人就是這樣。臺灣近年少了，可是大陸現在還有很多人是這樣，讀過正覺幾本書，就說他是阿羅漢了。這樣的阿羅漢還會抽菸，還會喝酒，然後坐著蹺起二郎腿，還一直抖、一直抖，有這樣的阿羅漢喔？才只讀過正覺的幾本書。但我說：「這個人還不算過分。」還有的人讀過我寫的可能有幾十本書了，然後說她是入地菩薩；這還是個比丘尼喔！這比丘尼膽子很大！也有一貫道的講師，他的姓是卯金刀，在大陸也自稱是四地菩薩，印證他的徒弟叫作初地菩薩，可是他說的法顯示我見都在！藉著他所知道的法開班授徒，說三天可以開悟，一個人收五千塊人民幣。諸位！五千塊人民幣就可以買到開悟，那到底是眞金、還是假金？（眾答：假金。）對了！所以那個「四地菩薩」講經講完了，結果他所講的內容比經文還少，整理出來那個字數比經文還少！跟印順可以相提並論。例如釋印順註解《楞伽經》，他註解的內容字數比《楞伽經》的經文還要少。看來這兩個人是難兄難弟。

所以說：佛法得要實修！二乘法就得實修了，那大乘法你想要悟得這個眞心如來藏，要悟得這個第八識「眞我」，必得付諸於實行，要乖乖地從次法修上來，然後再好好學習三乘菩提正法，不能用思惟想像的，更不能用學術界的方法專在經論的文字上思惟。這時候也許有人想：「您蕭老師是這麼講的，可是在禪三時您都這樣放水，都這樣指導。那我們難道還可以稱爲眞參實修嗎？」對吧？這時一定有人這樣想，那我就答覆說：「很簡單，不然從現在開始，我就讓大家眞參、實修。一進門來我就大喝：『出去！』（大眾笑…）要不然呢，哪天一進門來，一棒就打！好不好？」不好？不是要眞參實修嗎？（大眾笑…）

所以有時候我就用「唯識種智」中的法義帶進來，但是某一個部分要讓你們去眞參實修，得這樣作，才能夠門丁興旺。要不然這「如來家業」我一個人挑不動，得大家幫忙來挑。可是要你們來挑，總不能讓你們老是病歪歪地沒氣力，總是讓你先出生了，然後鍛鍊得體魄強健，才能幫我挑吧？所以這時該給你一些營養針就打了，該給你一些營養食品就給你吃了，希望你們趕快就變成「卜派」（大眾笑…）。對啊！才有力量來幫我作事。要不然，宗門下事難會呀！你們看禪宗自古以來，這宗門下如果有一個、兩個，他大約就關門不再接引人了。不管哪個禪和子來見，就是一、兩句話打發了，不太度人的；因為度了那麼多人證悟後沒事兒作，度那麼多幹什麼？

可是，如果有很多事情要作，那得要很多人來幫忙啊！這一些人得要叫作「人」，如果是「眾生」，可就幹不了！所以禪門裡面說：「你也得是個人。」好像很瞧不起人，說人家不是人！但禪門裡面說的「人」是破參了才算數；如果還沒有破參，說他還沒有出生，沒有出生就不能叫作人！因此咱們的方式就不一樣，不像早期；早期我們純粹用「禪」的方式，如果悟不出來，最後一天拉進小參室裡明講，所以他們後來幾乎全都死掉。眞的啊！以前我們用「禪」的方式，不管誰進來，我數一數，等他坐定了，我說：「三重公案，會麼？」「不會。」「出去！」下一個進來，我數一數，五重公案，等他坐定了，我問他：「五重公案，會麼？」「不會。」「出去！」所以三、四十個人小參，一會兒就參完了。結果有沒有得到一個人？半個也沒有！

以前，我們還施設了現代公案——抓賊，還請陸老師幫我來合演這一齣戲。這一齣戲就是抓賊，可是也沒用！所以呢，不能單用禪門的方式來度人，我們就不斷地修改度人的方式，改到現在一個梯次可以有三個、五個人過關，算很不錯了！但是也不明講，又把考驗標準也提高了，所以想過關也不容易，你們得要鍛鍊得一身銅皮鐵骨才能過關，這樣才有能力幫我荷擔如來家業。

話說回來，摩訶迦葉說：「**爾乃得金。**」佛陀就告訴他了：「**像這樣的『眞實我』，產生了客塵煩惱。**」爲什麼說這個「眞實我」產生了客塵煩惱？這就要說一個譬喻；說這個「眞實我」就像《楞嚴經》講的好比一個旅店或旅館，這家旅店每次只能住一個人，那麼張三來住了一個晚上，明天早上他走了。他走了就好比住一世後離開了，走了不久又有一個李四住進來，又過了一個晚上，明早他又走了；然後又有王五在第三天早上隨即住進來，然後過了一個晚上他又走了。那麼這一家旅店是「常」，住在旅店的客人張三乃至王五都是「客人」。旅店常住，而客人來來去去不斷變換，這家旅店叫作什麼？對！就是如來藏。而這家旅店如來藏裡面永遠都有一個客人住，住上一天（一天譬喻一世），然後他走了，第二天早上又換另一個客人住進來。在這一家旅店裡面，客人住進來以後，他要在這裡生活，所以洗衣、燒飯、吃飯、享樂、受苦全都在這家旅店裡面實現。那麼這個客人在這裡面有各種的煩惱，都跟旅店不相應；旅店本身沒有煩惱，可是這個旅店所住的客人卻有煩惱；而這個客人是客人，不是主人，旅店才是主人。那些煩惱都是客人相應的煩惱，不是旅店主人相應的煩惱，所以叫作「客塵煩惱」。爲什麼叫「塵」？一方面因爲都在六塵境界中引生的，另一方面因爲是客人相應的煩惱，不是旅店相應的煩惱，所以叫作「塵」，這裡簡稱爲「**客煩惱**」，所以是像這樣的「**眞實我**」而出生了各種「**客煩惱**」。

爲什麼是由這個我、這個眞實的如來藏、由這個「旅店」來出生客煩惱？因爲這一個張三住進來以後，爲了在這裡面生存一世，那麼他就必須要有這些客塵煩惱才能成其爲人；而這些煩惱是由這家旅店供給他的，如果這家旅店不供給他這些煩惱，他就沒辦法生活。有沒有想到這一點？假使你的如來藏裡面，不是蘊含了六根本煩惱、二十個隨煩惱等等，假使也沒有善十一等善法，那你能生活在人間嗎？不能！你在人間存在的這一個旅店中也沒辦法成其爲人，那你就不會是有情。但是旅店本身沒有煩惱，旅店給你的這些煩惱，是爲了要在旅店裡面生存的你，所以旅店給你這些煩惱，使你可以活著當一個人，所以叫作「**客煩惱**」，但這些「**客煩惱**」卻是「**眞我**」第八識所出生的。好了，假使現在住在這裡面的是李四，李四可不可以怪罪說：「**欸**！

都是你這家旅店給我煩惱！」能不能？不能！因爲是前世那個張三留下來的，前世的張三作了很多事情，然後就存在旅店中，那些種子都由旅店保存著，後世的李四都得承受，一切業種都逃不掉；那麼現在李四住進來了，當然李四要承接那些煩惱種子與業種。

這就像世間法也一樣，當你買了一個房子，這個房子因爲前業主有跟銀行抵押借款，或許又向民間借貸，又設定了第二個抵押權而增借了一些錢。那這個房子你就買得便宜了，譬如一千萬臺幣買這房子，但是前屋主向銀行借了五百萬元，又向私人借了三百萬元，所以你買這房子時只要兩百萬元就買到了，很便宜！價值一千萬元的房子，你花兩百萬元就買到了。但是你買了這個房子以後不可以說：「**前業主借的三百萬元借貸，以及向銀行借的五百萬貸款，我都不要負擔。**」不行！人家不依的，因爲人家設定抵押在那裡；而且你不是一千萬元買的，只是兩百萬元買的。

同理，投生爲人，投生爲天或者三惡道有情也是一樣。你用兩百萬元買的價值一千萬元的房子，還是要負擔那三百萬跟五百萬的債務。那你想要得到一千萬的房子，你就要努力把那三百萬、五百萬還掉，這個解決之道叫作求悟。如果不能解決時，就是永遠負債。譬如說生而爲人，你有沒有造作了轉輪聖王應該有的那個福業？沒有！既然沒有，你就不能當轉輪聖王。你有造作了菩薩的福業沒有？沒有的話，就不能當實義的菩薩僧。這道理都是一樣的，所以怎麼來投胎生而爲人的？一問起來，大家都糊里糊塗說：「我也不知道。」老實告訴你：「你就是花了兩百萬買了這一世的千萬元五陰，負債八百萬。」那接下來呢，你要設法去把它清淨；這個清淨，就譬如那三百萬的負債，就是二乘菩提你要好好修而還完；修好了，剩下那五百萬元貸款，要付出更大的代價，你得再賺五百萬把它還清了，那你就是圓滿的一千萬，這五百萬元就是佛菩提的實證。

就是這樣，道理是一樣的，所以不能怪說：「你如來藏怎麼給我這麼多的煩惱！」不能怪說：「你如來藏爲什麼給我這麼多負債？我得要努力去還。」不能怪！因爲這是前世的自己造的，而存在如來藏裡面，這一世就得還。比如說：張三跟銀行借了個五百萬，又跟民間借了個三百萬元，那現在李四買了如來藏這個房子，當然就得要承受，不能不承受。所以往世的自己造了業，這一世的自己來還；往世的自己修了清淨業，這一世的自己來享有；往世的自己造作種種不淨業，這一世的自己來承受。前後因果昭昭不爽，絕對不會錯亂。因爲往世的張三一向都住在這個如來藏旅店裡面，不曾離開過，離開就說是死了，消失了；然後這如來藏裡面又出生了一個人叫李四，李四當然要繼承張三儲存在如來藏裡面的所有事物。

所以這些事物都由旅店新的住客來承受，然後這一世的住客在這裡面承受了，又造作了新的業，也存在這個如來藏的旅店裡面，然後由下一世的王五再來承受、再來造新業，永遠都是只有一個人。那麼這裡面的所有業，不論是淨業、善業、惡業或者世間法中的無記業等技術，這些都由下一世的那個人繼續來承受；因此旅店如來藏本身不會跟這些業相應，所以這一切的煩惱都是只與住客相應，住客相應就叫作「客煩惱」。

然後 如來又說了：「欲見『我』者，作是思惟：『今當推尋〔我〕及垢本。』」如果是聰明人，就把那些煩惱垢穢都處理掉就好，不必去想說：「前一世那個住客到底他是怎麼幹的？」不需要！找出來清理掉就好。也不需要再去推尋，因爲推尋永遠沒有結果；而且前世也還有前世，永遠都沒有結果，因爲那是無始的。這也是因爲如來藏旅店的住客往前一一推尋，永遠推尋不盡。那你這樣推尋，什麼時候可以找到如來藏旅店？你就好好去找，在生活裡面看看，「聽說有這麼一家旅店，我其實是住在這家如來藏旅店裡面，我只要好好把祂找出來就好。」找出來之後，看清楚了：原來旅店自己是清淨的，卻是被一世又一世的五陰假我，把祂塗染得髒了、污垢了。所以我先把祂找出來，才能看到有哪些污垢、塗染，趕快把祂打掃清潔就好了。如果是個沒智慧的聰明人，欸！聰明人爲什麼又說是沒智慧？因爲他太聰明，老是投機取巧，不肯好好實修，所以我說：「聰明人都叫作『愚者』，愚癡人。」而世俗法中看來是個傻瓜的人，才是智者，願意好好修行。

我是個傻瓜，我從小以來一直都是傻瓜。那我現在說自己是傻瓜，意思是什麼？對了！就是諸位想的「智者」。所以呢，我從小被二哥敲腦袋說：「你爲什麼這麼笨？什麼好東西都跟人家分享。」正因爲這樣當傻瓜，所以我有福德。我的福德多，四十幾歲就退休了，而我又沒有從故鄉家裡帶了一分一毫出來。我白手起家，四十幾歲我就退休，正因爲傻，往世肯布施。可是從世間法看來傻，其實是菩薩道中的智慧者；所以我出來弘法，不要名、不要利，什麼我都不要，我只要佛教復興。但佛教復興不能是一個空中樓閣吧？

總要有更多人一一悟了，才能復興。如果不是很多人悟了，憑什麼復興？就是這個道理。

所以我不求名、不求利，努力幫大家悟了，我才是智慧者，然而這是世間的聰明人不作的事。世間的聰明人說：「你想要明心嗎？來！拿五百萬元來給我！」「你想要見性啊？拿兩千萬元來！」對吧？這才是世間聰明人。但我從來不要，所以我弘法到現在，沒有接受過誰供養任何錢財，或是古董、字畫，什麼都沒有。我不要！因爲那只有一世擁有，帶不到未來世去；爲了這一世帶不走的財富，賠掉自己的佛道修行，何苦來哉？所以人要有智慧。但是聰明人沒有智慧，因爲聰明人只看這一世，都只看世間法上的利益；有智慧的人，今世利、後世利全都照顧到。

也許有人想：「那您蕭老師有什麼今世利？您又不受供養，又不求名聞，那您有什麼今世利？」我說：「我有啊！我的今世利很多，每週二在這裡講經多快樂！誰有這種快樂？」眞的啊！週末到了增上班，我可以法義發揮到淋漓盡致。所以你看我《瑜伽師地論》講了十幾年，還沒講完呢！還要再講上四、五年，那多快樂！法樂無窮！所以我是智者。看重世俗法的人只看到這一世，而我看到這一世的利益，也看到未來世的利益。這一世的利益，比如說，佛教今天在臺灣眞的復興起來了。雖然大陸還很難復興，但是在臺灣能夠復興起來，這就是很偉大的功德了。看重世俗法的人只看到這一世，而我看到這一世的利益，也看到未來世的利益，這不就是大利益嗎？佛菩提道可以更快成就，因爲我度了很多人開悟，將來諸位的道業應該成就的時候，我哪能夠不成佛？想不成都不得，這才是今世利、後世利。所以我是智者，而他們是聰明人。

話說回來，聰明的人會這樣想：「**如今我應當開始去推究，去尋找『眞實我』，以及那些污垢之所以會產生的根本。**」當他這樣去推尋，永遠也推尋不到那個「眞實我」，因爲他以世俗法的見解而想要找到眞實我是不可能的；而他要推尋那些污垢煩惱之所從來，也是永遠推尋不到，因爲無始就有了。所以不應該用推尋的方式，應該老老實實按部就班去修行；而他用推尋的、用思惟的，根本沒辦法。所以　佛陀明知，就故意問摩訶迦葉：「**那個人這樣來推尋、來思惟、來想像，他能夠推尋到那個根本嗎？**」摩訶迦葉稟白說：「**不可能的！世尊！**」所以　佛陀就告訴摩訶迦葉：「**如果能夠精勤地、**

而且有方便善巧地除掉了那些煩惱污垢，才能夠得到這個眞實我。」換句話說，拿到了金礦時要設想各種方便，努力地去把黃金提煉出來；不要去思惟說，那個黃金是怎麼來的？也不要去思惟說，那個黃金爲什麼會有污垢？不用思惟！努力去作就對了。

所以 如來接著解釋：「我講這兩句話的意思是說：先要聽聞這一類的經典，」「如是比」就是這一類，「要聽聞這一類的經典，聽了以後不要懷疑，要從深心裡面信受，而且聽了要很歡喜」；不要聽了以後煩煩惱惱的，有的人聽了以後想：「您蕭老師講得天花亂墜，我哪知道是眞的或是假的？」對啊！有的人來聽了，他如果修養好，勉勉強強聽到完，跟大家一起離開；有的人修養不夠，因爲他是釋印順的追隨者，所以聽了一半，站起來就走了。這就是說，他心裡面聽了不信，而且不歡喜。所以六識論者來到正覺講堂聽經，這兩個小時如坐針氈，覺得很難受。有的人眞的忍不住，中途離開了，我通常都當作沒看見；因爲再把他點出來，他會更難過。我們要作無畏施，就當作沒看見，繼續講我的經。

那麼聽到這一類的經典，不但要信、樂，而且要從深心裡面去信，打從深心中越聽越快樂；如果聽了生起煩惱，那就是愚癡人。爲什麼呢？如果人只有六個識，依照《阿含經》的說法，阿羅漢到涅槃彼岸，是「我生已盡」，最後一句「不受後有」，就成爲斷滅空。那麼諸佛如果一樣只有六個識，同樣「不受後有」，那這六個識都是識陰，也是「有」；然而死後「不受後有」時，人若只有六個識，就全部斷滅了，不就是變斷滅空？

是變成斷滅空比較好呢？或者「不受後有」以後，入了無餘涅槃不是斷滅空比較好？嗄？當然不是斷滅空比較好！一定是後者比前者好。那麼如果信受說，入涅槃以後是斷滅空，然而大乘經與《阿含經》都說：「還有一個眞實法叫作本際，所以入涅槃以後不是斷滅空，無餘涅槃中還有本際常住不滅。」那不是更好嗎？那如果聽到說：「二乘菩提證得以後，一切蘊處界全部推翻掉，全都是生滅法。」那大乘法說的是：「這一切都是生滅法，都推翻掉；但是生滅法的背後還有一個眞我如來藏常住不滅。」那到底前者好？後者好？（眾答：後者。）對啊！用膝蓋想也知道是後者好。可是那些聰明人都說前者好，那你說他們到底聰明不聰明？眞的不聰明喔！諸位說得好！今天就講到這裡。

這回襌三還是六六大順，像這樣，不愁家門不興，所以如來家會越來越興旺。回到《大法鼓經》，上一週我們講的最後一段的那幾句說：「**若勤方便除煩惱垢，爾乃得『我』。謂聞如是比經，深心信樂，不緩不急，善巧方便，專精三業。以是因緣，爾乃得『我』。**」我們上週講到「**深心信樂**」，當然是對於「**此經**」「**眞實我**」打從深心裡面信受，而且非常愛樂這個法，一心想要得「**眞我**」這個法。但接下來 如來有吩咐：「**不緩不急。**」

換句話說：你想證這個法，不要懈怠，要精進求實證，卻也不可以急躁；假使急躁，縱使能得這個法，也不會有什麼受用；而且急躁的結果好像跳躍一樣，一次跳過兩級、三級，結果跳上去了，依舊會跌下來，所以不能急，因爲證得這個「**眞我**」以前應該學、應該修的次法與法—例如六度波羅蜜—都應該先好好實修，否則證悟後雖然知密意也沒用，因爲不會有智慧及解脫功德生出來，雖名爲悟，其實仍然不是眞悟。但是「緩」也不行，「緩」就變成懈怠了；好不容易遇到一個了義的、究竟的、眞實的法，這一世就應該精進，不可以懈怠，所以不應該「緩」。當然世間法上往往說「事緩則圓」，但是在佛法修行上不應該「緩」，而是應該精進，努力往實證的目標前進，所以不能「緩」。

但是有的人不是失之於「緩」，而是失之於躁、失之於急。急會有後遺症，這也是我這一世弘法以來所得的經驗。當年我是急於把法傳給大眾，然後歸隱故鄉，這是我的想法。所以我在故鄉買了塊地，在住宅區的地一百多坪（內地面積單位相當於三百多、不到四百平方米），這樣在故鄉住宅區有這麼一塊地，所以我是想要退休的。後來那個地方不能住，因爲故鄉那裡的人，他們雖然說是住宅區，有的人還會養雞。唉！十二點也啼、一點也啼、兩點也啼，有的雞眞的叫作「荒雞」，太荒唐！不是有個詞兒說：「到五更，驚起是荒雞。」有沒有？誰的詞兒我忘了，鄭板橋是吧？但是到五點該啼時，牠反而不啼了！所以也不能住；就去我同修的故鄉買了一塊田，八百多坪（相當於三千平方米），可是也擺著，反正沒辦法回去了。

後來想想：「爲了眾生、爲了如來的家業，以前要把弘法責任交出去，可是那些大法師們沒一個人想要，現在我不交了，自己挑起來作。」這也好，這樣跟諸位可以把緣結深一點。但是我早期就是急，不是急著證道，是急著把家業交給你們，可惜沒有人要啊！當年沒有人要，所以急的結果，乾脆就明講了；但是明講就是有後遺症，大家都是悟得皮毛，後來就一個一個退轉；這後遺症一直持續了十幾年都還有，就是後來二〇〇三年的法難。所以「急」眞的不好，一定要按部就班，拔蘿蔔時是一個蘿蔔一個坑，都得要具足驗證的，不能夠躐等而進呢！所以 如來交代：「不緩不急。」「緩」就是懈怠，「急」是急躁，急躁了，品質就不好。

接下來還要有「善巧方便」。這「善巧方便」用來幹嘛？用來「專精三業」。想要見道，一定得有條件，不是無條件的阿貓、阿狗都可以見道；如果是這樣，那阿貓、阿狗也都能當聖人了，叫作聖貓、聖狗！那這個法有什麼尊貴呢？所以要用「善巧方便」來「專精三業」。專精於三業就說是專精吧，爲什麼還要「善巧方便」？當然有緣故。菩薩在三業上努力，一定要有「善巧」，然後要有「方便」去修學。「善巧」的第一個部分就是，先要瞭解想要修學、實證的那個法，是不是我所應該要證的？是不是我眞的想要證？這要有「善巧」去作辨別，不可以人云亦云。

到了末法時代，這個「善巧方便」更加重要；否則名為學佛、名為修學佛菩提，結果實際上都是走在外道法的路上，修集來的各種「福業、定業、慧業」，全都是虛妄的，因為全都是與外道法相應。往年我也常常提出來嘮叨一下，我們早期有個姓鄭的同修是從密宗轉過來的，他常常跟我講：「我修了多少福德欸，我以前在盧勝彥那裡布施好多錢，護持好多事情。」我說：「你別再跟我說那是福業了，那是毒田！你種了毒田，將來收穫的果實也是有毒的。你要不要吃？」我跟他說：「你這不是種福田，你是種毒田。」他聽了以後，當然臉色不太好看；但是我得要提醒他，若不跟他警覺，還會在那裡去種毒田呢！

也就是說，想要種福田之前，先要有「善巧方便」加以判斷、衡量一下：這是不是我要的？是不是我該學的？否則種了毒田，未來世一定有收穫，而且一定要收穫，因為別人不可能去收穫他的果實。那果實得要他自己收穫，就類似強迫中獎一樣，他中了這個獎卻是有毒的果實，卻必須自己承受而吃掉它，豈不糟糕？所以修這「三業」時當然要「專精」，但「專精」去修這「三業」之前，先要用「善巧方便」判斷一下，要先研究研究那一個道場是什麼道場？他們教的法是什麼法？縱然「善巧方便」去研判出來，說他們是三乘菩提裡的法，可是三乘菩提中也有深淺廣狹的差別。

所以「善巧方便」很重要，有這個「善巧方便」加以判別，如果判定是邪見，實修以後將來得的是邪見果報，那就應該趕快遠離；如果還沒有進入邪見中，就趕快勸告周遭的親朋好友，不要誤入邪法，這才是修學「三業」之前，應該先作的事。當然，這話如果在二十年前講，大概佛教界也不會信；但現在講，大家可以信了，因爲我們舉例出來辨正的內容已經夠多了。那麼邪見與邪見業，未來世收穫就是邪見業的果報，以及邪見而導致生生世世走上岔路，這是無可避免的。所以「善巧方便」眞的很重要，那麼接下來才是「專精三業」。換句話說，先要有世間智慧懂得去判斷，千萬不要人云亦云，以免錯修妄證。

以前有個四大山頭之一的大法師常常說：「不要問我有沒有開悟，我有沒有悟的事不重要，重要的是我能幫你開悟。」這話透著邪門兒！如果我不敢自稱開悟，就是對我自己有沒有悟的事情心存懷疑，六祖就直接承認自己有開悟。那麼「我對自己的開悟與否心中有疑」而來幫你開悟，你更應當疑！

怪的是，不管大法師們說得多麼邪、多麼奇怪，都會有人相信！所以喇嘛教那個邪法也有人信，然後密灌完了以後證得雙身法的樂空雙運時，他們就跟人家自稱：「**我成佛了！**」這個大妄語的果報不可思議！但是一般人們都不瞭解。

所以「**專精三業**」之前，一定要對善知識先作好判斷。如果這個善知識對自己是否眞的證悟了，心存懷疑，我們更要疑他；他對自己都不信了，憑什麼要求咱們信他？世間道理一定是如此。好！終於判斷好了，確認果然是眞的善知識時，接著得要「**專精三業**」。這三業是證道的基礎，你想要見道或是想要進入修道位，乃至想要成佛，都得有這三業的實修；特別是在見道之前，這「**三業**」是你的墊腳石；沒有這個墊腳石，那門檻那麼高，如何跨得過去？

這三業當然得要聊一聊，首先是「福業」，福業擺最先；就像六度，布施擺最前頭。福業之後，要修的是「慧業」，也就是正知正見的建立；如果沒有正知正見，修學什麼法都會錯誤，所以正見的建立非常重要，最後才是「定業」，有了定心才能修學般若，懂得要證什麼，然後才能參禪而證悟。

那我們來談一下福業，就譬如我剛才舉例那位師兄，我都說他是種毒田！雖然他心裡不爽，我還是得講。當他修得了那些所謂的福業，將來收穫的福德是有毒的；所以他在那個毒田上面布施了很多錢，將來收穫一定很大，那麼未來世收穫的時候就是帶著毒素，要享用那些福業時也是很痛苦的，所以修福要有「**善巧方便**」。

以前陳履安他也選過中華民國總統，看來很有氣勢的樣子，其實只是陪選。那他後來賭氣，不來跟我學，只想要見我一面就悟了，這不可能，所以後來跟了孫春華學，一步一步就走上密宗去了。走上密宗倒也罷了，結果還發動一個行動，募集十億臺幣說要認養小喇嘛。但是認養小喇嘛，如果全部都作成功了，那也是毒田，收穫的果子和未來世的種子呢？一定也是有毒的。好在他沒有全部用在認養小喇嘛上面，他轉移去作生意，結果失敗了；失敗了頂多是欠人家很多錢，未來世就是一堆的債主等著跟他要錢，但是終究比去供養那些小喇嘛要好吧？對啊！因爲那背後所得到的是一部分福田，但是卻有很大的壞法——大惡業。寧可去當債務人欠一屁股債都沒關係，千萬不要去支持破壞正法的密宗，別作那種事情，因爲那會妨礙正法。

所以修福業真的要很小心，不能亂修。

那麼就像六度，以布施爲首。即使菩薩修行過了三賢位，進入初地了，依舊要作布施；所以財施、無畏施、法施都得作，不能欠缺。想要成佛，修這十度波羅蜜時，第一度依舊是布施；而這個布施不是到了二地就不修，二地時一樣繼續要修布施，然後加修持戒，得要這樣修。那二地持戒圓滿了，可以改變自己的內相分了，轉入三地修忍，這時不但要有眾生忍，還要有法忍，包括習氣種子的忍；三地修忍的時候呢，持戒繼續修，布施還是要繼續修，佛法就是這樣修成的。所以「六度」不是第一度修完了，從此不再修布施了，就只修持戒或是只修忍辱，不是這麼回事！這表示福業是一直修到成佛的。

但成佛後福慧圓滿了不用修福嗎？還要繼續修啊！所以阿那律尊者眼根壞了，不能穿針，僧服破了需要縫補，他就沒辦法補。佛又規定，沒事兒不許用神通。所以他開口呼喚了：「有哪位師兄弟要修福啊？來幫我穿一下針吧！」佛聽到了就來幫他穿針。穿完了，阿羅漢的規矩是，人家爲他作事，他得要幫對方祝願。祝願時得要有對方的名字與姓氏，就問：「請問您是哪位啊？我好幫您祝願。」如來說：「我是如來。」阿那律嚇一跳說：「嗄？如來還要修福喔？」如來說：「修福不嫌多（經中原文：世間求福之人無復過我）。」你看，布施一直修到十地滿心，進入等覺位了，等覺位要滅除他最後一分的變易生死，那是怎麼修的？用修福來修；所以等覺菩薩百劫修相好之時，那是「無一處非捨身處，無一時非捨命時」。等覺菩薩都是專門去投胎到富貴人家；而他是獨生子，父母雙亡之後，他繼承的財物就可以全部都布施；如果有因緣時內財也施，就這樣捨身，然後又馬上去投胎，繼續找一個富貴人家。這樣看來那些富貴人家的父母很冤枉吧？不冤！因為是往劫欠了他的，而現在有個等覺菩薩當兒子，這有什麼不好？財產都可以不計較。

所以布施現在要作，這個道理沒人講過，其實是因地就開始作。那眾生接受了你的布施，接受越多，他們將來也因為你度他們而開始學佛，那他們也就開始學佛了，他們也要學你開始布施；當他們布施到你成為等覺菩薩的時候，都已經是大富長者一類的大修行人了；這時候該他們還你了，所以你去當他們的孩子，他們的財產死後全部交給你了，你就又拿來布施，就像世間法中錢滾錢。懂了喔？就這樣，百劫修相好，這一百劫裡面他都這樣布施。

在這種布施的過程當中，最後一分的「異熟生死」已經全部斷盡了，才能成爲一生補處，那也還是修福啊！你看修福重要不重要？重要啊！但是這個道理少人知。所以你們不要覺得說，那等覺菩薩一世又一世的父母眞冤枉欸！其實不冤！眞的不冤。他們養了這個等覺的兒子，那是求之不得的事。好，假使成爲等覺菩薩了，那時就是誰來要求什麼，你就供應他什麼；因爲你受生的每一世，目的都是要作布施；如果有因緣就是內財也布施，立刻又去投胎。所以當等覺菩薩的眷屬，也就是當等覺菩薩的妻子不好過，問妳們當不當？（眾答：當。）當喔？這心量眞夠大欸！一般人聽了說：「我才不幹！」因爲跟他結婚了，然後他就把自己給布施了，所以到最後是把妳也給布施了！（大眾笑…）等覺菩薩就是這樣啊！但是妳被他布施了好，因爲他就欠了妳這一分情了！所以當他成佛時，妳一定大有好處。就算妳迷失了也不打緊，反正他會來找妳，一定得來找妳！所以眾生之間那關係是很錯綜複雜的，但是很少人知道。這個就是等覺菩薩的修福業。福業是始從三賢位中的初住位就開始要修的，一直修到等覺位都不停止，這個福業如果欠缺了就不能成佛。

同樣的道理，往下來談，在六住位般若修學完成了，開始修四加行。這四種加行修學完成的時候，成就「世間第一法」，那麼這個時候就等著見道了。見道後就不完全屬於世間了，雖然看來仍有五蘊繼續住在世間，但是你的見地已經不是世間了，所以見道前就叫作「世第一法」，見道後就超過世間而不屬於世間人。那麼想要見道眞的不容易，因爲見道之前，還得要有兩個法，就是慧業與定業。

「慧業」是說：你想要證得大乘見道，應該有哪些正確的知見。這時候還不叫作智，只能叫作「慧」。「智」是已經證得三乘菩提的人，才有「智」；慧是世間法，在世間法裡面學習得來的都叫作「慧」，與智無關。但是我們要證得三乘菩提的智慧，你得要先具足正知、正見；這個正知、正見，包括世間的正見，也包括出世間的正見。出世間的正見不容易瞭解，即使是佛世都還有人不信呢，何況現在是末法時代，把眞正的出世間正見告訴大眾，還會被罵呢！所以我被罵「邪魔外道」罵了二十幾年，現在還是有人繼續罵（編案：此書出版前的二〇二〇年網上的琅琊閣、張志成等人同樣一直在無根謾罵），這是不是很悲哀？其實不悲哀啊！這是光榮，眞的是光榮欸！你們別說我是講俏皮話。通常不管是哪一種邪見道場、邪見人物，人家評論攻擊時，大不了三年、五年就過去了，不會持續二十幾年都來攻擊你，所以我是因爲被他們看得起（大眾笑⋯），因此被佛門內外的凡夫們攻擊了二十幾年，至今不衰。

那麼有世間慧的人看見了就會說：「哇！這正覺在佛教界引起爭議，熱了二十年還不衰減。」說這正覺在網路上還是很火熱，大家還繼續在討論著。能夠熱二十年，在近代佛教史上有哪個道場能夠熱二十年？其實也是古今罕見！但我們現在還熱著，還是有人繼續在攻擊，表示那些邪見者把正覺這個法當作眼中釘，因爲你們大家很努力。而他們偷偷去書局買了正覺的書，回家研究以後發覺，道理都講得通，但裡面到底說個什麼？弄不清楚！所以心裡面恨得牙癢癢地。「牙癢癢地」是什麼意思？恨不得咬一口！對吧？對呀！可是咬不著。所以書裡面不論怎麼去研究、找碴，就是找不到碴！只有「好茶」。

最後沒辦法！明明心裡面已經接受正覺這些書裡的說法，可是爲了生存、爲了對以往的信徒交代，不能承認自己錯了；否則，現在開始名聞利養消失不打緊，恐怕人家要來索債了：「師父！我已經供養您這麼多，原來您都在誤導我、都在耽誤我，還害我犯了大妄語業！」那怎麼辦？啊！這個難對付喔！所以只能夠繼續罵下去了，於是正覺就繼續保有熱度，在網路上繼續成爲話題。弄個不好，也許正覺這個話題以後還會再熱十年、二十年也保不定。所以呢，慧業很重要，一定要好好修學正知正見，千萬別人云亦云。陳履安就是人云亦云，被孫春華拉著，就進了密宗，未來世這個業難了！

修學「慧業」的目的就是要讓你建立正知正見：佛法有哪些內涵？而這些內涵要實證之時應該有哪些條件？實證之前，也應該先瞭解它的步驟或次第是什麼？實證之後，得要能夠瞭解它在實證後的進修次第和內容是什麼？這就是慧業。那麼隨著證量的不同，所需要的慧業就不同。所以直到成佛之前都得繼續進修，沒有人是悟後就沒事了，悟後事更多！乃至妙覺菩薩都還要追隨如來修學，何況是才剛剛悟了，所以慧業的層次也有很多差別。但是，有了慧業才會知道：見道之前應該要作什麼、不該作什麼？有了慧業，終於見道而有了「智」，這個智是現觀的，不是思惟比量來的，眞是現觀！然後依於這樣的智與慧，才懂得悟後該怎麼次第進修。所以慧業有它不同的層次。那麼「智」偏向於三乘菩提的證量；「慧」呢，在有了三乘菩提證量之後，就偏向於能夠運用世間的方法來教導眾生，來闡示佛法的意思，這合起來說，叫作智慧。

其次還要有定業。如果沒有定業來作支持，修慧時對於蘊處界等虛妄法觀察完了也無法生忍，修學佛菩提道時縱使眞正悟了，也只是「乾慧」；乾慧沒有功德受用，不論智慧與解脫的功德都沒有，只能拿來炫耀；拿來炫耀就表示他的轉依失敗，果然就是只有乾慧。那麼在我們正覺弘法初始，就要求大家要有「看話頭」的功夫，這是最基本的；所以一入門，就是要學會「無相念佛」，要鍛鍊無相念佛的功夫；這功夫純熟了以後，要轉成看話頭。一開始，我們就這樣要求，直到如今不曾改變。那爲什麼要求要有這樣的定？而且我們要求的是「動中定」，這種動中定難修。一般人所謂的「定」都是虛假的，自以爲有定、而沒有眞正的定！縱使有定，下了座一小時、兩小時，就散掉了！所以那些不懂的人，早期攻擊我們說：「正覺只會什麼無相念佛，他們就是不懂什麼叫離念靈知。」所以我就說：「會離念靈知的人，沒有能力無相念佛，更沒有能力看話頭；會看話頭的人，只要把話頭或無相念佛的淨念捨了，就是離念靈知，而且是動中照樣一念不生。」咱們講了出來，他們就閉嘴了，因爲他們自己去試驗了，果然是如此。

那我們要求這個功夫，不但是作爲動中的未到地定，來支持眞見道而成就功德，而且也是爲下一關眼見佛性而作準備。來正覺一定要會看話頭，而這個功夫難修。我們提倡看話頭的功夫，有哪個大山頭的法主會？他們連法主都不會，其餘的法師們就是等而下之。以前我還沒破參時，會教一些師兄弟怎麼樣看話頭。後來破參了，我卻不能說法也不能指導人，否則就會被當家師叫去「洗臉」。於是我開始不教，也不講；人家來問我：「嘿！蕭師兄！你看這個法是不是應當怎麼樣？這個法這樣對不對？」我說：「對！」沒有第二個字了，只能說「對」，要不然就說「不對！」「爲什麼不對？」「你去請問法師！」因爲我不能講話。那後來破參了，就是這個模樣；所以看看幫不了人，乾脆離開吧！

但是離開後，我指導了一些有意願修學的人，同樣教這個無相念佛及看話頭。我在離開之前，卻被他們的法主叫去問：「你這個功夫是怎麼作上來的？」當時我還沒有離開，就如實以告。然後被要求（我說完了，他就要求我）：「那你把它寫下來，我們《人生月刊》可以登出來，可以利益很多人。」

我聽了，當下覺得這個構想也很好，真的可以利益很多人。當下就答應了，回家就寫，下一週呈上去。一個月過去了、兩個月過去了、半年過去了、一年過去了，都沒消息！還要求我再寫兩篇，我又增寫了兩篇。到最後，當然都是回到我這裡來，因為我去索取：「既然不登就還給我。」這個不是杜撰的，這是真的故事。因為那位大法師在交還的稿子附了個條子：「交蕭某某。」有這四個字在，究竟是不是墨寶？我把它跟稿子訂在一起，保存了起來。

我說出來時都是有根據的。誰要來反駁，我只要把這證據攤開來就好了。這表示什麼？那個大山頭的大法師也不會看話頭的功夫，他是想要學起這功夫來。那後來呢，我們有位眼見佛性的老師，我們黃老師不是寫了一本書嗎？叫作《見性與看話頭》有沒有？就把他不會看話頭的事實列舉出來，證據確鑿，推都推不掉！因為他不是只有口頭講講，後來因為我離開了，他也開始講什麼叫看話頭。然後口頭講一講倒也罷了，偏又弄成文字，還發行書籍了。結果都被黃老師抓在手裡，還把他寫了，證明他不會看話頭。

可是這個功夫，我們為什麼自始至終就要求？因為這是動中的未到地定；這是支持你證悟明心，也是支持你斷三縛結時所必須的。以前佛教界不信這個，其實，隨著修證的層次越高，所需要的定業也得提高。那以前我這麼講，沒有什麼聖教根據，但我的認定就是這樣。後來我們講《瑜伽師地論》講了十幾年，在這之前，我是先寫了《阿含正義》，還沒有講到《瑜伽師地論》這個部分。當時我寫了《阿含正義》，特地用顏楷粗體字，印在那一章的開頭：「**有證得初禪的凡夫，沒有不證初禪的三果人，也沒有不證初禪的慧解脫阿羅漢。**」我用粗體字寫了出來，當然我有根據，只是以前大家讀不懂，所以不知道，那我解釋出來時，他們也得接受。

當阿羅漢去向 佛報告說他成爲阿羅漢時，都是怎麼說的？「**我生已盡，梵行已立，所作已辦，不受後有。**」什麼叫作「梵行已立」？「梵行已立」總得有個根據，因爲口說無憑啊！這四字其實佛教界都讀過，可就不知道這道理。我說：「**清淨行已經建立，他的根據就是初禪發起，而且不退失。**」

那你想成爲三果人，至少得要有不退轉的初禪，但是不要求你要圓滿初禪，至少得要不退轉。可是如果想成慧解脫阿羅漢，至少要有圓滿的初禪，就是初禪裡的所有內涵，你都得實證了；而那個初禪不是運運而動的初禪，而是一剎那間「遍身發的初禪」，而且永遠不退失；否則當不了慧解脫阿羅漢的，這就是阿羅漢需要具備的基本條件。

三果人不必要求具足圓滿的初禪，但是要有分證，至少得要有初禪的前半段那個樂受，那八種冷、暖、猗……等覺受要發出來才行；如果初禪的後半段都圓滿了，那是慧解脫阿羅漢的事，但三果人不一定需要，有當然也是最好的，但佛教界不知道這些道理。那我們增上班繼續講《瑜伽師地論》，講到好像前年或大前年吧！彌勒菩薩論中有講過，印證了我所說的：「斷三縛結的人，得要有初禪前的近分定相應，否則不算數。」也就是要有初禪前的未到地定來與斷我見相呼應，才算是眞的斷我見，我終於有根據了！

因爲我講經或者講論，並不是全部都讀完了，才決定要不要講；我是決定要講哪一部時，請出來直接就來講，我一向都是這樣的。《瑜伽師地論》我到現在還沒有讀完，都是準備講到哪裡，就斷句到哪裡，讀到那裡。都是準備要講的那一天，準備講十頁的話，我就把那十頁加以斷句，然後思惟一下，該怎麼講。還沒講的，就是我還沒讀的，就像是這樣。以前人家請求我講《成唯識論》，我說：「好啦！好啦！你們再三地請求，那就講吧！」答應了以後我就忘了。直到開講的日期剩下七天，我壓根兒忘了。我同修說：「你再七天就要講了，你都不讀一讀喔？」我說：「哇？剩下七天喔？」我才拿出來讀。然後我講完了，就讀完了，就這樣啊。

所以《瑜伽師地論》我現在只是讀到八十幾卷，因爲我講到八十幾卷了。那我講經是因爲我們要印經本，所以我得先斷句一遍，所以我算是讀過了，但還沒有去思惟祂，這就是我的習慣。大前年《瑜伽師地論》講到那一段的時候說：「喔！我有證據了！我有根據了！」爲什麼我要求一定要有「未到地定」才能夠幫他證悟？因爲修得未到地定（初禪前的近分定），就是降伏其心的過程，覺知心要先被修定所降伏以後，斷三縛結時才會眞的接受所斷的境界，否則名爲斷三縛結，其實我見都還是存在著。但我現在有根據了，因爲這是一生補處菩薩講的呀！而我的觀念一向也就是這樣。

所以我證悟以前，那時的現代禪很興盛，我看到他一本書《與現代人論現代禪》，那個封面的下方就有一行字，意思就是說：想要證悟，得要先於未到地定得自在。我就很認同這一點，說本來就應該這樣。但爲什麼要有那個理由，我那時候還是不知道，但我堅持應該就是那樣。當然，我弘法之後、悟了之後，漸漸就知道這個理由。所以弘法之後，有時候也會講一講：爲什麼要修定業？爲什麼每一個層次的證量，需要有不同層次相應的定力？因爲修「定業」是降伏其心的過程。那個定力的實證倒是其次，主要在降伏其心。當你修好未到地定，這個未到地定如果很好，你的心就超過欲界了；雖然還沒有到達色界，你的心已經超過欲界了，成爲未到初禪地的近分定；那這樣子，你悟了以後，有這樣降伏其心的定力來作支持，那個斷三縛結或者證悟明心的功德就可以相應，可以轉依成功。

如果你沒有修定成就未到地定或初禪等，就表示你沒有降伏其心，斷三縛結時或者證眞如時，就得跟欲界法不斷地拉扯，仍被欲界法綁住而脫不掉，這在佛法中說是被「五欲之繩所繫縛」，所以那天魔都用「五欲之繩」來繫縛欲界眾生（編案：例如二〇二〇年的琅琊閣、張志成等人一樣）。但菩薩不被五欲之繩繫縛，自由來去欲界，所以天魔痛恨菩薩就是這個原因。那麼定業已經修好了，比如說未到地定，當你斷三縛結的時候就能生忍，就可以如實成爲一個初果人；不論你色身示現爲在家身、出家身，全都叫作出家人，因爲這是「沙門果」。

沙門是什麼意思？就是出家，而且這個出家不是出世俗家，是「出三界家」。如果斷三縛結了，不能算出家人，那就很怪了。至於其他不能出三界家的人，剃髮、著染衣時叫作出家人；斷三縛結的人，卻不能叫作出家人，這個道理通嗎？（大眾答：「不通！」）如果剃髮、著染衣可以叫作出家人，能出三界的人當然更可以叫作出家人。這時候一定有人想：「欸！不太對！初果人哪裡就可以出三界？」但我告訴諸位，初果人就是「我生已盡」，「我生已盡」的意思就是，最多七次人天往返，就出三界、入涅槃了。所以初果這個果位也是沙門果，斷三縛結的果報，就是出三界果。這個道理將來整理好了流通出去，我又要挨罵了；但我講的是眞實理，是如來說的呀！《根本論》中也這樣說；所以當你有深厚的未到地定相應，欲界法已經降伏了，你一斷三縛結，馬上就是初果人，就是出三界家的出家人，不論你的身相是在家或出家。

如果沒有深厚的未到地定，努力觀行，確定五蘊十八界一切虛妄，自認爲初果，也還是大妄語人！因爲他不是貨眞價實的初果人，他只能叫作名義初果，名義上說他是初果，本質上並不是眞正的初果；如果要寬厚一點，就說他叫作初果向。假使，他的身口意行不好，光有斷三縛結的那一些知識（不能叫作見地，只能叫作知識或知見），但是身口意行不好，就說他是大妄語，連初果向都不是。證初果後的開悟明心，更要有深厚的未到地定支持，所以，你們塡禪三報名表，看到表格背面，親教師要評論你很多的層面，對吧？其中的一項就是定力。另外一項就是慧力，就是這裡講的慧業，如果知見很差，就把他刷掉，不用上山，上去了也根本不知道在幹嘛！他去那裡等於是觀光。

那麼，福業是哪個部分？有沒有看見報名表背面的下方好大的地方，很多方塊有沒有？一格一格：教學組、香積組、推廣組、福田組、行政組、編譯組，好多的組，有沒有？（編案：現在改制了，以後要印作教學部、行政部，其他的什麼部了。）這在評斷你的福德，如果你都不肯爲正法付出，這一世遇到正法都如此，顯然往世一定不太修福德，這很容易判斷的。

往世修福德修習慣了，再窮也會布施。我就說說自己的歷史吧，我們小時候家窮，但是我們家卻養三個家的孩子，因爲我大姨母、二姨母他們的孩子，只要學校放學了都到我們家吃午飯，當時我都很歡喜，人越多越好。我那時沒想到父母是怎麼辛苦，家裡有什麼好吃的，拿去學校就分給人家，所以常被我二哥敲腦袋。當兵回來了，這些當兵的朋友，有一個好朋友說他要買一輛二手摩托車，錢不夠找我借，那時我也沒錢，我跟老闆支一點，自己存下來的幾千塊，湊一湊給他，他去買了，自己騎了去玩啊，我不跟他玩。但是，他還不起，我就代他還，就是這樣，我沒有抱怨過；好朋友還是好朋友，就這樣！就是沒有錢也會布施，這已經成爲一個習慣。所以我小時候家中窮，而且家裡的財產沒有我的份，我是赤手空拳到臺北來，就這樣成家立業的。成家立業以後當然更要作布施，這就成爲一個習慣。

這表示什麼？有福業作依憑。只是，後來我都不想賺錢，因爲道業重要。當我會看話頭，進入見山不是山的階段時，不想再賺錢，事業便結束了，專門參禪。所以，證道不是無因，背後一定有原因；當你缺乏哪一種條件時，證道就會困難重重，而且最後歸於失敗。所以菩薩道這個法，不是一般人能修的，可別路上隨便拉個人說：「欸！你來正覺聽法多好多好！」他吃了早餐，還不知道午餐在哪裡，怎能安下心來修行？這個法的修行，必須往世曾經修下那個福業，然後這一世才能遇上；遇上正法之後，如果往世所修的還差那麼一點點，這一世努力拼一拼，把那個福德補足了，也就證道了。

有時候，有人覺得奇怪：「這個人義工沒怎麼作，他的捐款也很少，爲什麼您蕭老師幫他悟了？」因爲我感應到他往世修的福德很大；後來果不其然，突然一個因緣到來之後他就變得很有錢，繼續努力護持正法，那你要怎麼說？所以，不能只看這一世，也不能只看此世的前半世；福業包含到過去世的，不是單看這一世；實現福德時也不一定是一出生就實現的，往往是後半世才實現的，我也是這樣；因此有的人拼見性這一關，都明心了很多年了，拼見性這一關的時候也很拼，但最後呢？失敗了，因爲往世福德修的不夠。又有的人努力拼，這一世福業再造一點，就順利看見了，所以見道背後這個福業是必須的。

以前，對《大般涅槃經》中 世尊說的那一句，我心中有疑，《大般涅槃經》講眼見佛性時，如來說要具備三種莊嚴：定力、慧力、福德。要具足這三個莊嚴才能眼見，我當時心裡想：「定力莊嚴、慧力莊嚴這是必須的，爲什麼一定要第三個福德莊嚴？」我心裡有疑，因爲我想：「我這一世護持正法、護持佛教，也不過花了百來萬吧（編案：三十年前的臺幣），而且不是人民幣，只有百來萬臺幣，我花的並不多啊！可是我明心又見性了啊。」所以，我對 如來那一句開示，心裡就有疑惑；但我不敢說 如來講的不對，沒那麼大的膽子，只是我心中有疑；可是等我度眾之後，發覺果然如此。而且，後來我的初禪發起，又開始進修二禪，然後漸漸可以進入二禪等持位看見往世弘法護法的事情，知道說原來福德是要的。因爲我往世修的福德很多，不談世間法上的福德，單說護持正法的福德就夠大了，於是終於相信果然如此。也因爲我度眾以來，有不少人定力很好，慧力也很好，非常棒，但引導出來都看不見。當時我非常洩氣，因爲我滿懷希望：這個人可以見性。很篤定，結果引導出來看不見，我就像洩了氣的皮球一樣。

弘法到現在眞的相信，求道不能缺少福德。可是，我們得探討一下，爲何福德這麼重要？因爲每一個人都落在我所裡面，那麼落在我所裡面的人，他會執著於自我的所有，當他執著於自我的所有，他跟佛性就不相應；特別是執著內我所，也就是執著這個見色、聞聲、嗅香乃至是知法的功能的人，對佛性就不相應。所以，想要見性必須先開悟明心，開悟明心必須先斷三縛結，那三縛結斷了就要斷得乾乾淨淨，不能藕斷絲連，然後明心才能清淨，才能如實地轉依於所證的如來藏，依眞如性而住。接著繼續進修，轉依眞如越成功，內我所的執著習氣種子越淡薄，才能見性！見性的困難，十百倍於明心，這是實話；所以我們明心的人五百多位了，見性的還不到二十位，眞的很難。有時候，有的人認爲自己看見佛性了，來找我小參之目的是要我印證，卻不明說；我聽他說了五、六分鐘，當然知道他認爲自己見性了，那我當然要問一些問題，勘驗時當然都要明講，所以一定要問：「**你是不是認爲自己已經見性了？**」他認爲是，於是我就潑冷水：「**你這個不是見性！**」

實際上，在這個世界上要找到一個能自己看見佛性的人，目前絕無僅有，都是我來引導的；都是從前方便的作功夫開始，到引導看見佛性。如果你有聽見誰宣稱他見性了，千萬要救他，因爲那個大妄語業比開悟明心的大妄語業還要重；開悟妄語是七住位的階位，見性是第十住位，顯然那個妄語業比明心的妄語更重，那你要叫他來找我，不管他是一位外道還是佛弟子，不管他是會內的還是會外的，都應該叫他來找我，我來證明他的狀況並非眼見佛性，才能救他，讓他懺悔滅罪。所以福業代表什麼？代表對於外我所，甚至對於內我所的執著都很輕了，否則都無法明心，更無法眼見佛性，表示他的福業修不好。回到經文來，定業、慧業、福業都修好了，才能見道——才能明心。所以，如果有一個窮措大，「窮措大」聽懂嗎？聽不懂！臺灣人聽不懂，你們內地人也聽不懂，這沒道理！「窮措大」就是一個很窮的讀書人。若是拉了個窮措大來正覺學法，顯然他的福德還欠缺很多。

但是，有時候可以去感應對方的福德，有時候一個人窮，但他是一時的，是因爲他實現福德的因緣還沒有出現。比如我自小就是窮，因爲我爸是被招贅的，我們跟著他的姓都倒楣。我那時候當兵一個月二十五塊臺幣，二等兵剛入伍時每個月餉就只有二十五塊錢，搭一趟火車，再回到軍營就用完了；結果呢，我二哥還罵我：「**你沒車錢回來幹嘛？**」我想：「**我回家看親人重要啊，錢算啥！**」可是他不這麼想。雖然當時我那麼窮，在部隊的老士官長，每週都問我：「**你要不要回家啊？**」我說：「**讓給別人吧。**」我心裡想，我沒車錢啊！可是有一天，因爲那一次是那個任務完成了，回到軍營，就進了那個⋯⋯那個要叫什麼？（有人回應）不是集中營！（又有人回應）不是禁閉室，哪有那麼糟！我這個人是個標準的好人。就是整個部隊要進入軍營去重整，有沒有？（又有人回應）不是下部隊，也不是移防，我把那個名稱忘了了。（又有人回應）對！下基地、回基地。回基地去整裝什麼等等，就有空閒可以睡午覺。有一天睡午覺的時候，我們那個班長，那時候我是個二等兵，剛入伍不久，那個班長在跟老士官長講：「我看那個蕭某某，他家裡好像很有錢！」我沒敢笑出來，因爲，我連一件毛線內衣都沒有，連一件冬季的長內褲都沒有；所以，我右腿的風濕病就是在基地野外上課時得來的，後來我自己治好了。窮到那個地步，人家卻說我很有錢；可是他們的感覺是沒有錯，他們的那個感覺是對的，因爲，我的行爲不像個窮人。雖然眞的是窮到鬼都怕，可是他們竟然說「他家很有錢」，你要怎麼說？可是後來，那些分家財的哥哥們都遠不如我。我後來是不想賺了，甚至是人家來找我幫忙，我就告訴他：「你自己這麼辦、這麼辦。」我教給他，要他自己去作就好了，不用給我賺這個錢，我不想再賺了，就這樣子。

所以，福德是很難料的，你從表相來看是不準的，你如果有那個證量而去感應，通常可以感應到；如果福德差那麼一點點，但他的心性太好了，因爲是個具足菩薩性的菩薩，我就用自己福德迴向給他，然後一腳把他踢過去就好了，這也行啊！但是，我最討厭聲聞人，如果那個聲聞種性讓我感應到了，以後再也不讓他上山了。但這見道所需的福德不是一世兩世、一劫兩劫的事，這是多生多劫一直延續下來的。所以，一個人是不是菩薩，他是新學或者久學，這是有差別的。久學菩薩對於外我所沒什麼執著，新學菩薩剛開始總是捨不得這、捨不得那，要掙扎了兩三番才願意布施，這就是新學菩薩。即便是伸手幫人舉手之勞，他也要考慮再三：「我要不要幫這個忙？」都是這樣子。但久學菩薩他是直接的就作，根本不思考，那就是久學菩薩，表示他的定業、慧業、福業都夠了。所以，「專精三業」是見道的基礎，如果這個基礎沒修好，想要見道是很困難的。急躁求悟的結果，你想一想：「聽說去正覺學法很辛苦，也還要修福，那麼辛苦！回到家還要再修定，要努力無相念佛拜佛，回到家我都累垮了，我還要作這個功夫，哇！太辛苦了，不學！不學！」後來他就不想學了啊！那就是新學菩薩。但久學菩薩他辛苦慣了、布施慣了，無所謂！就這樣努力學到底，證悟就是理所當然的。

那麼，我這樣講是有根據的，如來接著說：「以是因緣，爾乃得『我』。」所以，這裡說的要證眞實的「我」要有因緣，因緣就是「聞如是比經，深心信樂」，這是第一個因緣；如果聽到如來藏就想：「那是『外道神我』，我不要聽那個法。」因就不存在了，緣來到時也不會相應。接下來就是緣，「不緩不急」，不要急躁，但是也不懈怠，該作的努力作，該修的努力修，該聽的努力聽；聽完了好好思惟，轉化成自己的，不是只有聞慧，還要有思慧；思慧完成了，付諸於實行叫作修慧，聞思修之後才能證。

然而證了第八識就算見道嗎？那可不一定，證了之後要敢於承擔。就像克勤老和尚講的要「把得住、作得主」的意思，你就直下承擔，再也不疑了，然後才算是證得。證得、證得，「證」跟「得」是兩回事，這是彌勒菩薩開示過的；所以證了以後沒有得，因爲對於所證不能生忍，就退轉了！他有證，譬如說證了以後他懷疑：「這個不是阿賴耶識，這不是如來藏！」他是有找到了，終其一生都知道哪個是如來藏，但他懷疑那到底是不是，就表示他有證而無得。所以，要「不緩不急」，急躁沒有用，一定要按部就班，該到達那裡之前，所應該具備的都要作好，一步一步前進，然後才能到達那個地方。不能用飛的，不能像有些小孩子愚癡，披了斗篷之後，就學卡通影片這樣飛下來，結果是摔了個住院。這一定要一步一腳印，腳踏實地。

第三個因緣，你要有「善巧方便」來「專精三業」，缺一不可。有時候，可以得到善知識的恩澤，也許慧力差一點，也許定力差一點，也許福業差一點，但善知識願意幫你擔當，你就悟了，眞的是如此。同樣的道理，有的五地菩薩，有的九地菩薩道業難突破，有時候 如來一幫忙，就突破了，這是得到 如來的恩澤。所以有時候我要說，學佛之人一定要對 如來知恩報恩；報恩之前要先知恩，如來的恩在哪裡？大部分人是不知道的，表面上都說：「**我知道！我知道！**」其實沒有眞的知道。你的證量越高才知道越多，也才越懂得如何報恩。這樣子，這三個條件具備了，「**以是因緣，爾乃得『我』。**」是說這個眞實的我第八識，是不容易證的。

因此，有些人來求見蕭平實，他希望我給他一棒、給他一句話，他就悟了。早期我都會接見，不管誰來參訪，我都接見；然而後來我不見了，因爲大部分是那一類急求開悟的人；他們讀公案，讀到其中一段，這某某大師這樣子使機鋒，他就開悟了，他也要如法炮製，來見我就希望我打他一棒，或者給他一掌，他就悟了，都是這樣子。可是，我這一掌，叫作如來神掌，不隨便給人的，也沒有多少人承受得起；一般人耐力不夠，我這一掌下去，他的法身慧命就死了。所以，如來說想要證得這個眞實「**我**」，必須要有條件，至少你要「**專精三業**」。當你定業、福業修好了，慧業也修好了，就懂得爲什麼要福業、要定業了；因爲你有慧業，就知道這個道理。怕的是，善知識解說了這個道理以後，他心中老是疑，縱使 如來有心為他，也是莫可奈何；所以，世尊這段開示真的要注意，要「專精三業」。接下來，迦葉菩薩又為我們請法了，我們來看 世尊怎麼開示？

經文：【迦葉復白佛言：「世尊！若有『我』者，何故不見？」佛告迦葉：「今當說譬：譬如初學，學五字句，界成句偈；欲先知義，然後乃學，當得知不？要當先學，然後乃知。彼善學已，然後師教界成句義，引譬示之，彼能聽受；緣師得解界成句義故，則能信樂。如是，我今為煩惱藏所覆眾生說言：『善男子！如來藏如是如是。』彼便欲見，當得見不？」迦葉白言：「不也，世尊！」佛告迦葉：「如彼不知界成句義，當緣師信，如是，迦葉當知：如來是誠實語者，以誠實語說有眾生：汝後當知，如彼學成。」】

語譯：【摩訶迦葉又稟白佛陀說：「世尊！如果確實有『我』的話，是什麼緣故而看不見？」佛陀告訴迦葉：「如今應當要演說譬喻：譬如初學的人，先學五字的句子，以五個字來界定而成就一句又一句的偈；如果想要先知道那一些偈裡面的義理，然後才開始修學，將來能夠真的知道偈中的義理嗎？

應當要先來學習背誦那一些偈和句子，然後才能夠知道其中的義理。當他善於學習以後，然後師長再教導他如何界定而成就那一些字句之中的義理，並且引用譬喻、如說而教示給他，他就能夠聽聞而信受。緣於師長之教導而能夠理解如何界定成爲五字句義理的緣故，就能夠信受而且歡喜。就像是這個道理，我如今爲被煩惱障所遮覆的眾生說到：『善男子！如來藏就是這個樣子、這個樣子。』他們聽了就想要看見如來藏，但他們就能夠看得見嗎？」摩訶迦葉稟白說：「不能看見的！世尊！」佛陀告訴摩訶迦葉：「就好像他們那些人，還不懂得界成句的義理，他們應當要緣於師長的教導而信受。就像是這樣子，迦葉！應該要知道：如來是說誠實語的人，以誠實語而說確實有眾生：你們以後應當會知道，就像他們那些已經修學成就的人一樣。」

講義：學習佛法有點像學世間法，世間法中的老師，如果他是眞有底蘊的人，一定會有方便善巧來教導。當學徒進來，就先告訴他前後次第，那這個學徒依照師父的教導，把那一些前後次第都給記住，記住就是受持，然後接著繼續一步一步去進修；這表示，他的師父是很深入於那個法門的人。同樣的道理，佛法也是一樣，想學習佛法時，應當要依照佛經中講的那些偈頌之所說，先要熟背；熟背之後，先粗略地理解那一些偈的道理，然後再依照偈裡的句子中，一個字、兩個字所代表的意思去修學，修學之後才能夠實證。實證以後再來反觀那一句偈，然後就知道原來這一團法、這一聚法，它講的是什麼，原來就是這樣子。然後，自己依照那一首偈，就能講解那一聚或那一團的法了。

這就是說，要先學一個概念，就好像寫書，人家都會先寫個序；序就是先概略地說明，這一本書要講什麼。有的人比較周到一點，寫了序以後再把它稍微演繹一下，也就是整本書詳細的內容，簡單的稍微敘述一下，就叫作緒論；讀者讀了緒論，就知道那整本書大概是講什麼了。然後再分篇、分章、分節、分目來講，道理也是一樣的。這就是說，你學法一定先要學習一個整體的概念。譬如你要瞭解一棵樹，你從沒見過樹，師長就告訴你，樹概略的形狀是什麼，然後它有葉子、有細枝、有花、有果，也有粗枝然後又有主幹，也有根等，全都告訴你、教導你，否則你永遠都是尋葉逐枝，結果根柢都不知道，那就白學了，永遠都落在一個小部分又一個小部分中，然後佛法到底是什麼，還是不知道。

在正覺弘法之前的佛教界不就是這樣嗎？大家都抱怨：「**三藏十二部浩如煙海，無從摸索！**」直到我們出來弘法了，把它表列出來，佛菩提道的內涵是什麼，與佛菩提道相應的副產品的解脫道的內涵又是什麼，全都表列出來了。不過這對一般人來講，還是太遙遠了；所以我們也列出來，你進了正覺同修會以後有三個階段，這就是你要學的，當你學到某一個階段，知道自己現在在哪個階段，這些都已完成了沒有？可以自我檢查。然後，下個階段要學什麼，接著要幹什麼，就都可以知道了。所以，在正覺同修會學法，眞的叫作腳踏實地；因此我常說，佛法不是虛無飄渺的思想，它是現量，可以實證的，在現實上有眞實可證的所知境在那邊，雖然那個境界不是境界，所以悟後的無相境界就是「**現法樂住**」，因爲它是現量。

以前臺灣有個老前輩，佛教界的老修行人、大法師們都認得他；甚至於第二代的法師出來弘法，往往還要去供養他，去拜他的碼頭，他叫作王雲林。有時候法師拜碼頭時，包了個紅包供養他，他說：「**我是個在家人，不受供養。**」於是他再加上一倍的錢，叫他回去供養原來的師父。這是他親自告訴我的事。但是，他一直在摸索，很精進，《大正藏》總共讀了六遍；請問你們讀過一遍沒有？應該沒有！（大眾回答：沒有！）我也沒有！我要講什麼經，我就讀那一部經；如果我還沒講的，大約就是沒讀過的。但是，後來為了出版那部《如來藏系經律彙編》，我就讀多了，因為我要斷句，要印出來利益大眾，所以那一些我就有讀過，因為那一些是我親自斷句的。其他的呢？沒讀！他那麼精進讀了六遍，後來打電話給我，心中很感嘆：「蕭老師！原來您講的禪是般若禪！」我說：「王老哥！你知道了喔！只要禪宗證悟了就通般若了。」「我現在明白了，唉！可惜了我，腦後尚欠一槌啦！」說在腦後欠人家敲一下。我聽了就說：「我禪三留個名額給你，你來！那一槌我送給你。」可惜他沒辦法上山，他即使爬上一層樓梯，性命都可能有危險，不曉得近年來還好不好？因為他有肺氣腫，他的命是 藥師如來把他救回來的。所以你看，連他都說十二部經浩如煙海，其他人就別提了。

可是有個人沒有這樣子感嘆，他認為所有經典他都懂，那個人叫作釋印順；完全不懂的人，卻認為自己都懂。可是，我們出來弘法之後，把佛法的脈絡次第一一列清楚，接著大家就知道自己必須要作什麼。但我們這樣講清楚以後，還是有很多因緣不具足的人，來找我要印證，從全球各地來的都有。

有一次，我們余老師當著面向對方說：「你所說的這樣的開悟，我們今天晚上六個講堂，一千多位同修都會這樣子講，但都不是開悟。」結果他就沒再講了。因爲，這一些人不是每一個人都開悟的，如果他那樣子叫開悟，我們今晚六個講堂的一千多人都可以說是開悟了！所以，開悟不是那麼容易的，要有那一些條件。

但是，摩訶迦葉又爲我們請問，如來居然說有這個眞實的「我」，並不是這個蘊處界的假我；既然有「我」，應該大家都會看見了，爲什麼都看不見？問得有道理啊！所以 如來說了，學法得要有次第，不能一開始就想要見這個「我」。就好像世間法，譬如進了私塾；古時候沒有學校，進了私塾老師先教什麼？《三字經》：人之初性本善……。要先學著背下來，但孩子背了這一些，他懂意思嗎？不懂！卻是要先學習背誦。會背了之後，不會忘記了，再一步一步教他。佛法也是一樣，所以，我們爲什麼要編成〈正覺總持咒〉作爲佛法的總持？這是有原因的！目的是告訴大家，佛法總的來說，就是這一些法；因此，先把它背起來，有益無害。

第一句「五陰十八界」，有的人也許想：「這太簡單了，爲什麼還要背？」

簡單嗎？就像你們講的，眞的不簡單啊！你想，五陰的內涵，算是很簡單的了，可是連釋印順都弄錯了，各大山頭就更別提了。我出來弘法沒聽誰講過五陰，十八界更別提。我弘法之前沒聽過，弘法之後也沒聽誰講過，只有我們弘法後錄製的視頻，播出來時顯示只有我們在講。那你說這五陰該不該列爲〈總持咒〉裡面的一部分？該呀！否則佛教界要怎麼斷我見。那十八界有誰講過？也沒有啊！那「涅槃」有誰講過？也沒有啊！連釋印順都說涅槃是不可說的，既不可說，又要怎麼證？證了而講不出來，爲何可以叫作證涅槃？接下來，「涅槃就是如來藏」，有誰知道？我當年依著自己所證的現量，演講時我就說：「阿羅漢入了無餘涅槃之中就是如來藏。」還被人家罵邪魔外道，還被罵自性見外道。

所以，你教導眾生要讓他先信；我這樣編了出來，會裡也印了出來，開始流通了，是不是大家都信？不是！所以，護法神也傷腦筋。但因爲這個咒好，護法神爲了護持正法，希望大家信正法，所以就來擁護〈正覺總持咒〉，因此就讓許多人在持誦的過程中去感應，而使作惡的鬼神遠離。所以，有個師姊她家住五樓，在五樓的屋頂平臺就蓋個佛堂，而隔壁家的頂樓沒加蓋。

隔壁那個五樓住戶是信道教的，每隔一段時間，就到五樓屋頂平臺上作法事，屆時乩童就會起乩。有一天這一位師姊煩了，看到乩童快要起乩了，模樣已經開始出來了，她就在自家誦：「**五陰十八界，涅槃如來藏……**」結果那個乩童就不能起乩了，後來他們在那邊議論紛紛：「**今天爲什麼這樣？奇怪了，怎麼沒有辦法附身呢？**」說神上不了身。從此以後，再也不來這裡辦法會了，因爲來到這裡就是神上身不了，辦不了事，這就是護法神努力護持的結果。

臺中有位游老師很努力在推廣〈正覺總持咒〉，有許多人持咒而有感應，這表示什麼？表示這一個總持是重要的咒，咒就是總持；那我們怕人家不懂，就加了總持兩個字，其實本來叫作〈正覺咒〉就好了。學法也是一樣，應該先知道總持；可是總持五個字一句，要怎麼去界定？這一定要先界定好，你不能夠把同一個法或同一聚法分成在兩句裡面，絕對不要分開來；然後，這一些字句裡面所代表的法義，一定要有先後與淺深的差別，一定要按照次第來列；次第很重要，有次第才能顯示咒中具足的內容。

就好像當年玄奘爲什麼要西行，冒著生命危險也要去，因爲他悟了，明心又見性了，所以，他十來歲就能爲人家講解《大般涅槃經》；他西行之前也有慧解脫的證量，因此他能夠爲人家解說《俱舍論》，可是他仍然一心要西行。不是說悟了就沒事了嗎？但因爲他知道雖然悟了，這還不是成佛；悟後要成佛，該有哪些內容？有哪些次第呢？大唐國土裡都沒有悟後進修的法，那就得要去求《瑜伽師地論》！所以，他就因爲這個緣故，冒著生命危險前去。好在有 如來加持、觀世音菩薩加持，因此平安取經回來。他去到天竺跟戒賢論師很有得談，因爲其他人都沒有實證。所以，「界成句偈」這個道理要懂，如何界定妥當而成就這一句偈？又是需要編成幾句來成就這一首偈的意思？這一首偈涵蓋了哪一些的法？這是學佛時應要先知道的。時間到了，那今天只能講到這裡。

《大法鼓經》上週講到三十頁第二行「界成句偈」。接著 如來提問：「欲先知義，然後乃學，當得知不？」這是說：「學法應該先學主要法門或內容的總持。」也就是要先建立對佛法整體的概念。對於法的整體有概念，然後再詳細來學習這些法的意涵是什麼，才是如法的修學，所以我們禪淨班的第一、二節課，都會在這上面先解說分明。

如果一開始就先修學那些法中的某一位階的內涵，那麼你將是見樹不見林，或者見葉不見樹，學起來都很緩慢，而且不能了知整體佛法的意涵，對於所學到每一法義也不會通透。所以，就像世間法學《三字經》道理是一樣的，要先學會背誦；會背了，然後再來學習那《三字經》每一句中的道理是什麼。就好像我們也編了個〈正覺總持咒〉，這個咒就讓大家先背起來。背起來之後，先概略知道〈正覺總持咒〉代表了正覺所弘揚的法，和這些法裡面大略來講有些什麼內涵；接下來，再從第一句的第一個法開始次第學習；這樣就知道自己眼前是學到什麼地步了，後面即將要學的又是什麼。

就好像讀一本書，總是要從序文開始讀，序文讀過了，就知道這一本書大概是要講什麼。如果是菩薩們著作的論，通常作者會在最前面寫一篇「緒論」，那就是把整本書的內涵大概地先說一遍，這道理都是一樣的。所以如來提問，就是要讓大家知道應該先懂這個道理，然後作個結論：「**要當先學，然後乃知。**」也就是說，應當先學它的大概內涵，了知一個大概之後，再接著去一一修學其中的每一部分的內容。

世尊接著又說：「**彼善學已，然後師教界成句義，引譬示之，彼能聽受。**」

這就是說，這個人懂得如何好好地修學之後，再由他的老師教導：爲何這些頌或者偈要這樣編寫？其中的道理究竟是爲什麼？如此說明之後，如果還不是很懂，再引用譬喻來爲他說明；以譬喻來宣示之後，他就能懂得爲什麼是要這樣作，爲什麼這些偈是這樣編寫的。然後　如來就說：「緣師得解界成句義故，則能信樂。」換句話說，得要緣於他的老師這樣教導之後，再爲他教導這些偈中的每一個法義，它的功德是怎麼樣界定的？它的內涵是如何界定的？又是怎麼樣把它界定在某一偈、或者是某一聚法之中？懂這個道理之後，他就能夠信受，並且也能愛樂於這樣的法。

這個譬喻說完了，世尊就說：「如是，我今爲煩惱藏所覆眾生說言：『善男子！如來藏如是如是。』彼便欲見，當得見不？」這正好點出末法時代今天佛教界的狀況，特別是對於新學菩薩。但我這裡講的不是會內的同修們，講的是會外的那一部分學佛人。爲何這麼說呢？因爲會外總是有人多讀了我的幾本書，或是讀上十來本、二十本了，就覺得他的證量很高了，於是自覺是四地、五地菩薩了，也有人自稱是八地菩薩了，然後就出而弘法廣收供養。諸位聽到廣收供養四個字，就知道他們對不對了，所以你們點頭是有道理的。

如來就這麼講：「就像是這個道理，如今我爲煩惱藏所覆的眾生說道：『善男子啊！如來藏就是這個樣子、這個樣子啊！』那他們就想要親見如來藏，但是他們因此就能看得見如來藏嗎？」如來特地提出這個問題。迦葉白言：「不也，世尊！」果然如此！所以從書中閱讀而瞭解到如來藏的自性以後，不代表就是親證了。好比有人讀過我的書以後，有因緣上禪三時，進了小參室告訴我說：「我知道如來藏，遍身都是啊！」我說：「是哪一個？」「遍身都是啊！」然而「遍身都是」，這是我書上公開講的，何必要再拿來答我呢？書上可以寫的，就不是禪三裡面要的。禪三裡面要的，一定是書上沒有的，經中也沒講的，才叫作教外別傳。結果好多人進小參室來都跟我講：全身都是啊！有的人甚至還很篤定的告訴我：「全身都是啊！」我問：「是什麼啊？到底是什麼啊？」或者問：「在哪裡呢？」又拿不出來了！

佛法修證的道理都是這樣：並不是讀過了、懂了，就是已經親證了，而是要看有沒有實證並且能不能夠直接拿出來呀。譬如說你抓到賊了，並不是口上說：「我是眞的抓到了。」就算數了，不能這樣講。你要眞的把賊抓出來，才能說：「我眞的抓在這裡啊！」這才算數！老是講說：「我抓到賊了！」

然而賊在哪裡？這是個必須要面對的、切身的、實際的問題。所以並不是 如來講了以後，大家聽懂了，然後就算是實證了，佛法不是這樣說的。所以摩訶迦葉當然知道這道理，就回覆說：「不也，世尊！」

接著如來就開示了：「如彼不知界成句義，當緣師信，如是，迦葉當知：如來是誠實語者，以誠實語說有眾生；汝後當知，如彼學成。」就是說，猶如那一些還不知道佛法總持的那些偈、或是不知道字句眞實義的人，應該緣於他的師父去信受佛法中所說的偈句。同樣的道理，如來是說誠實語的人，如來是不二語者，不會有兩種話，總是以誠實語來說：「眞的有眾生。」那爲什麼眞的有眾生呢？因爲有如來藏，所以眞的有眾生。如果你只從二乘菩提來講，一切都是緣生緣滅，沒有一個眞實的法，當然就沒有眞實的眾生存在；或者你單從如來藏自身的境界來看，也沒有任何一法、沒有任何一個有情的存在。但是，如果說一切法都無，一切法空而成爲斷滅空，那眾生學佛又是爲了什麼？一定是有所證，而你所證的那個常住法的境界中是一切法無；而在一切法無裡面，又無妨擁有一切法，這才能叫作眞空妙有。

好，「眞實的空」既然是絕對勝妙的有，因爲絕對勝妙的「有」存在時，就是這個「空性」存在的時候，他們是同時同處的。既然是這樣，由於如來藏的眞實與常住，歸屬於如來藏的眾生自然就是眞實與常住，所以眾生度不可盡，原因在此。那麼接著就點出來說：「**汝後當知，如彼學成。**」說緣於他的老師而信受以後，他的老師會告訴他說：「**你以後自然就會知道，就像他們那樣學習便成就了。**」這是告訴大家：「**還沒有親證的常住法如來藏，不代表不存在。**」所以過來人講的內涵，縱使今天還無法實證，無妨就先信著，由信而開始修學，修學之後漸漸的有所得；然後親證了，終於進入無所得的境界裡面，這是有個次第的。

所以並不是聽聞了就算數，而是要親自走一回，自己親自經歷過、體驗過，而且能拿得出來跟家裡人相見，這才叫作親證。可不能夠像正覺弘法以前，好多人讀了《般若經》，就說「我懂般若，我實證了」。以前那一些學中觀的六識論大法師與學人們，不都是這樣嗎？等到我們出來弘法，說般若的實證其實是證得第八識如來藏，現觀祂的眞如法性、現觀祂的中道法性，這樣才叫作「中觀」的實證，一定要能夠現觀中道。但是中觀以什麼爲宗旨呢？以如來藏的中道性的現觀作爲宗旨，這絕對不是思想。最後佛教界才終於相信正覺說的這個法，但那已經是我弘法十幾年後的事了。所以善知識把這道理講清楚了，然後學人開始修學，最後一定會像前輩一樣學習成就的。世尊開示完了，接著老婆心切，怕有的人不懂，所以又繼續開示了：

經文：【「今當爲汝更說譬喻，如四種眾生界隱覆譬喻，所謂膚翳覆眼、重雲隱月、如人穿井、瓶中燈焰，當知此四有佛藏因緣。」】

語譯：【世尊又接著說：「如今應當爲你再度演說譬喻，猶如四種眾生法界的隱覆譬喻。也就是所說的：一層薄薄的膜遮覆了眼根便看不見，又像是厚重而有很多重的烏雲隱沒了月亮，又譬如有人打井很深入才能看到水，或者像瓶中的燈焰被遮住一樣。應當知道，這四個譬喻說有佛法密藏的因緣。」】

講義：那這四種隱覆的譬喻，因爲在接下來的經文中就會作說明。而這兩段經文已經講得夠明白了，我們現在就不需要預先再解說，所以就直接進入下一段經文。

經文：【「一切眾生悉有佛性，無量相好，莊嚴照明；以彼性故，一切眾

生得般涅槃。如彼眼翳是可治病，未遇良醫，其目常冥；既遇良醫，疾得見色。如是，無量煩惱藏翳障如來性，乃至未遇諸佛，聲聞、緣覺計『我、非我、我所』爲『我』；若遇諸佛，聲聞、緣覺乃知『眞我』，如治病愈，其目開明。翳者謂諸煩惱，眼者謂如來性。」】

語譯：【世尊又開示說：「一切眾生全部都有佛性，無量的相好，也有莊嚴來照明一切；由於那個佛性的緣故，一切眾生能夠證得不生不死的涅槃。譬如那個眼睛有薄膜遮障的狀況，是可以醫治的病，但如果沒有遇到好的醫師，他的眼睛仍然是永遠暗冥；後來既然遇到了良醫，很快就可以看見色塵。就像是這個道理一樣，蘊藏無量煩惱的眞實心，有薄膜翳障著自心如來的法性而看不見，乃至於尚未遇見諸佛之前，聲聞和緣覺錯誤的認知五陰有我，認知『五陰的這個我，或者認知非我，或是認知我所』作爲眞實的『我』；如果有因緣遇到了諸佛，聲聞和緣覺才終於眞的知道『眞正的我』，猶如眼病被治癒了一樣，他們的眼睛就能夠張開而明了。這個薄膜的翳障，是說各種的煩惱遮障了如來性，眼就譬如所說的如來性。」】

講義：「如來性」就是佛性，這裡說「一切眾生悉有佛性」，又說佛性「無量相好」，也許有的人就想：「那佛性大概有形相。」可是佛性沒有形相，雖然佛性可以眼見。這個眼見佛性和開悟明心是不同的，雖然佛性也是如來藏的法性之一，是如來藏的另一個層面，卻是跟明心大不相同。以往總是有人跟我們爭執，說我們的法是自己創造的，說我們的眼見佛性是沒有聖教根據的，這是第二次法難時就有的質疑。到後來也有個法師質疑我們：「說什麼佛性可以肉眼看得見？沒有這個道理！你們正覺自己亂講。」其實不是亂講，因爲眞的可以眼見哪！而我們弘法早期，也有很多人把看見如來藏的自性當作是眼見佛性，所以就來找我說：「我明心時就看見佛性了！佛性怎麼樣、怎麼樣。」我就說：「你講的都是明心的境界，跟眼見佛性無干。」可是有的人依舊不信，我就得以燈與光來作譬喻，所以這裡面是有差別的。

譬如說你看見了如來藏，想來是跟眼見佛性大概差不多，其實是相差很遠！開悟明心的人可以從自己身上看見如來藏，也可以從別人身上看見別人的如來藏；然而見性的人可以從自己身上看見自己的佛性，也可以從別人身上看見自己的佛性，那你明心的人能夠從別人身上看見自己的如來藏嗎？不能！當你見性的時候，可以從無情上面也看見自己的佛性，那你明心的人能從無情上面看見自己的如來藏或佛性嗎？也不能！你能從別人身上看見他的佛性，這個跟明心倒有一點類似，但明心的人不能從別人身上看見別人的佛性，也看不見自己的佛性，而且在別人身上連自己的如來藏都看不見，那明心與見性怎麼會相同呢？所以，明心與見性是完全不同的境界，雖然那佛性仍然是如來藏的一部分，也就是如來藏的另一總相上的層面。

所以見性的事情很玄，但是等你將來看見了佛性時，你會說：「**本來就是這樣，沒什麼玄的。**」若是沒有眼見的人，開悟明心了，聽到見性的人所說時也總是想，但是想不透。所以以前有人質疑，我不得不把這些差異講出來，但是有的人依舊懷疑。我再講一個差異好了，眼見佛性後，如果你的定力喪失了，就看不見佛性了；可是明心了以後，不會因為定力退失就不知道如來藏在哪裡。那麼看不見佛性了，繼續努力，把定力鍛鍊回來，又開始看見了；明心卻不會這樣，這就是完全不同的層面。所以，這佛性還眞的難說，但是佛性不離於如來藏心。

我們弘法早期，那時有好多個學員是在一家工程顧問公司任職，那幾位現在都不在會裡了。他們一直跟我爭執：「看見如來藏了，就是看見佛性。」我說：「不！如來藏與佛性雖然不一不異，但可以從太陽和光來作譬喻。太陽與光不相離，但是光不等於太陽。」我又說：「猶如燈與燈光，光與燈不相離，但是光不等於燈。」我說：「如果你認爲光就是燈，那麼把電源關了，燈還在，可是光哪裡去了？顯然光不等於燈。」那佛性也是如此，假使像阿羅漢一樣入了無餘涅槃，佛性就消失不見了，可是如來藏依舊常住不滅，那佛性怎麼會是如來藏呢？顯然不同啊！

這裡我倒想要告訴大家，如來藏是心體，而且如來藏有性用。這個性用，當如來藏住在三界中而未入無餘涅槃之前，祂是時時刻刻、刹那刹那都在作用的；但這個佛性不等於如來藏，所以如來藏是「體」，佛性是「用」。但是已經開悟的人或找到如來藏的人，一定會想：「啊！那我知道了，我看見如來藏有各種的作用，有各種自性，那我就是見性了。」對不起！那依舊不是見性，那只是看見如來藏的自性與功能。「欸！那佛性到底是什麼？」我說，這是唯證乃知的事。所以如果知道了佛性的名義，成爲解悟的人，依舊看不見佛性，也一樣聽不懂我在說什麼。換句話說，佛性，如果是解悟的人，也聽不懂我在講什麼；而已經明心的人聽我這麼講時，他把如來藏套上佛性去印證時也都對。全都對啊！但就不是眼見佛性。你說這道理，古來有哪個祖師講過？說實話，就算祖師們之中有見性的人，他們也說不出個所以然，沒有人能像我這樣講解。

那麼有的人會想：**「啊！既然是如來藏的自性，那我知道啦！祂就是本來清淨，本來涅槃，祂就是中道，這就是祂的自性。那我看見如來藏就是這樣啊，那我不是就見性了嗎？」**其實不然，眼見佛性並不是見到這一些自性或功能。而我說的，佛性是如來藏或者說是眞如的性用，但並不是你悟後用如來藏的性用套上去所想的那樣。在《護法集》中我也曾經講過，爲了破斥月溪法師那個常見外道，爲了破斥那些自性見外道，因爲他們說：**「佛性就是見聞覺知。」**但我說：**「佛性不是見聞覺知，卻跟見聞覺知同時同處。」**這就難理解了。可是也不難理解，見聞覺知是六識心的體性，但佛性不是六識心的體性，卻跟六識心同在一起，也和意根同在一起，眞的和如來藏同在一起。那諸位一定想：**「那到底是什麼？」**我說：**「不可說、不可說；不可議、**

不可議，思惟之所難及。」即使真的開悟明心了也一樣，思惟不及。

那我說個「佛性隨緣應物」，開悟的人又想：「那我知道了，就是如來藏隨緣應物啊！」套上去說的都對，也符合法界中的實相，可就不是眼見佛性，你看到的只是如來藏的隨緣應物。要不然我再作個說明：「佛性其實就是如來藏的見分，祂了眾生心行。」欸！開悟明心的人聽了一定又會想：「對啊！我知道啊！如來藏了眾生心行啊。那我這樣不就是見性了嗎？」我說：「不！依舊不是見性。」「那到底佛性是什麼？」「啊！一切眾生悉有佛性，無量相好。」說了很多的解釋，用開悟明心的見地套上佛性去講時完全都對，百分之一百都對，但依舊不是眼見佛性的境界。

譬如說，你看見花好美、好美喔！但你也可以在花上面看見你自己的佛性，用佛性來看時那花更美，天下絕無僅有。這一放眼望去，不但那花兒夠美，連狗屎都美！但你從花、大地上的狗屎看見自己的佛性時，卻不能從那上面看見自己的如來藏，怎麼可能如來藏跟所見的佛性會是同一個？怎麼可以說：明心了就是見性？可是我說了這麼多，那到底佛性的本質是什麼？自古以來也沒人講過。其實佛性的本質，祂就是如來藏的五遍行心所法。然而古來有誰能知？全都不知道！連見性的大部分祖師們也都不知道。

可是我這一說，一定有很多人更覺得奇怪：「佛性是如來藏的心所法？心所法無形無色，憑什麼看得見？而且還說是眼見呢！」以前有人質疑：「什麼眼見佛性？那是你蕭平實自個兒說的。」可是我們把《大般涅槃經》請了出來，告訴他們，如來說了「十住菩薩眼見佛性」，這下沒話可說。如來又說了：「善男子！復有眼見，諸佛如來、十住菩薩眼見佛性。復有聞見，一切眾生乃至九地聞見佛性。」但 如來也有說：「十住菩薩見不分明，諸佛如來眼見分明。」這又有差別了。所以，這佛性是每一個眾生都有的，全都分明現前；因此說，眼見佛性的菩薩們，可以從別人身上看見對方的佛性，也可以從別人身上看見自己的佛性，這才是怪的地方。但是，當你看見了，覺得一點都不怪。叫你說明爲什麼是這樣？你說：「沒有什麼道理可以說，因爲本來就這樣。」

那麼問題又來了，既然每一個人的佛性都是「無量相好，莊嚴照明」，這表示一定是時時刻刻分明顯現的，但爲什麼大家看不見？一定也會有人想：「既然你說這佛性是第八識的心所法，那心所法無形無色，怎麼可能看得見？」然而就是看得見，所以聰明伶俐、世智辯聰，到此皆無所用。世間好多人非常聰明伶俐，簡直就是口才便給，滔滔不絕猶如天河一般，但是來到佛性這裡，一點兒都派不上用場。既然佛都說「無量相好，莊嚴照明」，爲什麼看不見？這當然有原因。那麼這個道理：爲什麼看不見呢？咱們先不說它，先回到經文來：

「無量相好，莊嚴照明。」看起來是有形相的呀！然而其實沒有！無形無色，卻不是明心所見的那樣。那佛性爲什麼「無量相好」？因爲佛性不但是在第八識上顯現，也在意根顯現，也在六識心顯現；見性的當下，不用去分別，也不需要分別，祂就那麼完整地顯現給你看見。可要是解悟佛性的話，或者一般人、一般的大法師們所謂的見性，都只是看見了六識的自性而已，那都只是凡夫隨順佛性，不是眼見佛性。而佛性在諸法上面不斷地顯現出來，只要你見性了，就可以看見，所以說祂「無量相好」。

那爲什麼說祂「莊嚴照明」？因爲假使沒有佛性，如來藏想要「了眾生心行」就不可能了；假使如來藏沒有佛性，這七轉識想要照見六塵，也不可能了！所以正因爲有佛性，這八識心王才能夠照明一切諸法，才能在一切諸法之中運爲不輟而不錯亂，當然要說祂「莊嚴照明」。也正因爲有佛性的緣故，一切眾生才能得般涅槃；如果沒有佛性，你八識心王連動都動不了，又如何能夠證般涅槃及入般涅槃？欸！這就是佛性的妙用。所以，佛性不等於第八識眞如，也就是不等於如來藏，因爲祂是如來藏的妙用。當你看見佛性的時候，你發覺八識心王皆不離佛性，是一個整體。所以開悟以後，別在如來藏的自性上面去用心、去觀察、去思惟，想要如此看見佛性，那不可能成功的，一定要依止大善知識修學才行！稍後，我們再來說這一點。

如來說了：「如彼眼翳是可治病，未遇良醫，其目常冥。」眼病，有的可治，有的不可治。假使那個眼病是勝義根的眼根出了問題，那就不可治；若是扶塵根有問題，有可能治癒，尤其現代的醫學發達。但是勝義根出問題時，則無法治；若是扶塵根出問題而沒有遇到良醫，他終其一生都是住在暗冥的境界中。「既遇良醫，疾得見色。」既然遇到了好的醫師，很快就看見了色塵。但是不是一看見良醫馬上就好了？不會！得要動手術。所以呢，明心開悟後想要看見佛性，你得要遇見良醫。良醫是指誰呀？（眾答：導師。）那瞿曇老爸就不是嗎？欸！因爲我這個眼見佛性也是從祂來的啊。

那以前很多人都說：「明心見性、明心見性；那明心等於見性，見性等於明心，所以明心與見性是擺在一起的。」其實不同，大大的不同啊！以前也有很多人說他們見性了。等到我們提出「見性」的定義，而且我們還有聖教依據，不是只有現量，所以大家閉嘴了。打從我們講「眼見佛性」以來，天下所有見性的人都死光了，再也看不見一個了。因爲他們沒有遇到良醫蕭平實，所以就沒轍。可是遇到了，馬上就看見了嗎？良醫得要動手術啊！而在手術之前有很多準備功夫，然後動手術是最後，手術完了再等他痊癒，拆下綳帶時就看見了！所以「既遇良醫，疾得見色」，這個「疾」字還眞急不來！這個「疾」是有個過程的，是相對於一生都不見色的人，來說「疾」。

接著如來就解釋那個原因了：「如是，無量煩惱藏翳障如來性，乃至未遇諸佛，聲聞、緣覺計『我、非我、我所』爲『我』；若遇諸佛，聲聞、緣覺乃知『眞我』，如治病愈，其目開明。」如來藏所顯示的佛性其實永遠恆常顯示，非常分明而不隱覆，但是如果眾生被「無量煩惱藏」給遮覆了，那就看不見佛性了。就好像白內障，它只是一層薄膜蓋著，患者就是看不見色塵。遇到良醫，把那個薄膜拿掉了，患者就看見了。

所以你們悟後想求見性，我一定要作很多的準備。但這些準備，不是由我來準備，是我來教諸位要怎麼準備。準備好了，然後去到禪三，再精進努力個三天，我就動手了，等於是動手術。動手之後你就能看見嗎？不一定，因為動手之後，你如果還有其他的問題，就看不見了。換句話說，想要見佛性，必定要先把「煩惱藏」除掉。煩惱的聚藏，它是一堆、一團、一聚存在第八識心中，這些種子沒有除掉之前，不可能看見如來藏，更不可能看見佛性的。必須要把「煩惱藏」給滅除了，良醫才能動手術把那個翳障除掉。

譬如說，聲聞、緣覺已經可以出三界得解脫，但是他們對於眞實的我——第八識，還是有所疑惑。能出三界就不得了了，已經成為人天應供，但是他們聽聞 如來說有第八識眞實我，心裡面臆測、思量：「這眞實我究竟是什麼？」推測的過程當中，往往把五蘊這個我的局部或少分當作眞我。有時候也許想：「祂是有一個『非我』的，叫作眞我。」但有時候又把「我所」當作眞我，但他們始終無法明白：究竟什麼才是眞正的「我」？一直要到迴小向大之後，般若義理熏習成就了，如來才會施予教外別傳，指導他們親證這個眞實的我——「如來藏」；這就像一個眼睛有病的人被治癒了，他的眼睛就可以張開，可以有光明。

如來又說：「翳者謂諸煩惱，眼者謂如來性。」那一層遮住患者能見之性的「薄膜」是指各種煩惱的聚藏，名爲「煩惱藏」，而「眼」講的是「如來性」，「如來性」就是「佛性」。請注意喔！這裡說：「佛性無量相好，莊嚴照明。」又說「如來性」，不是講「此經」，也不說是「無名相法」，也不是說「眞我」，而是講「如來性」，這義理是有差別的。但是悟後要如何看見「佛性」？我還得再賣個關子，因爲四種譬喻，現在只講了第一種，後面還有三個譬喻。我們要等這三個譬喻講完了，再來說明怎麼見性。好，請唸下一段經文：

經文：【「如雲覆月，月不明淨；諸煩惱藏覆如來性，性不明淨；若離一切煩惱雲覆，如來之性淨如滿月。如人穿井，若得乾土，知水尚遠；得濕土泥，知水漸近；若得水者，則爲究竟。如是，值遇諸佛聲聞、緣覺，修習善行，掘煩惱土，得如來性水。如瓶中燈焰，其明不現，於眾生無用；若壞去瓶，其光普炤。如是，諸煩惱瓶覆如來藏燈，相好莊嚴則不明淨，於眾生無用；若離一切諸煩惱藏，彼如來性煩惱永盡，相好照明施作佛事，如破瓶燈眾生受用。」

「如此四種譬喻因緣，如我有眾生界；當知一切眾生，皆亦如是，彼眾生界無邊明淨。」

語譯：世尊又開示說：【「猶如烏雲遮覆了明月，月就不光明，不清淨；各種的煩惱藏遮覆了如來性，使得如來性不光明、不清淨；如果離開了一切煩惱雲的遮覆，如來之性清淨猶如滿月一樣。又如有人穿鑿泥土想要造一座井一樣，挖鑿的過程之中，如果還只是挖得到乾的土，便知道距離水還很遠；挖得濕土泥的時候，便知道水漸漸地接近了；如果已經得到水的話，那就是已經究竟完成了。就像是這個道理，值遇諸佛的聲聞與緣覺，修學熏習各種的善行，就是挖掘煩惱土，得到如來性的水。又如瓶中燈的光焰，它的光明不能顯現出來，對於眾生沒有什麼作用；如果把那個外面的瓶打壞，除掉了，這燈的光明就可以普遍地照耀一切。就像是這個道理一樣，種種的煩惱瓶遮覆了如來藏的燈光，這光明的相好莊嚴就不明亮、不清淨，對於眾生就沒什麼作用；如果離開了一切各種的煩惱聚藏，那個遮覆如來性的煩惱永遠除盡，相好光明就可以用來施作佛事，猶如破瓶的燈，它的光明能夠讓眾生受用。」

「就像是這樣的四種譬喻因緣，說明猶如眞我有各種的眾生界；應當知道三界中的一切眾生，全部也都像是這樣，然而那些眾生的法界其實是無邊而且光明清淨的。」〕

講義：前一段經文中說的是「佛性」，然後才以另一名稱「如來性」繼續宣講，而不是像諸經一樣講「此經」，然後又講了「膚翳覆眼」的譬喻，當然講的正是「佛性」。那這一段要講「重雲隱月、如人穿井、瓶中燈焰」三種譬喻。首先來講「重雲隱月」。如果中秋賞月時，來了一片雲遮住了，讓明月若隱若現，月就不分明，光也不亮。如果是整整一方的烏雲來了，你根本看不見明月，也不想看了，你得趕快逃了，因爲雨要下來了。這個道理是一樣的，對一般人來講，他們想看明月時看不見，完全被烏雲所遮覆，他們只想逃雨；所以你告訴他：「佛法是可以實證的，佛性是可以眼見的，但是要努力修行，蠻辛苦的。」他會問你：「那要怎麼修行？」你告訴他：「要修六度啊。」他又問：「六度是啥？」你告訴他：「六度是布施、持戒、忍辱、精進、靜慮、般若。」他聽了：「啊！要布施喔？那什麼叫布施？」你跟他解說了布施，他扭頭就走了。

有的人還蠻誇張的，才一聽到布施，按著口袋就走人。對呀！我弘法早期，有個香港的老人寫明信片給我，他說他最佩服夢參老和尚，又說：「至於其他的法師們開口講到布施，我就趕快把口袋按緊了，立刻就回家了。」他的明信片是這樣寫的，那是差不多二十幾年前的事了，這就是煩惱很濃又很厚重；像這樣的人根本看不見明月，連有明月的事都不信了（編案：猶如二〇二〇年退轉的琅琊閣、張志成等人主張不必修學前五度，只要單修第六度就可證悟般若）。你們進了正覺，聽說正覺可以幫人開悟，這就是相信有明月。然後努力修行，很多年後終於開悟了：「欸！果然可以證悟！」眞的明心了，有的人甚至眼見佛性了，然後就覺得很歡喜：「哈！我這個明心很圓滿了，你看這如來藏全體現前了。多棒！」

就好像眼睛有病，人家醫師手術治好了，拆除繃帶那一天可以看見月亮，偏偏那一天濕氣非常重，那月亮朦朦朧朧的；他因爲是第一次見到，就想：「喔，我看了很清楚，就是這樣。」可是人家也曾看見過完全沒有霧氣的月亮，那才叫看清楚，但他以爲他這樣就看得很清楚了。這是譬喻誰？譬喻已經明心的人。增上班的同修們這時候心裡一定很洩氣：「我都悟了，這麼清楚分明，還說我看不分明！」但我說：「你別洩氣，等你眼見佛性時再來看。」

這就是說，佛性其實就是如來藏的另一面總相。只看見這一面，沒看見那一面就不圓滿了，所以眼見佛性依舊是眞見道。我說看見佛性時仍然叫作眞見道，只是看見如來藏的另一面總相罷了。這時候一定想不通：「明明我看見如來藏就是全體了。而且禪三勘驗也讓我從如來藏的各種面向去瞭解祂了，都現觀過了，怎麼到這裡，您又說只有看見一個面向？」欸！佛法就是這樣，很抱歉！不是悟了就什麼事都沒有。我們一向說了，是悟後事更多。

因爲如來藏祂有另一個面向，如來藏是心體，但是祂有自性，那個自性又叫作「如來性」，或名「佛性」；而那個自性不是以往其他經典裡面所說的如來藏的自性。好在我有跟諸位說過，那個自性叫作「佛性」，就是如來藏的遍行心所法。但是爲什麼看不見？如來說了：「因爲有各種的煩惱藏遮覆了如來性，所以性不明淨。如果離開了這一切煩惱雲的遮覆，這如來之性，也就是這佛性，清淨猶如滿月一般。」這是第二個譬喻——「重雲隱月」。

接著要講第三個譬喻：「如人穿井。」就像有的人在地上穿洞、鑿井，繼續不停地往下挖著。如果所挖的都還是乾土，就知道離水還很遠；挖得了濕的土泥了，便知道水已經漸漸靠近了；如果挖到了水，那個井才算是究竟完成。同樣的道理，遇到了諸佛的聲聞、緣覺，還得要再修學熏習各種的善行；他們要修學、要熏習什麼善行呢——六度萬行。沒有不修六度而得明心的人，假使眞的有這種人，一定不久便退失了。

如果有的人六度顯然還差很多，而說他自個兒開悟了，甚至宣稱進入第幾地了，佛法中沒有這種事兒！所以，即使已經是聲聞、緣覺聖人了，如果不值遇諸佛，他們不會懂得如何修學和熏習六度萬行。那麼修學、熏習六度萬行，目的是爲了什麼？目的就是「掘煩惱土」。這時候一定有人想：「欸！這可怪了！聲聞、緣覺都已經可以出三界生死了，怎麼還會有煩惱呢？」有啊！煩惱多多！只是他們不知道什麼煩惱而已。

諸位設想一下，聲聞、緣覺以往沒有修習菩薩道的六度，現在要他從頭開始修。假使他以往沒修多少善行，那他這一世能否作布施呢？很難啊！因爲他沒有資財可以布施，乃至未到究竟位之前，心中對財物也會有些許放捨不下，那最多就是作無畏施。可是有佛法住世的時候，能接受他作無畏施的人能有多少？他最多就是作二乘菩提的法布施。所以，不能作財施的時候，他心裡面會不會有煩惱？會啊！他會想：「**我財物匱乏到這個地步。**」心裡面就起煩惱。他得要再好好去修集福德，因爲他想要明心——要證得無餘涅槃中的本際，必須要六度具足才行。假使他往世很少布施，這一世能作的財施就很有限。不要懷疑喔！因爲聲聞、緣覺不是每個人都有大福德。

所以，有人每次托鉢總是滿滿回來，還可以分給師兄弟，有的人常常空鉢而回；他都已經是阿羅漢了，卻是常常空鉢而回，那是因爲他往世很少布施。後來布施終於解決了，持戒應該比較好辦吧？對呀！他都已經有具足戒、道共戒了，可以出離三界生死，持戒還有什麼困難？但其實還是有困難！因爲想要開悟證眞如，他必須要具足圓滿的菩薩戒。但是受了菩薩戒，一受永受，永遠不許入無餘涅槃；他知道了這一點，覺得恐怖：「**我要是世世再受生流轉，萬一哪一世忘了解脫道的修證，那不死定了嗎？**」他怕來世有胎味之時，萬一造了惡業，那就是長劫不復，害怕呀！那他敢受菩薩戒了嗎？縱使他勉強受了，心裡面也是很猶豫，所以那戒體是不滿足的，這也是他的煩惱。

那麼同樣的，修忍、修精進、修靜慮，對他而言都是煩惱，因為要證得這個如來藏，有許多的知見需要修學；這些法還沒有具足修學以前，悟後一定不信，又會退轉。在修學的過程中，阿羅漢總是一堆煩惱：這個也聽不懂，那個也聽不懂，都只能想像，所以他要作靜慮的時候，百思不得其解；就像你們在參禪時一樣，那是不好過的日子。終於把如何靜慮的法修學好了，般若也好好熏習了，該學的八識論等正知見建立起來了，這才有因緣可以證悟明心。

所以聲聞、緣覺迴小向大，不是馬上可以證悟的，他們一樣要「修習善行」。在這個修習善行的過程，就是在「掘煩惱土」，要把那修行過程中的各種煩惱全部滅除，到最後才可以得「如來性水」，他才可以證悟明心又眼見佛性。那麼這時候一定有人想：「這太棒了！我已經明心了，那表示我要見性就很容易了。」沒那回事！雖然我把一百零八顆明珠的目標懸在那裡，諸位都知道；但那是目標，我有這個意願；但諸位得要悟後繼續「修習善行」，以及「掘煩惱土」，否則想見佛性，我也無可奈何！

再來說第四個譬喻：「瓶中燈焰。」如來說：「猶如瓶中的燈，它有火焰，但是被瓶子遮住了。」不管它是瓷瓶或者陶瓶，除非那個瓷瓶做得很薄，否則光不會透出來。古時有錢人家用瓷作燈的罩子，那是有錢人家才辦得到，因爲那個瓷得非常薄，而且是純白色，當然要賣得很貴；可是一般的瓷像碗那麼厚，你在那個瓶子裡面點了燈，光透不出來。就像這樣厚的瓷瓶或者陶瓶，裡面的燈雖然有火焰，可是光明顯現不出來，那就不能照明，對眾生就沒用了！

點燈一定是有光明可以照耀，然後晚上也可以拿著到處走動，有作用；如果燈點了以後沒有光明，那就沒有燈的作用。譬如你去買電燈，老闆告訴你有一盞點不亮的燈，你會去買那個不亮的電燈嗎？一定不會！不亮的電燈你根本連看都不看，還買？道理是一樣的。所以一定要讓燈的光明可以照耀，才有照明作用。所以 如來說：「若壞去瓶，其光普焰。」如果把外面那個瓶打碎，也把那些碎掉的瓶都除掉，裡面原有的燈光就四射照耀。同樣的道理，各種煩惱的瓶子把如來藏燈遮蓋住了，這個如來藏燈的「相好光明」、祂的「相好莊嚴」的「佛性」就不光明也不清淨，對於眾生就沒有作用了。那麼這個作用，我們待會兒再來談。

如來說了：「如果離開了一切的煩惱藏，那個遮覆如來性的煩惱永遠滅盡了，相好照明就可以用來施作佛事，猶如破瓶的燈，眾生可以受用。」那爲什麼煩惱要叫作「藏」？因爲煩惱往往是一團又一團、一聚又一聚。煩惱不會是一絲又一絲，都是一個積聚，聚爲一團、聚爲一聚。所以「貪」是最大的一團煩惱，「瞋」是稍微小一團，無明呢，無明不算團，無明叫作無知，嚴重的無明就是無理取鬧。那麼這一些煩惱裡面又分成一團、一團又一團；很多的煩惱聚在一起，成爲一個欲界的「貪」；或者很多的煩惱聚在一起，成爲一個欲界的「瞋」，加上色界的「瞋」；所以煩惱是一團又一聚的，這樣就叫作「煩惱藏」。

「藏」的意思是說它潛藏著，遇到外緣的時候就會顯現出來，平常看不見。你平常看見自己的「煩惱藏」了嗎？沒有啊！如果沒有人來招惹你，根本不會現前。如果有人來招惹了，「瞋」這個煩惱藏就現前了。如果有人拿了一個美好的東西來誘惑你，「貪」這個「煩惱藏」就會現前。如果都沒有呢，就不會現前，所以叫作「藏」。如果離開了一切「煩惱藏」，說遮住「佛性」的「煩惱永盡」，這話是不是有點兒奇怪？佛性怎麼會跟煩惱附和在一起呢？但我告訴諸位：「**佛性跟所有煩惱同在一處。如果不是佛性，這些煩惱也不會現前。**」我剛剛跟諸位講了，佛性其實就是如來藏的五遍行；沒有五遍行，你的煩惱還能現前喔？欸！這就有道理了，不必懷疑！

但是「**掘煩惱土**」這件事透著奇怪了，因爲明心之前不就很努力斷煩惱了嗎？三縛結也斷了，又努力修六度萬行，明明煩惱斷很多了，爲什麼要求見「**佛性**」時，還要再斷「**煩惱藏**」？你放心！這個斷「**煩惱藏**」不教你斷煩惱，只要你作功夫，因爲這種煩惱不是一般的煩惱，這種煩惱已經深細了；你只要作功夫就好，把看話頭的功夫作夠了，那煩惱就消失了。也許有人問：「**那到底是什麼煩惱？**」我告訴你：那個煩惱不是貪、不是瞋，也不是癡，但只要你把那些煩惱除了，眼見佛性就容易了，而斷這些煩惱的方法就是「看話頭」，沒別的方法。隨著看話頭功夫的演進，到後面見山不是山的時候，心性就跟著轉變了。轉變了心性，就表示你的煩惱除盡了；不是全部煩惱，而是十住位之前應該斷除的煩惱。這些煩惱除盡了，就表示這些煩惱不再跟你的「佛性」連結在一起，就脫開了，煩惱消失了，剩下的就是你的「佛性」。這時候，我動手術就簡單了，輕鬆愉快！點一下、戳一下就解決了；不用在那邊動刀流血，弄得滿身大汗！都不用！這時候一旦見性了，分明現前！

這時也許有人會問我：「那麼看見佛性跟斷煩惱有什麼關係？」我說：「當然有關係。」我一定要問他：「你現在看見佛性了，那我問你：『你當下看佛性時，跟以前看話頭是不是一樣的境界？』」這一看，啊！果然一樣！然後就是後腦杓一拍說：「啊！怪不得要叫我看話頭。」見的方法眞的是一樣啊！差別只有一點，就是以前只看見話頭，沒看見「佛性」，而現在看見「佛性」了！

說到這裡，諸位一定覺得很玄。確實是玄！因爲你沒看見；等你看見了，覺得很新奇、很有趣、很妙！可是說不出個所以然哪！所以有時候我會作弄人，某人看見「佛性」了，我會問：「那我問你：『佛性到底是什麼？』」他會把那個答案答給我。我說：「我不要這個答案！你說說，佛性的本質究竟是什麼？」又講不上來了，因爲對「佛性」的本質還沒有深入瞭解。所以你說，佛法是那麼淺的嗎？絕對不是啊！就好像俗話說的：「一山還有一山高。」又說：「人外有人，天外有天。」真的如此啊！

還沒有到成佛之前，都沒什麼可以傲慢的。可是成佛了就可以傲慢嗎？成佛後完全「無我」，怎麼還會傲慢？可是不懂的人就說：「你看，如來在經裡面，說那個也是外道，這個也是外道，一天到晚罵人外道。」可是那外道二字只是個形容詞，不是罵人！有時候我說：「那某某人是佛門外道。」那也只是個形容詞。你們看我講經，曾經怒氣填膺罵人嗎：「他也是外道！」有沒有？沒有啊！倒是剛才這一句罵人的模樣，我表演得很像。所以見性之前，就像如來說的：「相好莊嚴則不明淨，於眾生無用。」這表示什麼？表示見性之後是有作用的，但是這個作用有層次差別不同。十住菩薩眼見佛性之後，智慧上跟以前明心有所不同，談到「佛性」的部分他會懂，那明心的人就聽不懂了。可是問到他說：「那你這個佛性能作什麼？」想一想，好像也不能作什麼呀！對！十住菩薩眼見的「佛性」，確實也沒辦法作啥，只能夠看見，拿來欣賞欣賞，賞心悅目。有時談起「佛性」來，明心的人好羨慕，就是看不見。可是他自己又覺得，也沒辦法拿來幹嘛。

所以　世尊說：「**十住菩薩眼見佛性而不了了。**」原因在這裡。其實縱使看得很清楚了，如來依舊說：「**十住菩薩見不了了。**」但是到了入地之後，就會有作用出現，會跟眾生心感應。所以如果不用定力把祂收攝，這「**佛性**」不停地去運用、不停地流注，結果呢，眾生哭，他也跟著哭；他心裡根本不會難過，可是他會跟眾生一樣流下眼淚來；眾生笑時，他會跟著笑，可是他沒有想要笑，但眾生正在笑，他就跟著笑了。除非用定力把祂掌控住，否則就會這樣，會跟眾生感應。所以如果眾生心也是專精一意的時候，他就會感應到：這個人往昔有什麼惡業，那個人往昔有什麼福業。所以禪三小參的時候，遇到個男眾，我都不想幫忙；因爲那是往世的老爸，對我很兇，表示他的煩惱瞋還很嚴重，就讓他來五次禪三才悟，最少要五趟才幫助他。對啊！就是這樣，因爲會感應；如果他是散亂心就感應不到，這就是「用」。

那麼諸地越往上，那個「用」越明顯，但十住位就只能看見，不能用。所以這「**眼見佛性**」是有層次差別的。然而凡夫的見性是怎麼回事？都是在六識上面運作，把六識的自性當作「**佛性**」，所以都會跟貪、瞋、癡、慢、疑相應。上座入定時，他覺得輕安；才一下座，馬上就跟貪、瞋、癡相應，那就是凡夫眾生所知的「佛性」，因為只是那六識的自性。假使不幸的，他的遍計執性很重，那他所謂的「佛性」，就像一位大法師講的：「清清楚楚、明明白白、處處作主。」有沒有？都聽過了！他要處處作主，那就是凡夫的「佛性」。

那麼到如來地時，不是只有智慧解脫，也不是只有像八地菩薩一樣於相於土自在；岔個話題說，其實那個於相於土自在呢，只是因為他能對「佛性」加以隨意運用的功德。至於成佛的時候，那「佛性」怎麼運用？是祂的前五識就生起了成所作智；此時前五識也可以跟眾生直接相應，於是八識心王的每一識都可以這樣。而且佛地八識心王的一一心所法都可以單獨運作，你能想像嗎？妙覺菩薩都不能想像。所以諸佛如來有十地，就是有十種境界，妙覺菩薩根本無法想像，那也是由於佛地的「佛性」而引生的。

所以見性前得要掘掉那些乾土，叫作「掘煩惱土」。可是「掘煩惱土」要在各種善行上面去修習，因此如來說：「十住菩薩見性有三個條件：定力、慧力、福德三種莊嚴。」這三種莊嚴缺一不可。有的人會覺得說：「我看某某師兄，他好像也沒有修多少福德，可是他就見性了。」問題是：你有看見他往世修了多少福德嗎？對了。所以，福德不是只看這一世，有時候是往世修得的。但是我如果告訴你說：「你的福德還差很遠！」就不用跟我爭辯，一定相差很遠！因爲我的直覺不會差到哪裡去，我用我的「佛性」去跟你感應出來，我告訴你缺了福德，那就是缺了！你就趕快去補修。這一世能不能補足？不知道！就看你。那其他兩個條件呢？咱們下回分解。

《大法鼓經》上週我們講到三十一頁第一段最後一行，好像講到「佛性」的眼見需要的條件。是不是？對喔！好像講了福德；但是那福德，我還想補充一點。那個福德的範圍很廣大，不是只有在正法的資金護持上，或者體力、勞力的護持上，還包括性障的伏除。如果性障深重的話，想要「眼見佛性」就很困難。爲什麼這樣講呢？因爲「眼見佛性」的位階，是要高於第七住三個位階的。在第七住位的實證條件裡，就包括了忍辱度有沒有修好這個問題，這跟性障有關。但是第十住位，是再超過一大阿僧祇劫的十分之一，因爲又是再進三個階位，那當然性障的伏除必須更好。

這時一定有人會想：「七住明心，那是已經把前六度修學完成了，所以可以證悟啊！那他的忍辱度應該修得很好才對。」假使有人這樣想，我都贊成，百分之百贊成，但是緊接著同一個人又會想：「可是我看某甲同修性障好像還很重呢，雖然他都悟了好幾年了。」有沒有人這樣想過？有！你們自己都說有了。但是我要聲明一點，雖然也要壓一壓，但是也不要壓到妄自菲薄；因爲以前總是有人跟我們唱反調，說我們明弘禪宗、暗貶禪宗，然後他們主張開悟了就是入地。我主張：「開悟了只是第七住位，離初地還遠著咧。」那他們說我暗貶禪宗就是在這裡。我說悟了只是第七住位，那他們說悟了就是入地；這就要看他們有沒有入地的本質，顯然還差很遠！不說入地的本質，他們連第七住位明心的本質都還沒有！因爲那個見地不眞，而且慢心高漲、性障深重！但我們增上班現在有五百多位了，其中也有一小部分人讓人感覺就是性障很重。

可是我要跟諸位點一下的就是：增上班的同修們大部分是我拉拔的，不是自己走上來的，所以你們不要用七住滿心位的功德來要求他們，因爲他們還只是第七住位的入地心罷了，都還沒進入七住的住地心中。但我建議諸位：假使哪位增上班的同修或幹部頤指氣使，講話很不客氣，你可以跟他點一下：「你不是開悟了嗎？別把增上班同修的臉丟了！」點一下，從現在開始。因為我弘法以來，一直都奉行四攝法，那如果增上班的同修而又兼任了幹部，卻不能夠奉行四攝法，我覺得他好像有點在跟我唱對臺戲，依照古時候的說法，這叫作「不肖」。「肖」的意思就是很相似，如果是我的弟子，那就要跟我很相似，我從來不疾言厲色，這樣才算「像」啊！「很像」才叫作肖，肖有這個意涵。所以不像父親、不像母親，那就叫「不肖」，就是這樣。

這意思是說，都是我拉拔上來，因為我要用人；假使我要對每一個人都考覈他忍辱度有沒有修好，才幫他開悟，我到什麼時候能復興佛教？所以有這個背景在、有這個前提在，那諸位也要互相包容一下。那你也別老是咬著他這個辮子，就說：「你以前什麼時候還對我那麼兇。」都幾年前的事了，還咬著不放，那也不好！因為他得修忍辱，要奉行四攝法，你同樣也得修啊！所以跟他點一下就好，別老咬著他幾年不放。這意思是說：「明心時就需要把『忍辱』修好，如果忍不能修好，那麼他能夠進入增上班，憑的是他努力作事，讓我看見了，把他拉拔上來，但是悟後要繼續修『忍』。」等於下面的基礎沒有完全打好，那麼一樓蓋起來了，地基就要趕快補；已經蓋了一樓就趕快補，不要等它垮了！垮的意思就是退轉。

見性這一關並不是所有地上菩薩都能看得見的，所以 佛說：「善男子！如是菩薩，位階十地，尚不了了知見佛性，何況聲聞、緣覺之人，能得見耶？」（《大般涅槃經》卷八〈如來性品第四〉）所以說福德是函蓋很廣的範圍，因此性障的伏除也是福德的一種，特別是想要求證「眼見佛性」的同修們，這部分還必須要再加強，而且要加強很多倍；否則縱使見了，將來也是朦朦朧朧，似有若無，「見不了了」。所以有關福德要特別補充說明這個部分。

那見性的第二個條件，就是定力。這定力，基本的就是動中的「未到地定」，但不止於此。未到地定的定力，主要得是動中的定力，靜坐得來的定力在求見佛性時使不上力；靜坐得來的未到地定，下座半個小時大概就散了。可是你的見性呢，不是坐在那邊永遠不動而看見的，而是四處晃都可以看見，從早到晚都得是如此。而這個定力，它含有兩個部分：第一個部分就是動中修來的很好的未到地定，第二個部分那就需要去看話頭。如果有很好的未到地定，但看話頭功夫沒有作好，也難看見；因爲這佛性參出來之後，看見佛性了，你會發覺：跟看話頭是一模一樣的，差別只在於有沒有看見佛性。那麼這個定力，也就是看話頭的功夫，該作到什麼地步才算數？我不能公開講，講了，就沒辦法判斷你的功夫到了沒？因爲有很多人會拿來套，把我講過的拿來講說：「我現在是怎麼樣了。」過幾週又來講：「我現在又怎麼樣了。」其實並沒有那個功夫，我聽了當作是眞的，加以引導之後，他就無法見性了。

以前我們早期共修，有一位師姊很厲害喔！我今天晚上說了初禪，她明天早上就有初禪；我今天晚上說了什麼功夫，她明天早上就有那個功夫。不論我說了什麼智慧，她明天早上就有。那她爲什麼還會退轉？因爲是自欺欺人的。所以這看話頭的過程、以及我所要的那些狀況是否都出現了，這我不能講。到底是什麼樣的狀況、又什麼樣的狀況出現了才算數？這不能講，這要留著讓我來勘驗諸位的功夫到位沒有。當諸位這些狀況都出現了，我要的都有了，那就可以報禪三了；否則，去到那邊是浪費生命。因爲我在禪三時那麼忙，還得要花時間來照顧他呀！

所以有件事也得講一下，以前早期因爲有個人蠻用心護持，我就讓他上山求見性；見性這一關他連著上山七次，但我終究沒有引導他。後來他跟楊先生走了，聽說他私下抱怨：「導師都不肯幫我引導見性！」所以他很生氣：

「我都上了七次還不引導我！」問題是，他在大殿上拜佛時，我一看就知道沒有功夫啊！看拜佛就知道了，一點功夫都沒有！我如果引導了他，這一世就是成爲解悟，絕對不可能看見佛性。我沒引導他，這是爲他保留見性的機會，結果他抱怨我這一點，自己卻從來不想想看：有誰可以報名見性連上七次禪三的？那這幾年我改變方法，你一定要先把看話頭的功夫隨時來跟我報告，有進展就來報告，當我要的狀況都出現了，然後才准你報名見性。

那麼這「看話頭」的功夫好像也沒什麼，諸位禪淨班畢業時就會看話頭了，可是那裡面的功夫會日漸增長，漸次轉進；要到那個地步時再來引導，才可能看得見「**佛性**」，這就是第二個部分「定力莊嚴」。那如果有的人沒作看話頭的功夫，他宣稱有二禪的定力，自認爲應該可以看見佛性，我卻必須把他打回票；因爲要見性，這定力得在「初禪」以內，定力太深也看不見的（編案：《大般涅槃經》卷三十〈師子吼菩薩品第十一〉：「善男子！十住菩薩，智慧力多，三昧力少，是故不得明見佛性。聲聞緣覺，三昧力多，智慧力少，以是因緣不見佛性。」）。如果有三禪、四禪的功夫，也看不見，還是得回頭來作「看話頭」的功夫。那不管誰來宣稱他有二禪的功夫，我都說：「**他最多只有未到地定**，不是眞正二禪的功夫。」沒有初禪的功夫，突然就出現了二禪！第一碗飯沒有吃呢，就說他吃完了第二碗飯；天下就有這種人！所以打從我弘法以來，宣稱有初禪的、二禪的、三禪的、四禪的，全都是假的，沒有一個經得起考驗；這是兩岸佛教界到目前爲止的狀況。所以想要見性，這看話頭的功夫得要按部就班，每天去修練、去練習，作到我要的那一些狀況都出現了，才准報禪三求見性。

那眼見佛性第三個條件就是「慧力莊嚴」。這慧力也有兩個部分，第一個部分就是對於佛法的內涵，特別是見道位該有的內涵，得要能夠觸類旁通；單單是眞見道位的智慧，不足以求見性。換句話說，你想參究出「佛性」的名義，必須要知見夠，還加上見地也夠，否則保證你參不出來。以前總是有人突然來小參，對我講了一些法義，我就想：他應該是來報告看見「佛性」了。那我就問了：「你認爲這是看見佛性了嗎？」有的人比較客氣，說：「我不敢說這是看見了，希望老師您給我勘驗看看。」我說：「你這麼講，不就是表示自己已經看見了嗎？」那有的直接就回答：「我想我是看見了。」

問題是看見了什麼？看見了如來藏的自性，當作是眼見「佛性」啊？我總是說，關於見性我講多了，有佛教史以來，沒有祖師像我講這麼多的。如來藏的自性，是可以從別人身上看見，也從自己身上看見，但沒辦法從山河大地上看見哪！「佛性」卻可以從別人身上看見，也從自己身上看見，但是看見如來藏的自性時，是可以在別人身上看見對方的自性，但不能看見自己的；眼見佛性卻同時可以從別人身上看見自己的「佛性」，這顯然跟看見如來藏自性，大不相同，不能等視齊觀。

所以慧力再怎麼好，想要自己參出「佛性」的名義，眞的很難！假使悟後很努力地在如來藏的自性上面去觀察，那其實只是六祖所講的見性，不是《大般涅槃經》講的見性；也就是禪宗祖師所講的見性——看見如來藏具有能使人成佛的自性，那不是《大般涅槃經》講的「眼見佛性」。證悟之後，去參究如來藏的自性而想要見性，那是浪費生命，永遠參不出「佛性」的名義來。如果知見和見地不夠深廣，我引導的時候，他再怎麼樣都參不出來，所以那個慧力是不一樣的。因此，千萬不要今年剛明心，明年就要報名見性，沒這麼容易啊！

不但如此，這見性所需要的慧力，還有另一種慧力；那個慧力不是在講經、說法裡面去聽聞、熏習得來的，而是要在利樂有情之中，產生了很多的方便善巧；這種慧力日漸增長到了一個地步，才是我要的慧力。這不是每天聽經、讀經、觀行所能得來的，這是要去爲眾生作事，從那裡面產生的工巧明；由這個工巧明而產生了另一種的慧力，那個慧力我就不方便明講；要這樣具足兩種慧力，才算是見性的因緣足夠了。那麼這三種是「**眼見佛性**」前必須要具足的莊嚴——福德、定力、慧力，缺一不可。

上週我也講過，我剛開始弘法時，心想：「**大眾看起來沒有比我笨，我這樣就看見佛性了，大眾應該跟我一樣都可以看見。**」什麼時候應該看見呢？參出「**佛性**」的名義時，就該看見了。我最初剛讀了《大般涅槃經》，看到如來說要有這三種莊嚴時，我想：「**定力、慧力這兩種莊嚴我同意，完全接受，可是幹嘛要有福德莊嚴呢？**」我自己想：「**這一輩子在修學佛法之後，努力護持正法，也不過花了一百多萬臺幣就見性了。**」不是人民幣，別誤會喔！是臺幣！那時連正覺同修會都還沒有成立，我想：「**我不是花了很多的錢去修集福德。要說護持正法、爲正法作事的福德，我也只有作了不到五年。**」雖然在人家道場裡面的禪坐會中，當上了知津組的組長，就等於我們現在的教學部的部長，但是又有不同；因爲那知津組組長是要教學的，我們教學部的部長不用說法教學。那我想：「這樣福德也不大呀，這樣就可以見性了，爲什麼需要有很大的福德莊嚴？」不太相信！可是後來度眾的結果，發覺有很多人定力、慧力都非常好，而且我要的另外那種慧力也有了，可是他們就看不見「佛性」。我一直推究其中的道理，推究到最後，沒有別的道理，還是只有如來講的「缺了福德莊嚴」，以外推不出什麼道理來，最後服了，那已經是我度眾十年後的事情了。

「十年」是什麼時候？民國七十九年，就是一九九〇年，到現在二〇一八年；一九九〇後的十年就是兩千年，就是到公元兩千年時，我完全信受 如來講的：「**眼見佛性必須還要有一項福德莊嚴，不是單有定力、慧力的莊嚴就夠。**」所以延續上週講的，我把求見「佛性」的人應該要具備的三種莊嚴都具足宣說了，那麼想要求見「佛性」的人就得努力。重複一遍：定力莊嚴、慧力莊嚴、福德莊嚴，三者缺一不可。至於定力夠了或者還沒，由我來判定；福德夠了沒有？我會去感應。如果你心思散亂，我感應不到；並且還要加上這一世，爲眾生、爲正法作了多少，我來判定。那麼我認爲可以報名了，你再報禪三，教學部等六部都審核通過了，上山去再拼四天的功夫。

這兩段經文，正好是講「**佛性、如來性**」，跟前面講的如來藏有差異，所以這部經叫作「**大法鼓**」，把第八識的兩個層面都函蓋具足了。那你要解釋這個「**佛性**」，很難！因爲這是唯證乃知的事，悟了如來藏也沒辦法聽懂。沒有看見「**佛性**」的人，也不能坐上來瞎扯淡，因爲人家看見的人，聽到你一句講錯了，馬上會私下來抗議：「**欸！老師啊！您這個地方講錯了吧？**」因爲我們現在有十幾位眼見佛性的人了，這眞的不能夠信口雌黃。

所以以前有位離開的老師，後來他宣稱說自己看見「**佛性**」了；我們有位親教師一看他寫的文章，就說：「**他那個根本不是見性！**」那他一直要爭執，我們親教師乾脆就寫了文章跟他說明，爲什麼你這個不是看見「**佛性**」。所以這個矇不了人的！有看見，就是有看見；沒見，就是沒見。而且「**佛性**」這一關很奇特，這一引導出來，有看見的話，那就是看見了；沒看見的話，把眼睛睜得再大，像牛眼一樣也看不見，而且這一世就看不見了！就像玩牌九（我不曉得牌九怎麼玩？我沒玩過），不過據人家說：「**牌九就是一翻兩瞪眼。**」有與無就這麼「一翻」就確定了；以後再把那三個條件修補起來，也沒有辦法看見「佛性」了，所以這一關很奇特。換句話說：這三個莊嚴必須同時具足圓滿，如果缺了其一，參出來「佛性」是什麼了，絕對看不見！然後再趕快去把不足的「莊嚴」補上來，一樣是看不見。沒有用！所以這一關很奇特。因此我要保護大家，如果沒有七成以上的把握，我都盡量不動手。不動手，不代表沒機會，因爲若是自己參出來的，很有可能會看得見。如果有九成把握，我直接就動手了，就把他引導出來。如果只有七成，或者甚至於有時候只有六成的把握時，我根本不敢動手；我會讓他自個兒參，也許他參出來時就看見了；雖然看見的時候會是依稀彷彿，就像南泉講的那句話：「時人見此一株花，如夢相似。」打從他講這一句話以來，沒有人知道他在講什麼；可是你如果見性了，度眾生「眼見佛性」的經驗多了，你就知道他在講啥。時人，就是當時的人，看見這一株花；花是看見了，看來看去就是花，但「佛性」在哪兒？就是知道「佛性」的名義了，但是無法眼見。

那你看古來禪宗祖師講出的話，能跟「眼見佛性」的道理相應的，找不到十二個人，湊不足一打人！所以這一關不是容易的事！但我總是要盡量把這道理說分明，讓諸位心裡有個底，知道自己悟後該幹嘛，以及悟後不該幹嘛。所以還要回到我一開始講的那個「四攝法」，因爲心性的調柔和「眼見佛性」息息相關。如果腦筋鬼靈精怪、使心眼、記仇不忘、脾氣又暴躁，一點忍辱行都沒修，這樣的人是不可能看得見「佛性」的。這一些算是我的肺腑之言，是爲諸位、也是爲我而說，不然我這一百零八顆念珠，現在只有這麼十幾顆，什麼時候湊得齊？所以諸位也得用心，不能全部都看我。我只有越老越醜，沒啥好看的！諸位要自己加油。

這一段講完了，接著說：「如此四種譬喻因緣，如我有眾生界；當知一切眾生，皆亦如是，彼眾生界無邊明淨。」像這樣的經文，那些六識論者要如何解釋呢？他們怎麼想也想不通的。想要依文解義吧，連依文解義都講不通，那你說，他們怎麼可能信受呢？當然不會信受。既不信受，乾脆一竹篙把大乘經打翻了說：「這不是佛講的，這是後人創造的。」不幸的是，他們這麼推翻之後，沒想到會出現了個蕭平實，既知如來藏，也知佛性而眼見了，活該他們倒楣！又正好現在臺灣是可以百花齊放的時節，是該我出來講話了，證明大乘眞是佛說，所以他們眞的是倒大楣。

回到第一句來：「如此四種譬喻因緣」，就是「膚翳覆眼、重雲隱月、如人穿井、瓶中燈焰」，以這四種譬喻的因緣爲大家說明：確實有一個眞實的我。這個「眞實我」有兩個層面，第一個層面就是第七住菩薩開悟明心的內涵，另一個層面就是十住菩薩「眼見佛性」的這個證悟內涵。雖然同一個第八識心，卻有兩種見道的功德。在「眼見佛性」之前，證悟後在增上班修學增上慧學，瞭解如來藏更多的層面。但是修學起來，說八識心王各個都有五遍行心所法，那也只能領會。那五遍行心所法祂是怎麼運作的？都是用比量思惟，都是從明心的現量觀察再加上比量思惟去瞭解；等到見性的時候，才知道原來如此！這五遍行就是這樣運作的，跟七識心的見聞覺知同時同處，卻不是七識心的見聞覺知。「啊！原來佛性眞的可以眼見！祂就是這樣運作的喔！原來『了眾生心行』是由這個來了的！」這時就知道了。所以在第十住位「眼見佛性」時，可以幫助將來相見道位的功德提早完成，但前提是要有大善知識的說明。所以說，在十住位先見性就是有這個功德。

那麼話再拉回來說，這個「佛性」「如人穿井」。剛才說，想要「眼見佛性」一定要先作好看話頭的功夫；就好像穿井一樣，我看著你在挖井，我說：「現在泥土有一點點濕了，不是全乾。」我的意思就是說：「好！你繼續看話頭。」過一段時間來報告有不同情況時，我說：「欸！現在這個土已經變泥了。」我就說：「好！你繼續看話頭。」有的人說：「那我是不是要改方法？」我說：「都不用！你就像以前那樣，繼續看！什麼事都不用管，就單純去看。」我看得出來，現在已經變泥了，而你自己不知道。我說：「水快要出現了，繼續看話頭！」看到有一天，其實水已經出現了，你不知道，我知道；我就說：「這時候可以引導了，上山吧！」這一引導出來就看見了。「啊！原來是這個喔。欸！這是以前都在的啊。」對呀！以前都在，但是你看不見啊！如果這「佛性」是以前不在的，那就是生滅法了，當然是以前都在的，但以前為什麼你看不見？

這時候也許突發奇想，心裡說：「搞不好我不用看話頭，那時候引導出來，我就看見了。」我保證百分之百看不見，因為剛挖井那時還是乾土。所以這看話頭的功夫，鍛鍊定力的過程「如人穿井」，一點兒都沒有違背，這個譬喻說得真好！那麼在那之前引導出來，一定看不見的，因為「膚翳覆眼」，慧眼都被遮住了，根本看不見。那麼繼續努力一段時間了，剛開始那一段時間，其實已經有一點點隱隱約約的消息，那叫作「重雲隱月」；但是必須要透過「**如人穿井**」那個過程，挖到溼泥之後繼之以水，最後引導了才能看見。引導了的時候，就是我幫你把外面那個罩著燈焰的煩惱瓶打破了，突然就看見了。你看 如來講的這四個譬喻眞好！就是講「**佛性**」；那就是一剎那間，當下就看見了。

所以，二〇〇四年出版了一本書，叫作《眼見佛性》，游老師寫的那一本。我還特地把一個女眾（跟著楊一半退走的那位女眾，她的見地不是很好，但福德好才能看見佛性），故意把她的見性報告放進去、刊出來，我看楊一半要怎麼否定見性的事？那是跟著他離開的人，而我故意把她刊出來。我這樣作事眞的不合常理，但我就要看他怎麼**否定**見性的事。因爲他否定說：「**明心就是見性，佛性不可能肉眼看得見。**」我就偏偏把她的報告登出來，你再否定看看！

那一次，她的見性是在哪裡？那個女眾叫甚麼名字啊？現在都忘了！喔！是邱□鳳！那是在貢寮那邊租了慈願寺時引導她看見了。看見佛性以後，我說：「**我給妳看個好東西。**」引導她到車子旁邊，我看見車門停了一隻蛾；我就用竹如意輕輕地、很慢地去碰牠。碰到了，牠突然飛起來，她當時很激動說：「天呀！這麼好！這麼美！」她覺得很驚訝：「唉！這麼清楚！」那是不是「如破瓶燈」？當下整個把她激發出來。有的人被我引導出來以後看見「佛性」了，沒怎麼樣；我叫他去沖熱水，要他從頭頂沖下來，去洗澡！所以以前禪三到最後一天，我都會叫護三菩薩先去燒熱水。以前從來沒見過的，一直都存在的「佛性」，突然間，遍六根具足圓滿！這時候才知道：「喔！如來藏還有這個面向，以前都不知道有這個層面！」

那麼以前看不見「佛性」，也沒什麼奇怪的，因為「膚翳覆眼」、因為「重雲隱月」啊。開始鍛鍊看話頭的功夫了，叫作「如人穿井」；最後把那個無明殼打破了，就是「如破瓶燈」，光明突然間就照耀出來，「佛性」就看見了。所以 如來說了這四種譬喻因緣，說得太好了，再也沒有更貼切的說明了。但是這個「佛性」是眾生各個都有，不是修來的，是每一個人都有！假使你見性了，我剛剛舉示那個例子，那蛾在車門上突然飛起來，「唉呀！這麼分明！」甚至於你看見了一條蜈蚣爬過來，都會說：「哇！牠的佛性也這麼分明！」不只是如來藏分明而已。可是為什麼以前就看不見呢？因為那三種莊嚴還沒有具足啊；那時就是「膚翳覆眼」、就是「重雲隱月」，一層又一層的雲遮住了，根本看不見。所以悟了以後要努力穿井，就是看話頭的功夫要更努力去作；由看話頭的功夫不斷地深入，到了三種福德莊嚴成熟，我有八九成的把握了，那我就下手。這時候，就像把那個燈外面的瓶打破了，突然間，遍山河大地、遍虛空一切都是「**佛性**」！這很奇特吧？

你明心的人沒有辦法看見說：「**噢！遍山河大地都是我的如來藏！**」沒辦法啦！自己的如來藏還是在自己身上，不在山河大地上。可是見性的人可以遍虛空、遍山河大地都看見自己的「**佛性——如來性**」，所以這個「**眼見佛性**」絕對不是明心開悟的境界。那麼想要看見也簡單，就是把這三個莊嚴好好作來；把三個莊嚴都作好了，這就是我採收的時候到了，收成了，這時候就是「**如破瓶燈**」，只要我幫他把覆燈的瓶打破了就行。

因此說「**佛性**」一直都在，可是凡愚一定看不見，必須要這一些條件具足了，我才有辦法幫你把瓶子打破，讓燈焰顯現出來；如果這一些條件還沒作好，我幫你把那個瓶子打破了，那瓶子裡面還有三層的瓶子遮著，也沒用啊！這個道理就爲諸位具足說分明了。這個見性沒有絲毫取巧的地方，要賣人情也賣不來。假使這三個條件不夠，瞿曇老爸來加持了，我也幫不上忙，眞的沒辦法！所以這就是諸位自己要作的。

那麼從這四個譬喻因緣就可以瞭解，「佛性」其實本來就在。那這「佛性」跟如來藏是一體的兩面，就好像一張紙一定有兩面，紙沒有辦法只有一面。你明心看見了這一面，但是背後那一面得要見性了才能看見；這樣兩個層面都看見，眞見道的功德就圓滿了。可是這個道理古來沒幾個人知道，能詳細說出來的絕無僅有，所以我是僅有的一人。可能以前祖師也有詳細說過的，但是沒有記錄下來，我們現在把祂詳細講了。

但是不要以爲說：「**那如來藏的另一面叫作佛性。**」就想「**佛性**」大概是什麼，「**那我知道了！欸！我看見了。**」沒這回事！你若眞的看見了「**佛性**」，一定要在山河大地上看見才算數。到那個時節，欸！賞花，一方面是賞花，一方面是賞「**佛性**」，多美啊！那時候看見個醜八怪，也覺得美，不管看什麼都美！因爲你從「**佛性**」來看時，無一不美。那「**佛性**」和如來藏都具足了，你就具足看見了這個「**我**」，這才是眞正的「**我**」，眞見道的兩個部分就全部完成了。

蘊處界的我是三界我，這個三界我是生滅的，假合而有；而如來藏這個

「我」，以及「佛性」這個「我」，本來就在，不是有生之法。「佛性」從無始劫以來就一直存在，不曾剎那中斷，除非入無餘涅槃。但無始劫以來，你入過無餘涅槃嗎？誰入過？都沒有！所以「佛性」不曾中斷過；如果入無餘涅槃，那「佛性」就在涅槃裡面不現前了。所以「佛性」可以說爲「我」，比如來藏更可以說之爲「我」；因爲「佛性」是「了眾生心行」的功能，當然可以稱之爲「我」。

那麼以這樣的「我」擁有了眾生界，如果不是「佛性」，如來藏無法與七轉識相應；如果不是「佛性」，如來藏也不會變現山河大地，也不會變現這個名色；所以如來藏與祂的另一個層面叫作「佛性」具足爲「我」，而擁有了眾生法界；因此生滅的五蘊就歸這個「眞我」所有。這樣的「我」就從如來藏、佛性，也就是從「眞如、佛性」來函蓋了現象界一切法，就像如來說的：「如此四種譬喻因緣，如『我』有眾生界。」但是佛爲什麼要講這一句話呢？爲了下面這三句：「當知一切眾生，皆亦如是，彼眾生界無邊明淨。」意思是說，就像如來藏這個「我」、「佛性」這個「我」擁有眾生界一樣，應當知道一切眾生全部都像是這樣子，而那一些眾生界是無邊際的、是明淨的。

所以一個「**眼見佛性**」的人，不可能看見別人沒有「**佛性**」。如果他說：「**佛性是要修行以後才有的。**」那就表示他根本沒有見性，他也完全不懂「**佛性**」。所以我破斥月溪法師，其故在此。他當然是沒有看見佛性，連明心都沒有，所以正覺同修會第一次法難時，他們說：「**月溪法師是有看見佛性的。**」我說：「**他沒看見！**」接著就把理由舉出來。他連明心都沒有，能看見什麼「**佛性**」？而且他連我見都沒斷！只要你眞的「**眼見佛性**」了，那你明心與見性的功德具足了，就會看見：「**一切眾生都跟自己一樣，眞如、佛性都具足圓滿，沒有差欠一分一毫。**」

這時候從「**佛性**」來看眾生，原來眾生的法界是無量無邊的！原來眾生的法界是明淨的，一點污染都沒有！這時候看見一條癩痢狗，人人見了都要踢牠一腳；可是當你見性之後，看見了牠，卻說：「**原來這條癩痢狗的眾生界一樣是明淨，毫無垢穢。**」因爲你從牠的「**佛性**」來看時，根本沒有染污可講；那自己如是，癩痢狗如是，蟑螂如是，三惡道眾生如是，天界有情如是，諸佛菩薩、聲聞、緣覺莫不如是「**本來明淨**」，始終都是光明而清淨的，沒有遮隱。這就是如來要告訴我們的，所以才說：「一切眾生皆有佛性。」除非他是個死人，但死人不是眾生。那我們「佛性」就講到這裡，接著進入下一段經文：

經文：【迦葉白佛言：「世尊！若一切眾生有如來藏一性一乘者，如來何故說有三乘——聲聞乘、緣覺乘、佛乘？」佛告迦葉：「今當說譬。如巨富長者，唯有一子，隨乳母行，於大眾中亡失所在。長者臨終作是思惟：『我唯一子，久已亡失，更無餘子、父母、親屬，若我一旦終沒之後，一切財物王悉取去。』於思惟頃，本所失子遊行乞求，到其本家，而不自知是其父舍；所以者何？幼少失故。父見識之，而不言子，所以者何？慮怖走故。多與財物，而語之言：『我無子息，爲我作子，勿復餘行。』彼子答言：『不堪住此，所以者何？住此常苦，如被繫縛。』長者謂言：『汝欲何作？』子復答言：『寧除眾穢，放牧田作。』長者念言：『此子薄福，我當知時，且隨彼意。』即令除糞。」】

語譯：【迦葉又向佛陀稟白說：「世尊！如果一切眾生有如來藏一性一乘

的話，如來是什麼緣故說有三乘——聲聞乘、緣覺乘、佛乘？」佛陀告訴摩訶迦葉：「如今應當以譬喻來說明。猶如非常富有的長者，他只有一個兒子，隨乳母而行，在大眾中走失而不知他在哪裡。長者年紀大了，即將命終，就這樣子思惟：『我只有一個兒子，很久以前就亡失了，再也沒有別的兒子、父母、親屬，如果我有一天死亡終沒以後，一切財物國王將全部取了去。』在這樣思惟的時候，本來所亡失的兒子，處處遊行乞討求生，來到他的本家，卻不曾自己知道那就是他父親的宅舍；爲何這樣呢？因爲他在幼少的時候走失的緣故。這父親看見了，認得是他的兒子，但是不告訴他是自己的兒子，爲何這樣作呢？因爲考慮到他可能會覺得恐怖而逃走的緣故。於是多多地給予財物，而告訴這兒子說：『我沒有子孫，你就來當作我的兒子，不要再往別的地方行走去了。』那兒子答覆說：『我不堪住在這裡面，爲何這樣說呢？我住在這裡面永遠都會覺得很苦，就好像被繫縛住了一樣。』長者就告訴他：『那麼你想要作什麼呢？』這兒子又答覆說：『我寧可爲您家裡掃除種種雜穢之物，或者到田裡草原上耕作牧牛都可以。』這長者心裡面想著說：『這個兒子福德太薄了，我應當知道什麼時節可以接他回家，目前就先暫時隨順

所以過一段時間就必須要遊行，一個地方又換過一個地方乞討。假使一個乞丐每天都在同一條街上行乞，每天都來，大家都會煩；那只好把範圍擴大，就各國都去乞討。以前也不必護照，是近代才有護照，所以他就各國去乞討；但是時間久了，總會再回到原來的地方，終於「到其本家」。

「那麼他因爲很小的時候就走失了，那些記憶也都不存在了，所以不知道那就是他父親的宅舍。但父親一見就知道，也不能當下就認了」，如果當下就認，一定會有麻煩的，「因爲那孩子是很窮困的貧子，而父親是個巨富長者，如果要認他，他心裡面一定想：『你在打我什麼主意？』」他不會想說：「我是很貧困的人，有什麼主意可以給人家打？」他不會這樣想。他會想：「一定是要把我抓在家裡面當奴隸。」他會這樣想。其實給大富長者當奴隸，也不會差過在外面遊行吧？但他的心性就是那麼狹窄，所以想不開，會怕。「長者見識多了，當然知道這一點，就不告訴他身分，只好先把他留下來再說。要留下他，最好的方法就是多給財物，讓他覺得這位長者特別好。」其實世間法上，人情是用什麼來作？用錢或財物來作。如果口口聲聲說對父母親很孝順，可是從來都不供養父母。且不說買什麼名牌包包、好衣服，連吃的都不給父母，只是嘴上說他很孝順，其誰能信？口惠而實不至。

「所以長者就多與財物」，反正現在不給，以後還是得給，「晚給不如早給，先把這孩子拉住再講吧！要不然將來一死，全部財產都歸國王所有了。然後就告訴他：『我沒有子女，你來當我的孩子吧，不要再到別處去了，你看這樣好不好？』」就是先試探一下，也許孩子想：「這樣也不錯啊！」他就願意待下來了。「但是這孩子從小到大被人家糟蹋慣了，突然間有個人對他那麼好，他心裡面會恐怖，這也算正常，所以就推辭說：『我不堪住此，爲什麼呢？因爲住在這個地方，永遠都是很苦的，就好像被綁住一樣，綁在這裡不能動。』」他想的就是長者會把他當奴隸一樣，永遠把他綁住。

但他沒有想過：「長者既然沒有子息，他作了長者的兒子，至少是個主管吧！怎麼會被綁住呢？」可是因爲他所接觸的人物都是人間最底層的人，底層的人都屬於奴隸一類，所以他沒想到當長者的兒子會是什麼模樣？他想的是先求自保，別被人家綁住了。所以長者只好問他：「那你想幹嘛？」他說：「我寧可幫你們家挑糞，或者到田裡去作工，或者幫你放牛都可以。」他想的是這樣比較自由，不會被綁住，因爲一直都生活在屋外。以前，除糞不需要進入屋子裡，因爲茅房都設在屋子最後面，緊靠著圍牆；然後圍牆外面開一個小洞，除糞的人來打個招呼，就從外面去舀，直接挑走，以前都是這樣。你們現在大概很少人見到這個模樣了，我們那個年代是這樣的；什麼馬桶？以前聽都沒聽過！

「那麼長者當然就叫他除糞」，現在有沒有想起《法華經》中摩訶迦葉講的那個譬喻？原來不是他聰明想出來的譬喻，是佛先講過的，他就拿來用。那除糞到底是在幹嘛？「除糞」就是我今天剛開始講的伏除性障、修集福德。伏除性障也是除糞，修集福德也是除糞。修集福德的過程被眾生恩將仇報，你會不會起瞋？你不會喔？好厲害！通常都會呀！但是後來習慣了，不起瞋了，因爲懂了：「眾生就是這樣！」因爲眾生會得寸進尺，那你習慣了就好，不起瞋了，這也是除糞。

把瞋糞除了，同時不斷地去布施給眾生，這是修集福德；不斷地布施給眾生，就把貪心布施出去了，貪也是煩惱糞；不斷地在爲眾生作事，讓眾生磨，「瞋」糞也除掉。不斷地布施給眾生，看著眾生恩將仇報，甚至於得寸進尺，這「貪」糞也除掉而沒有絲毫的退轉；這一定是因爲有智慧，看清楚了布施的因果、修行的因果，這就是把「癡」糞除掉了。話說回來，修學佛法、累積慧力、爲眾生作事去發生另一種慧力，這過程也是在除糞。在不斷地利樂眾生的過程中，同時還要作功夫，身心很累而甘之如飴，這也是除糞，就是把煩惱糞給修除。

所以「見性」前，必須要福德莊嚴、定力莊嚴、慧力莊嚴等三個莊嚴滿足，在三種莊嚴的圓滿過程就是「除糞」。把煩惱糞除了，才有可能明心；再進一步把剩下的煩惱糞除了，才有可能「眼見佛性」。如果一開始就讓你來見性，一定看不見，也就是不堪任爲長者子。要自己先堪任爲長者子，才能「眼見佛性」；所以這樣繞回來，來看這個走失的兒子，顯然長者子也有先見之明，是不是？是喔！他自己覺得：「我還沒有那個資格來當長者您的兒子。」覺得自己只適合「除糞」。

所以我說，這個兒子聰明！意外吧？你們大概沒有想到我會讚歎他聰明。可我告訴你，很多人學佛了，自認爲智慧非常好，可是他們其實遠不如這長者子！我又罵人了。對呀！好多人讀了我的書，動不動就說他明心了，又見性了，就是沒有自知之明；遠不如這個走失的長者子，這是實話。而我們好意告訴他：「這個不是見性。」偏偏就不聽，那我也沒轍！最後留給護法神與因果律去處理，這是救不回的人。那你說，到底是他有智慧，還是這個笨笨的長者子有智慧？喔！你們現在認同了。所以看事情不能只看一面，要從各個層面都要觀察，才能確定。那這個長者子到什麼時候有智慧呢？我們再來看下一段經文 如來怎麼開示？

經文：【「其子久後見大長者五欲自娛，心生欣樂，作是思惟：『願大長者時見哀納，多賜財寶，以我爲子。』作是念已，不勤作務。長者見已，作是思惟：『如是不久，必爲我子。』是時長者尋告之曰：『汝今云何起異心想，不勤作務？』彼即答言：『願欲作子，生如是心。』長者言：『善！我是汝父，汝是我子。我實汝父，而汝不知，所有庫藏悉以付汝。』於大眾中唱如是言：『此是我子，亡失來久，今遇還家，而不自知。我命爲子而復不肯，今日自求爲我作子。』迦葉！如彼長者方便誘引志意下劣子，先令除糞，然後付財。於大眾中唱如是言：『此本我子，亡失來久；今幸自來，爲我作子。』迦葉！如是，不樂一乘者，爲說三乘，所以者何？此是如來善巧方便。是諸聲聞悉是我子，如除糞者今始自知。」迦葉白佛言：「嗚呼異哉！是聲聞乘，何鄙之甚？實是佛子，而不識父。」佛告迦葉：「應如是學。若汝不堪訶責毀罵，則應捨離。彼後熟時，汝當知之。」

語譯：【世尊又開示說：「長者的兒子時間久了以後，看見大長者有五欲而自娛樂，心中生起欣喜愛樂，就這樣子想：『希望大長者到某個時候看見了我，哀憐於我而納我爲子；多多地賜與我財寶，把我當作兒子。』心裡生起這樣的念頭以後，就不再精勤地作各種的事務了。大富長者看見了以後，就這樣子想：『看來不必再過多久，必定會成爲我的兒子。』這時候，長者隨即告訴他說：『你今天爲什麼起不同的心情和想法，而不能夠精勤地作各種事務呢？』那個兒子就答覆說：『我心裡面願意而且希望作您的兒子，所以生起了這樣的心情。』大富長者就說：『好！我就是你的父親，你就是我的兒子。我其實眞的就是你的父親，但是你不知道，如今所有的庫藏全部都交付給你。』於是在大眾之中高聲唱道：『這就是我的兒子，亡失以來很久了；如今遇見了，回到家裡，而他自己卻不知道。以前我叫他作我的兒子而又不肯，今天是他自己求作爲我的兒子。』迦葉！就如同那個大富長者，方便誘引志意下劣的兒子，先叫他除糞，然後才付與財產。於是在大眾中這樣高聲唱道：『這本來就是我的兒子，亡失以來已經很久；如今所幸自己回來了，又來作我的兒子。』迦葉！就像是這個道理，不愛樂唯一佛乘的人，我爲他們宣說三乘菩提，爲何這樣作呢？這就是如來的善巧方便。你們聲聞其實全部都是我的兒子，猶如除糞的那個兒子一樣，今天才終於自己知道了。」摩訶迦葉稟白佛陀說：「唉呀！眞是悽慘啊！眞是奇特啊！這些聲聞乘的弟子們，怎麼會鄙陋到這個地步？其實本來就是佛陀的兒子，而竟然不認識自己的父親！」佛陀就告訴摩訶迦葉：「應當像這樣子修學。如果你們不堪我訶責或者毀罵的話，就應該捨棄離開。等到未來因緣成熟的時候，你們自當知道。」**〕**

講義：你們看，在我所說的修集福德莊嚴、定力莊嚴、慧力莊嚴之外，還要修學二乘菩提。然而修學這二乘菩提還只是斷煩惱除糞，如來是這麼講的啊！當然，我剛說的是你要明心之前，特別是見性之前，一定要先除糞！但其實進得正覺同修會來，禪淨班兩年半的過程，以及隨後進階班半年、一年、三年、五載的過程中，也都是除糞；因爲這些煩惱糞沒有除掉，開悟明心了以後還會退轉的，縱使哪天「眼見佛性」了還會退轉哪！眞是如此啊！所以呢，蘊處界生滅虛妄的觀行是必須要作的，福德也必須要修；蘊處界的觀行沒有作好，我與內我所的煩惱糞就除不掉；福德沒有好好修，外我所的煩惱糞也除不掉。如果能夠好好修福德，外我所的煩惱糞才可以除掉；好好把蘊處界虛假的觀行作好，我與內我所的煩惱糞也可以除掉，這就是「除煩惱糞」。

以前有人來會裡學，我都立刻幫他們明心見性；然而煩惱糞都沒有先除，於是後來一個個死掉，沒留下幾個人，總共不超過十個人。我早期度的人，沒超過十個人留下來，留下來的現在都是長老了；因爲他們有繼續在除煩惱糞，除得很成功，弄到乾乾淨淨了；然後我再把他們沐浴了，以香湯灌之，這樣灌一灌再擦乾了，很清潔又香噴噴！很棒！可是早期那些人呢？沒有先除煩惱糞！他們心中一定想：「我煩惱一大堆，竟然可以開悟！開悟了還有這麼一堆煩惱，這叫開悟嗎？」他們無法轉依、心中懷疑，一一退轉了，所以另外要去再求有境界的開悟，棄捨了我給他們的無所得的眞正開悟。

那些退轉者，第一次法難的退轉者求的是什麼？他們想要月溪法師那個

「遍滿虛空大自在」，想要去當虛空外道了！第二次法難呢，他們想要求得界外之法；但是在三界中追求三界外的法，哪求得到啊？因爲界外無法呀！至於第三次法難的人並不是求界外之法，而是求人間之法，想要權力，要當同修會的領導，就是想要當法主！我這個法主的擔子很重，想卸下來卻卸不下，而他們搶著要挑；但他們沒那個能力挑得起來，親教師們也全都不同意；因爲他們顯然是煩惱糞具足，一身臭穢！這時能夠幫他們噴香水嗎？總得要臭穢除掉了，用肥皂洗乾淨了，然後才能噴香水；不然噴香水了或是擦了香油，會像什麼狀況？眞的無法想像！譬如說，有人拿乾掉的狗屎來雕刻成藝品，然後噴香水、灑香油，有人這樣作嗎？沒有！世間法都沒法子這樣作了，何況在世出世間法中呢？

這就告訴我們說，其實在實證菩提之前，除糞的過程是必須的。如來教導大家唯一佛乘的道理，如果有人不信，那只好跟他先講二乘菩提；修證二乘菩提就是「除煩惱糞」，要把外我所的煩惱給除了，要把五陰我給否定了，也要把內我所見聞覺知性給否定了！當這些煩惱糞除光了，再教他修六度。大乘法的實證之前一定要先修六度，菩薩之道六度是根本，沒有不修六度而能證悟般若成爲勝義僧的，所以六度必須具足修。

但在修學大乘六度之前，必須要先除二乘菩提見道時所斷的那些煩惱糞。我們早期爲什麼會有那些法難？因爲都沒叫他們先修除煩惱糞，所以就會有那些法難的狀況出現（編案：後來二〇二〇年琅琊閣、張志成等人鬧亂正法等事，同樣也是沒有先除煩惱糞及實修六度，所以主張不必布施、持戒等，就可以單修般若而且一悟入地）；煩惱糞先除了，後來證悟時才能保證不退轉。所以要先把二乘菩提修好了，才有資格修學唯一佛乘的勝妙法。我們正覺弘法就這樣不斷地去改變，所以現在上得禪三，首先就是殺我見，要把大家心中那一些「煩惱糞」先挖掉一半以上再講。這樣看來，我是在幫大家除糞，我倒成了半個除糞子了！可是沒辦法呀！只好這樣，因爲正法需要人。

這就是說，如來必須要演說三乘菩提，除非是在純一清淨世界，才會直接宣演唯一佛乘。凡是這種人間的五濁惡世都必須要先講三乘菩提，即使到了人壽八萬四千歲時，一樣要講三乘菩提，因爲這個人間不像是色界天那種清淨世界，又是堪忍世界，所以名爲娑婆；所以將來 彌勒尊佛成佛時，在龍華樹下三會說法，那龍華三會全部都講聲聞法，就是先幫大家證阿羅漢

《大法鼓經》，世尊說：「大富長者認得的那個兒子，經過一段長久的時間以後，看見大富長者五欲自娛，日子過得很暢快、很舒服。那大富長者又不必作什麼苦工等，所以這個迷失的兒子，心中生起了羨慕以及愛樂大富長者五欲自娛的生活，他希望也能過那種生活。」所以，以前大富長者要認他為子時他不敢，現在反過來了，「就這麼想：『希望大長者哪一天看見了我，能夠哀憐於我，能夠接納我，之後就賜給我更多的財寶，甚至於最後認我作他的兒子。』因為剛開始他害怕被繫縛，可是看見大長者那樣自在的生活，有時候又想：『這大長者的日子過得眞棒。』相處久了，也看見大長者對他沒有惡心，所以他就想：『也許大長者眞的願意認我作他的兒子，畢竟他也沒有兒子。』」

這表示善知識度眾生時得要有一段相處的時光，師父要觀察弟子，弟子也要觀察師父，雙方都要互相觀察。如果弟子認為這個師父不值得跟隨，那他就得離去；如果師父雖然覺得這個弟子不值得攝受，但也沒有覺得很惡劣，就暫時容納他；如果覺得心性很不恰當，師父甚至於就趕人離去，這道理是一定的。因此，有的師父看見一個在家弟子來了，當下就問：「你要不要在這裡出家呀？」一般的弟子一定是搖頭想：「我又不認識你，又不知道你到底能不能當我師父？也許我當了你的弟子，出家以後結果被你繫縛。」會有種種的考慮。那麼師徒之間都是一樣的，所以師父如果想要那個弟子出家，也得要示現出來有讓弟子出家的理由；不能夠無緣無故就要人家接受，除非那個弟子是個流浪漢，衣食不濟，有個地方安單，有得住、有得吃、有得穿，爲了活下去，那就跟著他出家吧！當然這樣的人也有。一般的情形，應當先要共住一段時間，互相有所理解，然後雙方再來決定要不要有進一步的緣分。

「那麼這時候，因爲這個孩子跟隨大富長者時間久了，看看大長者對他沒有惡心，一定是有許多關心他的地方或者作爲，讓他感受到了；所以進一步觀察到大長者那麼舒適的日子，他心裡面欣慕了，對那個生活有愛樂。所以這時候是他反過來，希望大長者收他爲兒子了。那因爲他有這樣想，又想起以前大長者希望認他爲子，所以作事情就懈怠了些，因爲自恃情分，覺得兩個人之間有那個情分，所以就算工作不勤快，大長者也不會見怪，所以『作是念已，不勤作務』。大長者看見他變成這樣了，心裡清楚了然，知道這個孩子快要認祖歸宗了，所以這麼想：『就像是這樣子，再過不必多久，一定會成爲我的兒子了。』」

「於是這時大長者隨即就問他：『你今天爲什麼起了不同的想法？不像以前那麼認眞的作事情呢？』這孩子看見大長者問了，正是個機會，趕快就回答：『我願意、而且很希望作您的兒子，因此生起這樣的想法來。』這大長者就說：『好！』」當下就答應，因爲本來就在等著了，所以當下就答應說：「我是你的父親，你是我的兒子。其實我本來眞的是你的父親，但是你不知道。如今我所有的庫藏，全都交付給你了。」在佛法中不也是這樣嗎？所以悟了就跟你印證，給你金剛寶印。特別是如果見性了，你一定堅持要頂禮我，我就引你到佛前禮佛。禮佛三拜後，我可以受你一拜，這一拜等於向大眾宣示：「我這兒子見性了，我向大眾宣示。」道理是一樣的，見性時是要向大眾宣告的。並不是說認定了他是兒子，然後就不聲不響，那表示沒有誠意也沒有宣示。

「所以把庫藏交付給他兒子，隨即在大眾中宣唱這樣的話：『這個人是我的兒子，他小時候走失不見，到現在已經很久了。如今巧遇，就回到家裡了，可是他自己並不知道。當初我命令他來當我的兒子，但當時他不肯。今天是他自己來求作我的兒子。』」所以這得要對大眾宣示了，依照這個方式，我應該在佛前接受你們一禮的時候，應該也要對大眾宣示：「這個人本來沒看見佛性，現在努力求見佛性之後，終於看見了。」應該要這樣宣示，如果依照 如來這個故事的譬喻說法。

但是不用講這麼白，大家都很聰明，所以看見一位明心者再度上山打禪三，我讓他到佛前禮三拜，又受了他一拜，大家就知道了。如果有人還眞不懂，我就用手勢比個ＯＫ，大家就知道了。因爲上山求見性的人很少，通常只能有一個，如果有兩個人求見性就算多了；所以有一人見性了，就算很不錯了！通常都是沒有，特別是現在；一定要功夫作到家了，六個部的審核也通過，表示他的福德具足了，我才能讓他上山求見性。

如來把這個譬喻說完了，接著呼喚迦葉說：「就好比那位大富長者，施設方便來誘引那個志意下劣的兒子，先叫他去除糞，然後才把所有的財產交付給他。」這個道理是大家都應該懂的，一定要先除煩惱；如果煩惱沒有先除，就讓他開悟了，將來會是個大問題。如果煩惱除了一半，就讓他多上幾次禪三，慢慢去除，也是個辦法；但是如果煩惱深重，根本就不該讓他上山。所以說我們以前開緣，讓某些人上山，其實是有後遺症的；果然也就發生了後患，然後我再來收拾那個爛攤子（編案：二〇二〇年不屬於法難的，退轉而想要推翻正法的琅琊閣、張志成等人也是一樣沒有挑除煩惱糞）。所以我們親教師爲什麼在禪三報名表上要作那四個部分的評議、還有行政系統的六部要加以審核呢？因爲要看煩惱糞除掉了沒有。如果他滿身都是糞，讓他上山打三，佛菩薩心想：「臭死了！這種人你也讓他上來？」那就不行了！假使僥倖給他悟了，將來就會退轉而壞事。

所以一定要「先令除糞，然後付財」，沒有除糞之前，這法財就不能給他。「交付了全部財物之後，又在大眾之中高唱：『這孩子本來就是我的兒子，小時候亡失，到現在已經很多年了；如今很幸運地自己回來了，現在還是當我的兒子。』」這樣的譬喻說完了，如來又吩咐說：「迦葉啊！就像是這個道理，不愛樂唯一佛乘的人，如來就爲他宣說三乘菩提之法。爲什麼要這樣作呢？因爲這是如來善巧方便的施設。而這些聲聞弟子們，本來全都是我的兒子，就像那個除糞的兒子一樣，到今天方才知道。」這就是我們爲什麼要弘揚三乘菩提的原因。

我們正覺最早期是弘揚唯一佛乘，所以一進來就是開悟，根本不管你有沒有斷我見、有沒有除糞，來了就開悟，當然後遺症很多，所以歷經十幾年而產生了三次的法難；但是，好在也有一些人留下來，我就有人可用了。那後來我們就漸次要求一定要嚴格審查，錄取的標準就漸漸提高；這標準提高有好處，就是除糞除乾淨了，才有資格上山去求悟。那麼標準提高了之後，證悟後就比較不會有退轉的事情了。因此，現在都很講究五陰十八界生滅性的觀行，也很留意在作義工上面，有沒有眞的心甘情願爲正法去作。如果一面作，一面心裡老是嘀咕著：「法要給我就給我吧，還要讓我作到這麼辛苦幹嘛呢？」有時候，有的人想：「啊！我發個脾氣，就不讓我上山了！」然而會裡這樣作，當然是有原因的。

如果性障深重，煩惱糞顯然都沒有修除；又不肯爲眾生作事，說他多麼喜歡這個正法，多麼護持這個正法，那只是口上護持，實際上他沒有在作。如果有一個人一天到晚跟你說：「我送給你三千萬臺幣！」每天都跟你講：「我送給你三千萬臺幣，過幾天就送來。」然而「過幾天」，都已經過好幾年了沒送來，你心裡面一定想：「口惠實不至。」那你後來根本就不當他一回事了！咱們也一樣，他都說：「我盡心盡力護持正法。」可是護持正法的義工都不來作，這就是口惠實不至。有的人想：「我爲你作了這麼多義工，還不夠？」我就要問了：「你什麼時候爲我蕭平實作過？我又沒得到你的好處，你這是爲自己作的欸！」

如果自己的見道資糧不夠，將來悟了退轉，更麻煩！那會害死自己的。所以全部義工都不是爲我蕭平實作的，那是爲自己作的。以前曾經有愚弟子跪在佛前說：「世尊啊！我都爲您作這麼多的事情了，爲什麼我還遇不到善知識？」問題是，善知識就在他眼前，他又不要，然後每天跟 佛抱怨。佛難道不會想說：「你是爲自己作的，怎麼是爲我作的？你作了那麼多工作，對我有什麼好處？」沒有啊！對 如來沒有好處啊！怎麼說是爲 佛作的？同理，大家爲正覺作的義工，沒有一項是爲我蕭平實作的，全都是自己修得的福德資糧，別說是爲我作的，可見這種愚弟子還眞多。

同樣的道理，性障重的人，悟了就會用下巴看人，甚至於動不動就瞪人。

瞪人還好，有時候還開口罵。可是我覺得眞奇怪！我很想罵他是「不肖」，因爲他不像我，那就是不肖；像我才孝順，而我沒有瞪過人，也沒罵過人，憑什麼他可以瞪人、可以罵人呢？這眞的好奇怪！當菩薩的人一定要時時謹記：「奉行四攝法，不要違背！」我蕭平實是把法傳給大家，不是求法的人，而我自己也都奉行四攝法了，那麼來正覺得法的人，應該也要像我才對，否則人家要罵「不肖」了。

同樣的道理，因爲大家都還有胎昧，遇見　如來的時候，心想：「如來證量那麼高，我們距離如來的境界是那麼遙遠！」假使　如來一開始就說：「你們本來就是我兒子，跟隨我修學佛法已經很多劫了，現在應該得法財了，應該要證悟了。」大家心中一定想：「如來是打我什麼主意？才剛見面就要把法財交付給我。」因爲沒有相處過一段時間，胎昧所障，剛開始還覺得有點生分呢！所以得要讓他相處一段時間，就利用這段時間教導大家除糞，於是就先講二乘菩提。

二乘菩提次第修學之後，就把那一些煩惱糞次第修除；也就是先修次法，然後修定，接著再見道，然後證修阿羅漢果；到證阿羅漢果時，糞就除盡了。糞除盡以後就可以告訴他們般若，但不可以告訴他們說：「你們證的阿羅漢果是不好的，是很低劣的。」因爲這麼一講，他又會想：「這樣還算是很低劣，那佛菩提的修證我們大概就沒分了。」又會這樣想。

所以儘管幫他們證悟就好，悟後儘管幫他們往上進修；聲聞解脫道、緣覺道好與不好就不談它，先幫他們悟了再講。悟了以後，相見道位的法繼續傳授，傳授久了他們漸漸有實相般若，可以拿二乘菩提來比較了。就好像那大富長者子，可以比較自己本來在挑糞的時候，雖然長者給了兩倍的價錢，也給了住居，有住處，衣服、飲食也都供應了，但是比起大富長者的五欲自娛來講，畢竟還是差很遠；但是，他一定要先看到大富長者過的生活才能比較。同樣的道理，如來要先讓阿羅漢們證悟了實相般若，然後以這個實相般若來看看 如來的法樂自娛，這樣他們心裡面就想：「那我也要像如來那樣，我希望能擁有如來那個境界。」這不就生起羨慕愛樂之心了嗎？這時候心裡面想：「我如果能夠當如來的兒子多好！」

你們可別想：「那阿羅漢不就是如來的兒子嗎？」不！如來不承認阿羅漢是兒子，阿羅漢只是挑糞子。當他挑到第四果成阿羅漢了，才說他挑糞已經挑完了，心性已經轉變完成，才剛剛可以進去大長者家工作罷了，還不能得到所有家財。所以 如來沒有承認過阿羅漢是眞正的兒子，只有證悟的菩薩，而且要修到入地時 如來才說是兒子，名爲「**入菩薩位，生如來家，住佛種性**」。所以這道理告訴我們：「**應該要先在解脫道上有所實證，然後幫他們證悟般若。**」般若證悟之後，他發覺這還是比自己以前所證的阿羅漢、緣覺果證要殊勝很多！那他就可以比較：雖然今天證悟了，就譬如看見大富長者五欲自娛一樣，但是大富長者財寶無量。所以大家證悟之後，繼續跟隨如來努力用心修學，始終就學不完，原來 如來法財那麼多！於是這時候心量大了起來，就希望當 如來的兒子。

如果是從比較嚴格的定義，什麼人可以自稱「佛子」？嗄？入地以後。所以嚴格的定義是：「**入地以後才算如來眞正的兒子。**」你看，要當 如來的兒子多難哪！但是爲什麼大家想要當 如來的兒子？因爲當 如來的兒子，祂就會把法財都交給你。所以有時候經論說一個小世界，只要有一位初地菩薩就能夠住持佛法了，不需要有兩位、三位的初地菩薩。如果人間有時是兩、三位地上菩薩同時在住持佛法，那就是大家的福報，要知道這一點。但是你們不用想：「**欸！有兩位、三位入地的菩薩，他們會不會爭權奪利？**」他們早就超過阿羅漢位了，還會爭權奪利呀？只有互相扶持！

那麼這時候也就說，入地之後就譬如經中說的到了通達位，稱爲「**生如來家，成如來子，成佛子住**」。就是說，當你入地了，那就是生在 如來之家，成爲 如來眞正的兒子，成就了佛子應當有的境界，叫作「**成佛子住**」。這就是說一定要依照如來三轉法輪的模式，要先證得阿羅漢果或至少初果，然後再來證悟；悟後再繼續進修，證得如來藏，然後次第完成「相見道位」的功德，才能入地。

如來到這時候，就開始付囑諸弟子們應當住持佛法。但是在這些阿羅漢們成阿羅漢後剛證悟時，如來也不告訴他們這個道理，只幫他們先證悟。因爲要讓他們先看清楚：還有唯一佛乘的法，還有三乘菩提是遠勝於二乘菩提的，叫作大乘菩提，以這個大乘菩提函蓋二乘法。這樣，諸阿羅漢們就會心生喜樂，對於大乘法有所愛樂，然後再以教外別傳幫他們證悟。悟後次第進修，入地之後才終於告訴他們：「**你們本來就是我釋迦牟尼佛的兒子，跟隨我以來已經很久了；但是也離開我很久了，現在把你們找回來。**」那他們就會信受了。那麼到底是什麼時候告訴他們的？就是講《大法鼓經》的時候，說了這個譬喻，讓他們知道。後來一代時教圓滿了，才講《法華經》，摩訶迦葉因爲他是《大法鼓經》的緣起者，所以就由他來講那個譬喻。

接著，迦葉跟隨 如來之後，就稟白說：「**實在是很可感嘆哪！也實在令人很驚異，這個聲聞乘竟然是這麼鄙陋，怎麼能鄙陋到這個地步？**」因爲本來以爲可以出三界，都證得阿羅漢了，人天應供，志得意滿；阿羅漢的心境卻是灰色的，隨時是準備要入無餘涅槃的；但他們很清楚知道，這是世間一切人、天所不能到。可是等到聽聞了大乘法，也證得大乘法之後，又聽聞如來說了這個譬喻，這時他們是入地的身分了，聽到這個譬喻當然很清楚，也可以自己比對出來：「**聲聞乘在面對大乘法的時候，確實很鄙陋，確實不值一提。**」這時終於死心塌地，確定自己眞的是 佛的兒子。「**但是那麼久以來，都不能夠認知自己是佛的兒子，也不敢認如來爲父。**」他這麼講了以後，當然也是肺腑之言。

佛陀就告訴他：「**你們就應該像這樣子學。如果你們是不堪如來訶責、毀罵，那就應該捨離，不必繼續留下來。**」佛弟子眾應該有這個心態：「覺得這個師父和我沒有緣，或者有緣、但是不夠深厚，那就可以離開。」我一向是這樣的想法。所以正覺同修會二十幾年來，都是「來者不拒，去者不追」。因爲他覺得緣不夠，要離開了；認爲緣盡了，不想繼續追隨，那就分手好了。當他離開以後，未來有一段時間，緣成熟了，他自然就會回來。至於緣有沒有成熟？他自己會知道。

所以有的人，過一段時間回來了，我都當作不知道他離開了，因爲以前離開之時他沒有告長假。如果有告長假的人，回來了，我總是表示歡迎；不訶責，也不說他懈怠；回來以後，就當作他沒離開過一樣。如果是增上班的同修，我會吩咐教學部重新發給他上課證；就只要回來上課就好了，什麼手續都不用辦。如果他覺得緣還沒有熟，那就再等候，也許十年、二十年後，也許下一輩子，也許一劫之後；但緣熟了總是會回來的，到時候他們自己會知道。那接著 如來又怎麼開示呢？

（未完，詳後第六輯續說。）

佛教正覺同修會〈修學佛道次第表〉

第一階段

＊以憶佛及拜佛方式修習動中定力。
＊學第一義佛法及禪法知見。
＊無相拜佛功夫成就。
＊具備一念相續功夫—動靜中皆能看話頭。
＊努力培植福德資糧，勤修三福淨業。

第二階段

＊參話頭，參公案。
＊開悟明心，一片悟境。
＊鍛鍊功夫求見佛性。
＊眼見佛性〈餘五根亦如是〉親見世界如幻，成就如幻觀。
＊學習禪門差別智。
＊深入第一義經典。
＊修除性障及隨分修學禪定。
＊修證十行位陽焰觀。

第三階段

＊學一切種智真實正理—楞伽經、解深密經、成唯識論…。
＊參究末後句。
＊解悟末後句。
＊透牢關—親自體驗所悟末後句境界，親見實相，無得無失。
＊救護一切眾生迴向正道。護持了義正法，修證十迴向位如夢觀。
＊發十無盡願，修習百法明門，親證猶如鏡像現觀。
＊修除五蓋，發起禪定。持一切善法戒。親證猶如光影現觀。
＊進修四禪八定、四無量心、五神通。進修大乘種智，求證猶如谷響現觀。

佛菩提二主要道次第概要表——二道並修，以外無別佛法

佛菩提道——大菩提道

十信位修集信心 —— 一劫乃至一萬劫

資糧位

初住位修集布施功德（以財施為主）。
二住位修集持戒功德。
三住位修集忍辱功德。
四住位修集精進功德。
五住位修集禪定功德。
六住位修集般若功德（熏習般若中觀及斷我見，加行位也）。

外門廣修六度萬行

見道位

七住位明心般若正觀現前，親證本來自性清淨涅槃。
八住位起於一切法現觀般若中道。漸除性障。
十住位眼見佛性，世界如幻觀成就。

一至十行位，於廣行六度萬行中，依般若中道慧，現觀陰處界猶如陽焰，至第十行滿心位，陽焰觀成就。

一至十迴向位熏習一切種智；修除性障，唯留最後一分思惑不斷。第十迴向滿心位成就菩薩道如夢觀。

內門廣修六度萬行

遠波羅蜜多

初地：第十迴向位滿心時，成就道種智一分（八識心王一一親證後，領受五法、三自性、七種第一義、七種性自性、二種無我法）復由勇發十無盡願，成通達位菩薩。復又永伏性障而不具斷，能證慧解脫而不取證，由大願故留惑潤生。此地主修法施波羅蜜多及百法明門。證「猶如鏡像」現觀，故滿初地心。

二地：初地功德滿足以後，再成就道種智一分而入二地；主修戒波羅蜜多及一切種智。滿心位成就「猶如光影」現觀，戒行自然清淨。

解脫道：二乘菩提

→ 斷三縛結，成初果解脫

→ 薄貪瞋癡，成二果解脫

→ 斷五下分結，成三果解脫

入地前的四加行令煩惱障現行悉斷，成四果解脫，留惑潤生。分段生死已斷，煩惱障習氣種子開始斷除，兼斷無始無明上煩惱。

近波羅蜜多

大波羅蜜多

圓滿波羅蜜多

修道位

三地：二地滿心再證道種智一分，故入三地。此地主修忍波羅蜜多及四禪八定、四無量心、五神通。能成就俱解脫果而不取證，留惑潤生。滿心位成就「猶如谷響」現觀及無漏妙定意生身。

四地：由三地再證道種智一分故入四地。主修精進波羅蜜多，於此土及他方世界廣度有緣，無有疲倦。進修一切種智，滿心位成就「如水中月」現觀。

五地：由四地再證道種智一分故入五地。主修禪定波羅蜜多及一切種智，斷除下乘涅槃貪。滿心位成就「變化所成」現觀。

六地：由五地再證道種智一分故入六地。此地主修般若波羅蜜多——依道種智現觀十二因緣一一有支及意生身化身，皆自心眞如變化所現，「非有似有」，成就細相觀，不由加行而自然證得滅盡定，成俱解脫大乘無學。

七地：由六地「非有似有」現觀，再證道種智一分故入七地。此地主修一切種智及方便波羅蜜多，由重觀十二有支一一支中之流轉門及還滅門一切細相，成就方便善巧，念念隨入滅盡定。滿心位證得「如犍闥婆城」現觀。

八地：由七地極細相觀成就故再證道種智一分而入八地。此地主修一切種智及願波羅蜜多。至滿心位純無相觀任運恆起，故於相土自在，滿心位復證「如實覺知諸法相意生身」故。

九地：由八地再證道種智一分故入九地。主修力波羅蜜多及一切種智，成就四無礙，滿心位證得「種類俱生無行作意生身」。

十地：由九地再證道種智一分故入此地。此地主修一切種智——智波羅蜜多。滿心位起大法智雲，及現起大法智雲所含藏種種功德，成受職菩薩。

究竟位

等覺：由十地道種智成就故入此地。此地應修一切種智，圓滿等覺地無生法忍；於百劫中修集極廣大福德，以之圓滿三十二大人相及無量隨形好。

妙覺：示現受生人間已斷盡煩惱障一切習氣種子，並斷盡所知障一切隨眠，永斷變易生死無明，成就大般涅槃，四智圓明。人間捨壽後，報身常住色究竟天利樂十方地上菩薩；以諸化身利樂有情，永無盡期，成就究竟佛道。

七地滿心斷除故意保留之最後一分思惑時，煩惱障所攝色、受、想三陰有漏習氣種子全部斷盡。

→ 煩惱障所攝行、識二陰無漏習氣種子任運漸斷，所知障所攝上煩惱任運漸斷。

→ 斷盡變易生死成就大般涅槃

圓滿成就究竟佛果

佛子蕭平實　謹製

（二〇〇九、〇二　修訂）

（二〇一二、〇二　增補）

佛教正覺同修會 共修現況 及 招生公告 2023/03/28

一、共修現況：（請在共修時間來電，以免無人接聽。）

台北正覺講堂 103 台北市承德路三段 277 號九樓 捷運淡水線圓山站旁
Tel..**總機** 02-25957295（晚上）(**分機：九樓**辦公室 10、11；知客櫃檯 12、13。 **十樓**知客櫃檯 15、16；書局櫃檯 14。**五樓**辦公室 18；知客櫃檯 19。**二樓**辦公室 20；知客櫃檯 21。)
Fax..25954493

第一講堂 台北市承德路三段 277 號九樓

禪淨班：週一晚班、週三晚班、週四晚班、週五晚班、週六下午班、週六上午班（共修期間二年半，全程免費。皆須報名建立學籍後始可參加共修，欲報名者詳見本公告末頁。）

增上班：成唯識論釋：單週六晚班。雙週六晚班（重播班）。17.50～20.50。平實導師講解，2022 年 2 月末開講，預定六年內講完，僅限已明心之會員參加。

禪門差別智：每月第一週日全天 平實導師主講（事冗暫停）。

解深密經詳解：本經從六度波羅蜜多談到八識心王，再詳論大乘見道所證眞如，然後論及悟後進修的相見道位所觀七眞如，以及入地後的十地所修，乃至成佛時的四智圓明一切種智境界，皆是可修可證之法，流傳至今依舊可證，顯示佛法眞是義學而非玄談或思想，都是淺深次第皆所論及之第一義諦妙義。已於 2021 年三月下旬起開講，由平實導師詳解。每逢週二晚上開講，第一至第七講堂都可同時聽聞，歡迎菩薩種性學人，攜眷共同參與此殊勝法會現場聞法，不限制聽講資格。本會學員憑上課證進入第一至第四、第七講堂聽講，會外學人請以身分證件換證進入聽講（此爲大樓管理處安全管理規定之要求，敬請諒解）；第五及第六講堂（B1、B2）對外開放，不需出示任何證件，請由大樓側門直接進入。

第二講堂 台北市承德路三段 267 號十樓。

禪淨班：週一晚班。

進階班：週三晚班、週四晚班、週五晚班、週六早班、週六下午班。禪淨班結業後轉入共修。

增上班：成唯識論釋：單週六晚班，影音同步傳播。雙週六晚班（重播班）

解深密經詳解：平實導師講解。每週二 18.50~20.50 影像音聲即時傳輸。

第三講堂 台北市承德路三段 277 號五樓。

禪淨班：週六下午班。

增上班：成唯識論釋：單週六晚班，影音同步傳播。雙週六晚班（重播班）

進階班：週一晚班、週三晚班、週四晚班、週五晚班。

解深密經詳解：平實導師講解。每週二 18.50~20.50 影像音聲即時傳輸。

第四講堂　台北市承德路三段 267 號二樓。

進階班：週一晚班、週三晚班、週四晚班（禪淨班結業後轉入共修）。

解深密經詳解：平實導師講解。每週二 18.50~20.50 影像音聲即時傳輸。

第五、第六講堂

念佛班　每週日晚上，第六講堂共修（B2），一切求生極樂世界的三寶弟子皆可參加，不限制共修資格。

進階班：週一晚班、週三晚班、週四晚班。

解深密經詳解：平實導師講解。每週二 18.50~20.50 影像音聲即時傳輸。第五、第六講堂為**開放式講堂**，不需以身分證件換證即可進入聽講，台北市承德路三段 267 號地下一樓、地下二樓。每逢週二晚上講經時段開放給會外人士自由聽經，請由大樓側面梯階逕行進入聽講。

聽講者請尊重講者的著作權及肖像權，請勿錄音錄影，以免違法；若有錄音錄影被查獲者，將依法處理。

第七講堂　台北市承德路三段 267 號六樓。

解深密經詳解：平實導師講解。每週二 18.50~20.50 影像音聲即時傳輸。

正覺祖師堂　大溪區美華里信義路 650 巷坑底 5 之 6 號（台 3 號省道 34 公里處 妙法寺對面斜坡道進入）電話 03-3886110　傳眞 03-3881692 本堂供奉 克勤圓悟大師，專供會員每年四月、十月各三次精進禪三共修，兼作本會出家菩薩掛單常住之用。開放參訪日期請參見本會公告。教內共修團體或道場，得另申請其餘時間作團體參訪，務請事先與常住確定日期，以便安排常住菩薩接引導覽，亦免妨礙常住菩薩之日常作息及修行。

桃園正覺講堂（第一、第二講堂）：桃園市介壽路 286、288 號 10 樓（陽明運動公園對面）電話：03-3749363(請於共修時聯繫，或與台北聯繫)

禪淨班：週一晚班（1）、週一晚班（2）、週三晚班、週四晚班、週五晚班。

進階班：週四晚班、週五晚班、週六上午班。

增上班：成唯識論釋。雙週六晚班（增上重播班）。

解深密經詳解：平實導師講解。每週二晚上，以台北正覺講堂所錄DVD放映；歡迎會外學人共同聽講，不需出示身分證件。

新竹正覺講堂 新竹市東光路 55 號二樓之一　電話 03-5724297（晚上）

第一講堂：

禪淨班：週五晚班。

進階班：週三晚班、週四晚班、週六上午班。由禪淨班結業後轉入共修

增上班：成唯識論釋。單週六晚班。雙週六晚班（重播班）。

解深密經詳解：平實導師講解。每週二晚上，以台北正覺講堂所錄 DVD 放映。歡迎會外學人共同聽講，不需出示身分證件。

第二講堂：

禪淨班：週一晚班、週三晚班、週四晚班、週六上午班。

解深密經詳解：每週二晚上與第一講堂同步播放講經 DVD。

第三、第四講堂：裝修完畢，已經啓用。

台中正覺講堂 04-23816090（晚上）

第一講堂 台中市南屯區五權西路二段 666 號 13 樓之四（國泰世華銀行樓上。鄰近縣市經第一高速公路前來者，由五權西路交流道可以快速到達，大樓旁有停車場，對面有素食館）。

禪淨班：週四晚班、週五晚班。

進階班：週一晚班、週三晚班、週六上午班（由禪淨班結業後轉入共修）。

增上班：成唯識論釋。單週六晚班。雙週六晚班（重播班）。

解深密經詳解：平實導師講解。每週二晚上，以台北正覺講堂所錄 DVD 放映。歡迎會外學人共同聽講，不需出示身分證件。

第二講堂 台中市南屯區五權西路二段 666 號 4 樓。

禪淨班：週一晚班、週三晚班。

第三講堂台中市南屯區五權西路二段 666 號 4 樓。

禪淨班：週一晚班。

第四講堂台中市南屯區五權西路二段 666 號 4 樓。

進階班：週一晚班、週四晚班、週六上午班，由禪淨班結業後轉入共修

解深密經詳解：每週二晚上與第一講堂同步播放講經 DVD。

嘉義正覺講堂 嘉義市友愛路 288 號八樓之一　電話：05-2318228

第一講堂：

禪淨班：週四晚班、週五晚班、週六上午班。

進階班：週一晚班、週三晚班（由禪淨班結業後轉入共修）。

增上班：成唯識論釋。單週六晚班。雙週六晚班（重播班）。

解深密經詳解：平實導師講解。每週二晚上，以台北正覺講堂所錄 DVD 放映。歡迎會外學人共同聽講，不需出示身分證件。

第二講堂　嘉義市友愛路 288 號八樓之二。

第三講堂　嘉義市友愛路 288 號四樓之七。

禪淨班：週一晚班、週三晚班。

台南正覺講堂

第一講堂　台南市西門路四段 15 號 4 樓。06-2820541（晚上）

禪淨班：週一晚班、週三晚班、週四晚班、週五晚班、週六下午班。

增上班：**成唯識論釋**。單週六晚班。雙週六晚班（重播班）。

解深密經詳解：平實導師講解。每週二晚上，以台北正覺講堂所錄 DVD 放映。歡迎會外學人共同聽講，不需出示身分證件。

第二講堂　台南市西門路四段 15 號 3 樓。

解深密經詳解：每週二晚上與第一講堂同步播放講經 DVD。

第三講堂　台南市西門路四段 15 號 3 樓。

進階班：週一晚班、週三晚班、週四晚班、週五晚班（由禪淨班結業後轉入共修）。

解深密經詳解：每週二晚上與第一講堂同步播放講經 DVD。

高雄正覺講堂　高雄市新興區中正三路 45 號五樓 07-2234248（晚上）

第一講堂（五樓）：

禪淨班：週一晚班、週三晚班、週四晚班、週五晚班、週六上午班。

增上班：**成唯識論釋**。單週六晚班。雙週六晚班（重播班）。

解深密經詳解：平實導師講解。每週二晚上，以台北正覺講堂所錄 DVD 放映。歡迎會外學人共同聽講，不需出示身分證件。

第二講堂（四樓）：

進階班：週三晚班、週四晚班、週六上午班（由禪淨班結業後轉入共修）。

解深密經詳解：每週二晚上與第一講堂同步播放講經 DVD。

第三講堂（三樓）：

進階班：週四晚班（由禪淨班結業後轉入共修）。

香港正覺講堂

香港新界葵涌打磚坪街 93 號維京科技商業中心A 座 18 樓。

電話：(852) 23262231

英文地址：18/F, Tower A, Viking Technology & Business Centre, 93 Ta Chuen Ping Street, Kwai Chung, N.T., Hong Kong.

禪淨班：單週六下午班、雙週六下午班、單週日上午班、單週日下午班、雙週日上午班

進階班：雙週六、日上午班（由禪淨班結業後轉入共修）。

增上班：每月第一雙週日下午及晚上班，以台北增上班課程錄成 DVD 放映之。

增上重播班：每月第二雙週日下午及晚上班，以台北增上班課程錄成 DVD 放映之。

不退轉法輪經詳解：平實導師講解。每週六、日 19:00～21:00，以台北正覺講堂所錄 DVD 放映；歡迎會外學人共同聽講，不需出示身分證件。

二、招生公告　**本會台北講堂及全省各講堂、香港講堂，每逢四月、十月下旬開新班，每週共修一次**（每次二小時。開課日起三個月內仍可插班）；**各班共修期間皆為二年半，全程免費，欲參加者請向本會函索報名表**（各共修處皆於共修時間方有人執事，非共修時間請勿電詢或前來洽詢、請書），**或直接從本會官方網站**(http://www.enlighten.org.tw/newsflash/class)**或成佛之道網站下載報名表**。共修期滿時，若經報名禪三審核通過者，可參加四天三夜之禪三精進共修，有機會明心、取證如來藏，發起般若實相智慧，成為實義菩薩，脫離凡夫菩薩位。

三、新春禮佛祈福　農曆**年假**期間停止共修：自農曆新年前七天起停止共修與弘法，正月 8 日起回復共修、弘法事務。新春期間正月初一～初七 9.00～17.00 開放台北講堂、正月初一~初三開放新竹、台中、嘉義、台南、高雄講堂，以及大溪禪三道場（正覺祖師堂），方便會員供佛、祈福及會外人士請書。

密宗四大派修雙身法，是外道性力派的邪法；又以生滅的識陰作為常住法，是常見外道，是假的藏傳佛教。

西藏覺囊巴以他空見弘揚第八識如來藏勝法，才是真藏傳佛教

佛教正覺同修會　弘法行事表

2022/04/25

1、**禪淨班**　以無相念佛及拜佛方式修習動中定力，實證一心不亂功夫。傳授解脫道正理及第一義諦佛法，以及參禪知見。共修期間：二年六個月。每逢四月、十月開新班，詳見招生公告表。

2、**進階班**　禪淨班畢業後得轉入此班，進修更深入的佛法，期能證悟明心。各地講堂各有多班，繼續深入佛法、增長定力，悟後得轉入增上班修學道種智，期能證得無生法忍。

3、**增上班　成唯識論**詳解　詳解八識心王的唯識性、唯識相、唯識位，分說八識心王及其心所各別的自性、所依、所緣、相應心所、行相、功用等，並闡述緣生諸法的四緣：因緣、等無間緣、所緣緣、增上緣等四緣，並論及十因五果等。論中闡釋**佛法實證及成就的根本法即是第八識，由第八識成就三界世間及出世間的一切染淨諸法，方有成佛之道可修、可證、可成就，名爲圓成實性**。然後詳解末法時代學人極易混淆的見道位所函蓋的眞見道、相見道、通達位等內容，指正末法時代高慢心一類學人，於見道位前後不斷所墮的同一邪謬處。末後開示修道位的十地之中，各地所應斷的二愚及所應證的一智，乃至佛位的四智圓明及具足四種涅槃等一切種智之眞實正理。由平實導師講述，每逢一、三、五週之週末晚上開示，每逢二、四週之週末爲重播班，供作後悟之菩薩補聞所未聽聞之法。增上班課程僅限已明心之會員參加。未來每逢講完十分之一內容時，便予出書流通；總共十輯，敬請期待。（註：《瑜伽師地論》從 2003 年二月開講，至 2022 年 2 月 19 日已經圓滿，爲期 18 年整。）

4、**解深密經**詳解　本經所說妙法極爲甚深難解，非唯論及佛法中心主旨的八識心王及般若實證之標的，亦論及眞見道之後轉入相見道位中應該修學之法，即是七眞如之觀行內涵，然後始可入地。亦論及見道之後，如何與解脫及佛菩提智相應，兼論十地進修之道，末論如來法身及四智圓明的一切種智境界。如是眞見道、相見道、諸地修行之義，傳至今時仍然可證，顯示佛法眞是義學而非玄談或思想，有實證之標的與內容，非學術界諸思惟研究者之所能到，乃是離言絕句之第八識第一義諦妙義。重講本經之目的，在於令諸已悟之人明解大乘佛法之成佛次第，以及悟後進修一切種智之內涵，確實證知三種自性性，並得據此證解七眞如、十眞如等正理，成就三無性的境界。已於 2021 年三月下旬起每逢週二的晚上公開宣講，由平實導師詳解。不限制聽講資格。

5、**精進禪三**　主三和尚：平實導師。於四天三夜中，以克勤圓悟大師及大慧宗杲之禪風，施設機鋒與小參、公案密意之開示，幫助會員剋期取證，親證不生不滅之眞實心——人人本有之如來藏。每年四月、十月各舉辦三個梯次；平實導師主持。僅限本會會員參加禪淨班共修期滿，報名審核通過者，方可參加。並選擇會中定力、慧力、福德三條件皆已具足之已明心會員，給以指引，令得眼見自己無形無相之佛性遍佈山河大地，眞實而無障礙，得以肉眼現觀世界身心悉皆如幻，具足成就如幻觀，圓滿十住菩薩之證境。

6、**阿含經**詳解　選擇重要之阿含部經典，依無餘涅槃之實際而加以詳解，令大眾得以現觀諸法緣起性空，亦復不墮斷滅見中，顯示經中所隱說之涅槃實際—如來藏—確實已於四阿含中隱說；令大眾得以聞後觀行，確實斷除我見乃至我執，證得**見到**眞現觀，乃至**身證**……等眞現觀；已得大乘或二乘見道者，亦可由此聞熏及聞後之觀行，除斷我所之貪著，成就慧解脫果。由平實導師詳解。不限制聽講資格。

7、**精選如來藏系經典**詳解　精選如來藏系經典一部，詳細解說，以此完全印證會員所悟如來藏之眞實，得入不退轉住。另行擇期詳細解說之，由平實導師講解。僅限已明心之會員參加。

8、**禪門差別智**　藉禪宗公案之微細淆訛難知難解之處，加以宣說及剖析，以增進明心、見性之功德，啓發差別智，建立擇法眼。每月第一週日全天，由平實導師開示，僅限破參明心後，復又眼見佛性者參加(事冗暫停)。

9、**枯木禪**　先講智者大師的《小止觀》，後說《釋禪波羅蜜》，詳解四禪八定之修證理論與實修方法，細述一般學人修定之邪見與岔路，及對禪定證境之誤會，消除枉用功夫、浪費生命之現象。已悟般若者，可以藉此而實修初禪，進入大乘通教及聲聞教的三果心解脫境界，配合應有的大福德及後得無分別智、十無盡願，即可進入初地心中。親教師：平實導師。未來緣熟時將於正覺寺開講。不限制聽講資格。

註：本會例行年假，自 2004 年起，改爲每年農曆新年前七天開始停息弘法事務及共修課程，農曆正月 8 日回復所有共修及弘法事務。新春期間（每日 9.00~17.00）開放台北講堂，方便會員禮佛祈福及會外人士請書。大溪區的正覺祖師堂，開放參訪時間，詳見〈正覺電子報〉或成佛之道網站。本表得因時節因緣需要而隨時修改之，不另作通知。

佛教正覺同修會　贈閱書籍 目錄

2021/8/30

1.**無相念佛**　平實導師著　回郵 36 元
2.**念佛三昧修學次第**　平實導師述著　回郵 52 元
3.**正法眼藏—護法集**　平實導師述著　回郵 76 元
4.**真假開悟簡易辨正法**&**佛子之省思**　平實導師著　回郵 26 元
5.**生命實相之辨正**　平實導師著　回郵 31 元
6.**如何契入念佛法門**（附：印順法師否定極樂世界）平實導師著　回郵 26 元
7.**平實書箋**—答元覽居士書　平實導師著　回郵 52 元
8.**三乘唯識**—如來藏系經律彙編　平實導師編　回郵 80 元
（精裝本　長 27 cm　寬 21 cm　高 7.5 cm　重 2.8 公斤）
9.**三時繫念全集**—修正本　回郵掛號 52 元（長 26.5 cm×寬 19 cm）
10.**明心與初地**　平實導師述　回郵 31 元
11.**邪見與佛法**　平實導師述著　回郵 36 元
12.**甘露法雨**　平實導師述　回郵 36 元
13.**我與無我**　平實導師述　回郵 36 元
14.**學佛之心態**—修正錯誤之學佛心態始能與正法相應 孫正德老師著 回郵52元
附錄：平實導師著**《略說八、九識並存…等之過失》**
15.**大乘無我觀**—《悟前與悟後》別說　平實導師述著　回郵 36 元
16.**佛教之危機**—中國台灣地區現代佛教之真相（附錄：公案拈提六則）
平實導師著　回郵 52 元
17.**燈 影**—燈下黑（覆「求教後學」來函等）平實導師著　回郵 76 元
18.**護法與毀法**—覆上平居士與徐恒志居士網站毀法二文
張正圜老師著　回郵 76 元
19.**淨土聖道**—兼評**選擇本願念佛**　正德老師著　**由正覺同修會購贈** 回郵 52 元
20.**辨唯識性相**—對「紫蓮心海《辯唯識性相》書中否定阿賴耶識」之回應
正覺同修會 台南共修處法義組 著　回郵 52 元
21.**假如來藏**—對法蓮法師《如來藏與阿賴耶識》書中否定阿賴耶識之回應
正覺同修會 台南共修處法義組 著　回郵 76 元
22.**入不二門**—公案拈提集錦 第一輯（於平實導師公案拈提諸書中選錄約二十則，
合輯為一冊流通之）平實導師著　回郵 52 元
23.**真假邪說**—西藏密宗索達吉喇嘛《破除邪說論》真是邪說
釋正安法師著　上、下冊回郵各 52 元
24.**真假開悟**—真如、如來藏、阿賴耶識間之關係　平實導師述著　回郵 76 元
25.**真假禪和**—辨正釋傳聖之謗法謬說　孫正德老師著　回郵 76 元

26.**眼見佛性**—駁慧廣法師眼見佛性的含義文中謬說
游正光老師著　回郵 52 元
27.**普門自在**—公案拈提集錦 第二輯（於平實導師公案拈提諸書中選錄約二十則，合輯爲一冊流通之）平實導師著　回郵 52 元
28.**印順法師的悲哀**—以現代禪的質疑為線索　恒毓博士著　回郵 52 元
29.**識蘊真義**—現觀識蘊內涵、取證初果、親斷三縛結之具體行門。
—依《成唯識論》及《唯識述記》正義，略顯安慧《大乘廣五蘊論》之邪謬
平實導師著　回郵 76 元
30.**正覺電子報** 各期紙版本　免附回郵　每次最多函索三期或三本。
（已無存書之較早各期，不另增印贈閱）
31.**現代人應有的宗教觀**　蔡正禮老師 著　回郵 31 元
32.**遠惑趣道**—正覺電子報般若信箱問答錄　第一輯　回郵 52 元
33.**遠惑趣道**—正覺電子報般若信箱問答錄　第二輯　回郵 52 元
34.**確保您的權益**—器官捐贈應注意自我保護　游正光老師 著　回郵 31 元
35.**正覺教團電視弘法三乘菩提 DVD 光碟（一）**
由正覺教團多位親教師共同講述錄製 DVD 8 片，MP3 一片，共 9 片。有二大講題：一爲「三乘菩提之意涵」，二爲「學佛的正知見」。內容精闢，深入淺出，精彩絕倫，幫助大眾快速建立三乘法道的正知見，免被外道邪見所誤導。有志修學三乘佛法之學人不可不看。（製作工本費 100 元，回郵 52 元）
36.**正覺教團電視弘法 DVD 專輯（二）**
總有二大講題：一爲「三乘菩提之念佛法門」，一爲「學佛正知見（第二篇）」，由正覺教團多位親教師輪番講述，內容詳細闡述如何修學念佛法門、實證念佛三昧，以及學佛應具有的正確知見，可以幫助發願往生西方極樂淨土之學人，得以把握往生，更可令學人快速建立三乘法道的正知見，免於被外道邪見所誤導。有志修學三乘佛法之學人不可不看。（一套 17 片，工本費 160 元。回郵 76 元）
37.**喇嘛性世界**—揭開假藏傳佛教譚崔瑜伽的面紗　張善思 等人合著
由正覺同修會購贈　回郵 52 元
38.**假藏傳佛教的神話**—性、謊言、喇嘛教　張正玄教授編著
由正覺同修會購贈　回郵 52 元
39.**隨 緣**—理隨緣與事隨緣　平實導師述　回郵 52 元。
40.**學佛的覺醒**　正枝居士 著　回郵 52 元
41.**導師之真實義**　蔡正禮老師 著　回郵 31 元
42.**淺談達賴喇嘛之雙身法**—兼論解讀「密續」之達文西密碼
吳明芷居士 著　回郵 31 元
43.**魔界轉世**　張正玄居士 著　回郵 31 元
44.**一貫道與開悟**　蔡正禮老師 著　回郵 31 元
45.**博愛**—愛盡天下女人　正覺教育基金會 編印　回郵 36 元

46.**意識虛妄經教彙編**—實證解脫道的關鍵經文　正覺同修會編印　回郵36元

47.**邪箭囈語**—破斥藏密外道多識仁波切《破魔金剛箭雨論》之邪說
陸正元老師著　上、下冊回郵各52元

48.**真假沙門**—依 佛聖教闡釋佛教僧寶之定義
蔡正禮老師著　俟正覺電子報連載後結集出版

49.**真假禪宗**—藉評論釋性廣《印順導師對變質禪法之批判
及對禪宗之肯定》以顯示真假禪宗
附論一：凡夫知見 無助於佛法之信解行證
附論二：世間與出世間一切法皆從如來藏實際而生而顯
余正偉老師著　俟正覺電子報連載後結集出版　回郵未定

★ 上列贈書之郵資，係台灣本島地區郵資，大陸、港、澳地區及外國地區，請另計酌增（大陸、港、澳、國外地區之郵票不許通用）。尚未出版之書，請勿先寄來郵資，以免增加作業煩擾。

★ 本目錄若有變動，唯於後印之書籍及「成佛之道」網站上修正公佈之，不另行個別通知。

函索書籍請寄：佛教正覺同修會　103台北市承德路3段277號9樓
台灣地區函索書籍者請附寄郵票，無時間購買郵票者可以等值現金抵用，但不接受郵政劃撥、支票、匯票。大陸地區得以人民幣計算，國外地區請以美元計算（請勿寄來當地郵票，在台灣地區不能使用）。欲以掛號寄遞者，請另附掛號郵資。

親自索閱：正覺同修會各共修處。　★請於共修時間前往取書，餘時無人在道場，請勿前往索取；共修時間與地點，詳見書末正覺同修會共修現況表（以近期之共修現況表為準）。

註：正智出版社發售之局版書，請向各大書局購閱。若書局之書架上已經售出而無陳列者，請向書局櫃台指定洽購；若書局不便代購者，請於正覺同修會共修時間前往各共修處請購，正智出版社已派人於共修時間送書前往各共修處流通。 郵政劃撥購書及 大陸地區 購書，請詳別頁正智出版社發售書籍目錄最後頁之說明。

成佛之道 網站：http://www.a202.idv.tw　正覺同修會已出版之結緣書籍，多已登載於 成佛之道 網站，若住外國、或住處遙遠，不便取得正覺同修會贈閱書籍者，可以從本網站閱讀及下載。

＊＊假藏傳佛教修雙身法，非佛教＊＊

正智出版社 籌募弘法基金發售書籍目錄 2023/05/18

1.**宗門正眼**—公案拈提 第一輯 重拈 平實導師著 500 元

因重寫內容大幅度增加故，字體必須改小，並增爲 576 頁 主文 546 頁。比初版更精彩、更有內容。初版《禪門摩尼寶聚》之讀者，可寄回本公司免費調換新版書。免附回郵，亦無截止期限。（2007 年起，每冊附贈本公司精製公案拈提〈超意境〉CD 一片。市售價格 280 元，多購多贈。）

2.**禪淨圓融** 平實導師著 200 元（第一版舊書可換新版書。）

3.**真實如來藏** 平實導師著 400 元

4.**禪—悟前與悟後** 平實導師著 上、下冊，每冊 250 元

5.**宗門法眼**—公案拈提 第二輯 平實導師著 500 元

（2007 年起，每冊附贈本公司精製公案拈提〈超意境〉CD 一片）

6.**楞伽經詳解** 平實導師著 全套共 10 輯 每輯 250 元

7.**宗門道眼**—公案拈提 第三輯 平實導師著 500 元

（2007 年起，每冊附贈本公司精製公案拈提〈超意境〉CD 一片）

8.**宗門血脈**—公案拈提 第四輯 平實導師著 500 元

（2007 年起，每冊附贈本公司精製公案拈提〈超意境〉CD 一片）

9.**宗通與說通**—成佛之道 平實導師著 主文 381 頁 全書 400 頁售價 300 元

10.**宗門正道**—公案拈提 第五輯 平實導師著 500 元

（2007 年起，每冊附贈本公司精製公案拈提〈超意境〉CD 一片）

11.**狂密與真密 一～四輯** 平實導師著 西藏密宗是人間最邪淫的宗教，本質不是佛教，只是披著佛教外衣的印度教性力派流毒的喇嘛教。此書中將西藏密宗密傳之男女雙身合修樂空雙運所有祕密與修法，毫無保留完全公開，並將全部喇嘛們所不知道的部分也一併公開。內容比大辣出版社喧騰一時的《西藏慾經》更詳細。並且函蓋藏密的所有祕密及其錯誤的中觀見、如來藏見……等，藏密的所有法義都在書中詳述、分析、辨正。每輯主文三百餘頁 每輯全書約 400 頁 售價每輯 300 元

12.**宗門正義**—公案拈提 第六輯 平實導師著 500 元

（2007 年起，每冊附贈本公司精製公案拈提〈超意境〉CD 一片）

13.**心經密意**—心經與解脫道、佛菩提道、祖師公案之關係與密意 平實導師述 300 元

14.**宗門密意**—公案拈提 第七輯 平實導師著 500 元

（2007 年起，每冊附贈本公司精製公案拈提〈超意境〉CD 一片）

15.**淨土聖道**—兼評「選擇本願念佛」 正德老師著 200 元

16.**起信論講記** 平實導師述著 共六輯 每輯三百餘頁 售價各 250 元

17.**優婆塞戒經講記**　平實導師述著 共八輯 每輯三百餘頁 售價各 250 元

18.**真假活佛**—略論附佛外道盧勝彥之邪說（對前岳靈犀網站主張「盧勝彥是證悟者」之修正） 正犀居士（岳靈犀）著　流通價 140 元

19.**阿含正義**—唯識學探源　平實導師著　共七輯　每輯 300 元

20.**超意境 CD** 以平實導師公案拈提書中超越意境之頌詞，加上曲風優美的旋律，錄成令人嚮往的超意境歌曲，其中包括正覺發願文及平實導師親自譜成的黃梅調歌曲一首。詞曲雋永，殊堪翫味，可供學禪者吟詠，有助於見道。內附設計精美的彩色小冊，解說每一首詞的背景本事。每片 280 元。【每購買公案拈提書籍一冊，即贈送一片。】

21.**菩薩底憂鬱 CD** 將菩薩情懷及禪宗公案寫成新詞，並製作成超越意境的優美歌曲。 1.主題曲〈菩薩底憂鬱〉，描述地後菩薩能離三界生死而迴向繼續生在人間，但因尚未斷盡習氣種子而有極深沈之憂鬱，非三賢位菩薩及二乘聖者所知，此憂鬱在七地滿心位方才斷盡；本曲之詞中所說義理極深，昔來所未曾見；此曲係以優美的情歌風格寫詞及作曲，聞者得以激發嚮往諸地菩薩境界之大心，詞、曲都非常優美，難得一見；其中勝妙義理之解說，已印在附贈之彩色小冊中。 2.以各輯公案拈提中直示禪門入處之頌文，作成各種不同曲風之超意境歌曲，值得玩味、參究；聆聽公案拈提之優美歌曲時，請同時閱讀內附之印刷精美說明小冊，可以領會超越三界的證悟境界；未悟者可以因此引發求悟之意向及疑情，眞發菩提心而邁向求悟之途，乃至因此眞實悟入般若，成眞菩薩。 3.正覺總持咒新曲，總持佛法大意；總持咒之義理，已加以解說並印在隨附之小冊中。本 CD 共有十首歌曲，長達 63 分鐘。每盒各附贈二張購書優惠券。每片 320 元。

22.**禪意無限 CD** 平實導師以公案拈提書中偈頌寫成不同風格曲子，與他人所寫不同風格曲子共同錄製出版，幫助參禪人進入禪門超越意識之境界。盒中附贈彩色印製的精美解說小冊，以供聆聽時閱讀，令參禪人得以發起參禪之疑情，即有機會證悟本來面目而發起實相智慧，實證大乘菩提般若，能如實證知般若經中的眞實意。本 CD 共有十首歌曲，長達 69 分鐘，每盒各附贈二張購書優惠券。每片 320 元。

23.**我的菩提路**第一輯　釋悟圓、釋善藏等人合著　售價 300 元

24.**我的菩提路**第二輯　郭正益等人合著　售價 300 元

（初版首刷至第四刷，都可以寄來免費更換爲第二版，免附郵費）

25.**我的菩提路**第三輯　王美伶等人合著　售價 300 元

26.**我的菩提路**第四輯　陳晏平等人合著　售價 300 元

27.**我的菩提路**第五輯　林慈慧等人合著　售價 300 元

28.**我的菩提路**第六輯　劉惠莉等人合著　售價 300 元

29.**我的菩提路**第七輯　余正偉等人合著　售價 300 元

30.**鈍鳥與靈龜**—考證後代凡夫對大慧宗杲禪師的無根誹謗。
平實導師著 共 458 頁 售價 350 元

31.**維摩詰經講記** 平實導師述 共六輯 每輯三百餘頁 售價各 250 元

32.**真假外道**—破劉東亮、杜大威、釋證嚴常見外道見　正光老師著　200 元

33.**勝鬘經講記**—兼論印順《勝鬘經講記》對於《勝鬘經》之誤解。
平實導師述　共六輯　每輯三百餘頁　售價 250 元

34.**楞嚴經講記** 平實導師述 共 15 輯，每輯三百餘頁 售價 300 元

35.**明心與眼見佛性**—駁慧廣〈蕭氏「眼見佛性」與「明心」之非〉文中謬說
正光老師著　共 448 頁　售價 300 元

36.**見性與看話頭** 黃正倖老師 著，本書是禪宗參禪的方法論。
內文 375 頁，全書 416 頁，售價 300 元。

37.**達賴真面目**—玩盡天下女人 白正偉老師 等著 中英對照彩色精裝大本 800 元

38.**喇嘛性世界**—揭開假藏傳佛教譚崔瑜伽的面紗　張善思 等人著　200 元

39.**假藏傳佛教的神話**—性、謊言、喇嘛教　正玄教授編著　200 元

40.**金剛經宗通**　平實導師述　共九輯　每輯售價 250 元。

41.**空行母**—性別、身分定位，以及藏傳佛教。
珍妮·坎貝爾著 呂艾倫 中譯 售價 250 元

42.**末代達賴**—性交教主的悲歌　張善思、呂艾倫、辛燕編著 售價 250 元

43.**霧峰無霧**—給哥哥的信　辨正釋印順對佛法的無量誤解
游宗明 老師著　售價 250 元

44.**霧峰無霧**—第二輯—救護佛子向正道　細說釋印順對佛法的各類誤解
游宗明 老師著　售價 250 元

45.**第七意識與第八意識？**—穿越時空「超意識」
平實導師述　每冊 300 元

46.**黯淡的達賴**—失去光彩的諾貝爾和平獎
正覺教育基金會編著　每冊 250 元

47.**童女迦葉考**—論呂凱文〈佛教輪迴思想的論述分析〉之謬。
平實導師 著 定價 180 元

48.**人間佛教**—實證者必定不悖三乘菩提
平實導師 述，定價 400 元

49.**實相經宗通**　平實導師述　共八輯　每輯 250 元
50.**真心告訴您(一)**—達賴喇嘛在幹什麼？
正覺教育基金會編著　售價 250 元
51.**中觀金鑑**—詳述應成派中觀的起源與其破法本質
孫正德老師著　分爲上、中、下三冊，每冊 250 元
52.**藏傳佛教要義**—《狂密與真密》之簡體字版　平實導師 著 上、下冊
僅在大陸流通　每冊 300 元
53.**法華經講義**　平實導師述　共二十五輯　每輯三百餘頁 售價 300 元
54.**西藏「活佛轉世」制度**—附佛、造神、世俗法
許正豐、張正玄老師合著　定價 150 元
55.**廣論三部曲**　郭正益老師著　定價 150 元
56.**真心告訴您(二)**—達賴喇嘛是佛教僧侶嗎？
—補祝達賴喇嘛八十大壽
正覺教育基金會編著　售價 300 元
57.**次法**—實證佛法前應有的條件
張善思居士著　分爲上、下二冊，每冊 250 元
58.**涅槃**—解說四種涅槃之實證及內涵　平實導師著 上、下冊 各 350 元
59.**山法**—西藏關於他空與佛藏之根本論
篤補巴‧喜饒堅贊著　傑弗里‧霍普金斯英譯
張火慶教授、呂艾倫老師中譯　精裝大本 1200 元
60.**佛藏經講義**　平實導師述　共二十一輯　每輯三百餘頁 售價 300 元。
61.**成唯識論**　大唐 玄奘菩薩所著鉅論。重新正確斷句，並以不同字體及標點符號顯示質疑文，令得易讀。全書 288 頁，精裝大本 400 元。
62.**大法鼓經講義**　平實導師述 2023 年 1 月 30 日開始出版　共六輯 每二個月出版一輯，每輯 300 元
63.**成唯識論釋**—詳解大唐玄奘菩薩所著《成唯識論》，平實導師著述。共十輯每輯內文四百餘頁，12級字編排，於每講完一輯的分量以後即予出版，2023年五月底出版第一輯，以後每七到十個月出版一輯，每輯400元。
64.**假鋒虛焰金剛乘**—揭示顯密正理，兼破索達吉師徒《般若鋒兮金剛焰》
釋正安法師著 簡體字版 即將出版 售價未定
65.**廣論之平議**—宗喀巴《菩提道次第廣論》之平議　正雄居士著
約二或三輯　俟正覺電子報連載後結集出版　書價未定
66.**不退轉法輪經講義** 平實導師講述 《大法鼓經講義》出版後發行
67.**八識規矩頌**詳解　○○居士 註解　出版日期另訂　書價未定。

68.**中觀正義**—註解平實導師《中論正義頌》。

◯◯法師（居士）著　出版日期未定　書價未定

69.**中論正義**—釋龍樹菩薩《中論》頌正理。

孫正德老師著　出版日期未定　書價未定

70.**中國佛教史**—依中國佛教正法史實而論。 ◯◯老師 著　書價未定。

71.**印度佛教史**—法義與考證。依法義史實評論印順《印度佛教思想史、佛教史地考論》之謬說　正偉老師著　出版日期未定　書價未定

72.**阿含經講記**—將選錄四阿含中數部重要經典全經講解之，講後整理出版。

平實導師述　約二輯　每輯300元　出版日期未定

73.**寶積經講記**　平實導師述　每輯三百餘頁　優惠價300元　出版日期未定

74.**解深密經講義**　平實導師述　約四輯　將於重講後整理出版

75.**修習止觀坐禪法要講記**　平實導師述　每輯三百餘頁

將於正覺寺建成後重講、以講記逐輯出版　出版日期未定

76.**無門關**—《無門關》公案拈提　平實導師著　出版日期未定

77.**中觀再論**—兼述印順《中觀今論》謬誤之平議。正光老師著　出版日期未定

78.**輪迴與超度**—佛教超度法會之真義。

◯◯法師（居士）著　出版日期未定　書價未定

79.**《釋摩訶衍論》平議**—對偽稱龍樹所造《釋摩訶衍論》之平議

◯◯法師（居士）著　出版日期未定　書價未定

80.**正覺發願文**註解—以真實大願為因 得證菩提

正德老師著　出版日期未定　書價未定

81.**正覺總持咒**—佛法之總持　正圜老師著　出版日期未定　書價未定

82.**三自性**—依四食、五蘊、十二因緣、十八界法，說三性三無性。

作者未定　出版日期未定

83.**道品**—從三自性說大小乘三十七道品　作者未定　出版日期未定

84.**大乘緣起觀**—依四聖諦七真如現觀十二緣起 作者未定　出版日期未定

85.**三德**—論解脫德、法身德、般若德。　作者未定　出版日期未定

86.**真假如來藏**—對印順《如來藏之研究》謬說之平議　作者未定 出版日期未定

87.**大乘道次第**　作者未定　出版日期未定　書價未定

88.**四緣**—依如來藏故有四緣。　作者未定　出版日期未定

89.**空之探究**—印順《空之探究》謬誤之平議　作者未定 出版日期未定

90.**十法義**—論阿含經中十法之正義　作者未定　出版日期未定

91.**外道見**—論述外道六十二見　作者未定　出版日期未定

正智出版社有限公司 書籍介紹

禪淨圓融：言淨土諸祖所未曾言，示諸宗祖師所未曾示；禪淨圓融，另闢成佛捷徑，兼顧自力他力，闡釋淨土門之速行易行道，亦同時揭櫫聖教門之速行易行道；令廣大淨土行者得免緩行難證之苦，亦令聖道門行者得以藉著淨土速行道而加快成佛之時劫。乃前無古人之超勝見地，非一般弘揚禪淨法門典籍也，先讀爲快。平實導師著 200元。

宗門正眼——公案拈提第一輯：繼承克勤圜悟大師碧巖錄宗旨之禪門鉅作。先則舉示當代大法師之邪說，消弭當代禪門大師鄉愿之心態，摧破當今禪門「世俗禪」之妄談；次則旁通教法，表顯宗門正理；繼以道之次第，消弭古今狂禪；後藉言語及文字機鋒，直示宗門入處。悲智雙運，禪味十足，數百年來難得一睹之禪門鉅著也。平實導師著 500元（原初版書《禪門摩尼寶聚》，改版後補充爲五百餘頁新書，總計多達二十四萬字，內容更精彩，並改名爲《宗門正眼》，讀者原購初版《禪門摩尼寶聚》皆可寄回本公司免費換新，免附回郵，亦無截止期限）（2007年起，凡購買公案拈提第一輯至第七輯，每購一輯皆贈送本公司精製公案拈提〈超意境〉CD一片，市售價格280元，多購多贈）。

禪—悟前與悟後：本書能建立學人悟道之信心與正確知見，圓滿具足而有次第地詳述禪悟之功夫與禪悟之內容，指陳參禪中細微淆訛之處，能使學人明自眞心、見自本性。若未能悟入，亦能以正確知見辨別古今中外一切大師究係眞悟？或屬錯悟？便有能力揀擇，捨名師而選明師，後時必有悟道之緣。一旦悟道，遲者七次人天往返，便出三界，速者一生取辦。學人欲求開悟者，不可不讀。　平實導師著。上、下冊共500元，單冊250元。

眞實如來藏：如來藏眞實存在，乃宇宙萬有之本體，並非印順法師、達賴喇嘛等人所說之「唯有名相、無此心體」。如來藏是涅槃之本際，是一切有智之人竭盡心智、不斷探索而不能得之生命實相；是古今中外許多大師自以爲悟而當面錯過之生命實相。如來藏即是阿賴耶識，乃是一切有情本自具足、不生不滅之眞實心。當代中外大師於此書出版之前所未能言者，作者於本書中盡情流露、詳細闡釋。眞悟者讀之，必能增益悟境、智慧增上；錯悟者讀之，必能檢討自己之錯誤，免犯大妄語業；未悟者讀之，能知參禪之理路，亦能以之檢查一切名師是否眞悟。此書是一切哲學家、宗教家、學佛者及欲昇華心智之人必讀之鉅著。　平實導師著　售價400元。

宗門法眼—公案拈提第二輯：列舉實例，闡釋土城廣欽老和尚之悟處；並直示這位不識字的老和尚妙智橫生之根由，繼而剖析禪宗歷代大德之開悟公案，解析當代密宗高僧卡盧仁波切之錯悟證據，並例舉當代顯宗高僧、大居士之錯悟證據（凡健在者，爲免影響其名聞利養，皆隱其名）。藉辨正當代名師之邪見，向廣大佛子指陳禪悟之正道，彰顯宗門法眼。悲勇兼出，強捋虎鬚；慈智雙運，巧探驪龍；摩尼寶珠在手，直示宗門入處，禪味十足；若非大悟徹底，不能爲之。禪門精奇人物，允宜人手一冊，供作參究及悟後印證之圭臬。本書於2008年4月改版，增寫為大約500頁篇幅，以利學人研讀參究時更易悟入宗門正法，以前所購初版首刷及初版二刷舊書，皆可免費換取新書。平實導師著 500元（2007年起，凡購買公案拈提第一輯至第七輯，每購一輯皆贈送本公司精製公案拈提〈超意境〉CD一片，市售價格280元，多購多贈）。

宗門道眼—公案拈提第三輯：繼宗門法眼之後，再以金剛之作略、慈悲之胸懷、犀利之筆觸，舉示寒山、拾得、布袋三大士之悟處，消弭當代錯悟者對於寒山大士……等之誤會及誹謗。亦舉出民初以來與虛雲和尚齊名之蜀郡鹽亭袁煥仙夫子——南懷瑾老師之師，其「悟處」何在？並蒐羅許多眞悟祖師之證悟公案，顯示禪宗歷代祖師之睿智，指陳部分祖師、奧修及當代顯密大師之謬悟，作爲殷鑑，幫助禪子建立及修正參禪之方向及知見。假使讀者閱此書已，一時尚未能悟，亦可一面加功用行，一面以此宗門道眼辨別眞假善知識，避開錯誤之印證及歧路，可免大妄語業之長劫慘痛果報。欲修禪宗之禪者，務請細讀。平實導師著 售價500元（2007年起，凡購買公案拈提第一輯至第七輯，每購一輯皆贈送本公司精製公案拈提〈超意境〉CD一片，市售價格280元，多購多贈）。

楞伽經詳解：本經是禪宗見道者印證所悟眞僞之根本經典，亦是禪宗見道者悟後起修之依據經典；故達摩祖師於印證二祖慧可大師之後，將此經典連同佛鉢祖衣一併交付二祖，令其依此經典佛示金言、進入修道位，修學一切種智。由此可知此經對於眞悟之人修學佛道，是非常重要之一部經典。此經能破外道邪說，亦破佛門中錯悟名師之謬說，亦破禪宗部分祖師之狂禪：不讀經典、一向主張「一悟即成究竟佛」之謬執。並開示愚夫所行禪、觀察義禪、攀緣如禪、如來禪等差別，令行者對於三乘禪法差異有所分辨；亦糾正禪宗祖師古來對於如來禪之誤解，嗣後可免以訛傳訛之弊。此經亦是法相唯識宗之根本經典，禪者悟後欲修一切種智而入初地者，必須詳讀。平實導師著，全套共十輯，已全部出版完畢，每輯主文約320頁，每冊約352頁，定價250元。

宗門血脈—公案拈提第四輯：末法怪象—許多修行人自以爲悟，每將無念靈知認作眞實；崇尚二乘法諸師及其徒眾，則將外於如來藏之緣起性空—無因論之無常空、斷滅空、一切法空—錯認爲佛所說之般若空性。這兩種現象已於當今海峽兩岸及美加地區顯密大師之中普遍存在；人人自以爲悟，心高氣壯，便敢寫書解釋祖師證悟之公案，大多出於意識思惟所得，言不及義，錯誤百出，因此誤導廣大佛子同陷大妄語之地獄業中而不能自知。彼等書中所說之悟處，其實處處違背第一義經典之聖言量。彼等諸人不論是否身披袈裟，都非佛法宗門血脈，或雖有禪宗法脈之傳承，亦只徒具形式；猶如螟蛉，非眞血脈，未悟得根本眞實故。禪子欲知佛、祖之眞血脈者，請讀此書，便知分曉。平實導師著，主文452頁，全書464頁，定價500元（2007年起，凡購買公案拈提第一輯至第七輯，每購一輯皆贈送本公司精製公案拈提〈超意境〉CD一片，市售價格280元，多購多贈）。

宗通與說通：古今中外，錯誤之人如麻似粟，每以常見外道所說之靈知心，認作眞心；或妄想虛空之勝性能量爲眞如，或錯認物質四大元素藉冥性（靈知心本體）能成就吾人色身及知覺，或認初禪至四禪中之了知心爲不生不滅之涅槃心。此等皆非通宗者之見地。復有錯悟之人一向主張「宗門與教門不相干」，此即尚未通達宗門之人也。其實宗門與教門互通不二，宗門所證者乃是眞如與佛性，教門所說者乃說宗門證悟之眞如佛性，故教門與宗門不二。本書作者以宗教二門互通之見地，細說「宗通與說通」，從初見道至悟後起修之道、細說分明；並將諸宗諸派在整體佛教中之地位與次第，加以明確之教判，學人讀之即可了知佛法之梗概也。欲擇明師學法之前，允宜先讀。平實導師著，主文共381頁，全書392頁，只售成本價300元。

宗門正道—**公案拈提第五輯**：修學大乘佛法有二果須證解脫果及大菩提果。二乘人不證大菩提果，唯證解脫果；此果之智慧，名爲聲聞菩提、緣覺菩提。大乘佛子所證二果之菩提果爲佛菩提，故名大菩提果，其慧名爲一切種智函蓋二乘解脫果。然此大乘二果修證，須經由禪宗之宗門證悟方能相應。而宗門證悟極難，自古已然；其所以難者，咎在古今佛教界普遍存在三種邪見：1.以修定認作佛法，2.以無因論之緣起性空—否定涅槃本際如來藏以後之一切法空作爲佛法，3.以常見外道邪見（離語言妄念之靈知性）作爲佛法。如是邪見，或因自身正見未立所致，或因邪師之邪教導所致，或因無始劫來虛妄熏習所致。若不破除此三種邪見，永劫不悟宗門眞義、不入大乘正道，唯能外門廣修菩薩行。平實導師於此書中，有極爲詳細之說明，有志佛子欲摧邪見、入於內門修菩薩行者，當閱此書。主文共496頁，全書512頁。售價500元（2007年起，凡購買公案拈提第一輯至第七輯，每購一輯皆贈送本公司精製公案拈提〈超意境〉CD一片，市售價格280元，多購多贈）。

狂密與眞密：密教之修學，皆由有相之觀行法門而入，其最終目標仍不離顯教經典所說第一義諦之修證；若離顯教第一義經典、或違背顯教第一義經典，即非佛教。西藏密教之觀行法，如灌頂、觀想、遷識法、寶瓶氣、大聖歡喜雙身修法、喜金剛、無上瑜伽、大樂光明、樂空雙運等，皆是印度教兩性生生不息思想之轉化，自始至終皆以如何能運用交合淫樂之法達到全身受樂爲其中心思想，純屬欲界五欲的貪愛，不能令人超出欲界輪迴，更不能令人斷除我見；何況大乘之明心與見性，更無論矣！故密宗之法絕非佛法也。而其明光大手印、大圓滿法教，又皆同以常見外道所說離語言妄念之無念靈知心錯認爲佛地之眞如，不能直指不生不滅之眞如。西藏密宗所有法王與徒眾，都尚未開頂門眼，不能辨別眞僞，以依人不依法、依密續不依經典故，不肯將其上師喇嘛所說對照第一義經典，純依密續之藏密祖師所說爲準，因此而誇大其證德與證量，動輒謂彼祖師上師爲究竟佛、爲地上菩薩；如今台海兩岸亦有自謂其師證量高於 釋迦文佛者，然觀其師所述，猶未見道，仍在觀行即佛階段，尚未到禪宗相似即佛、分證即佛階位，竟敢標榜爲究竟佛及地上法王，誑惑初機學人。凡此怪象皆是狂密，不同於眞密之修行者。近年狂密盛行，密宗行者被誤導者極眾，動輒自謂已證佛地眞如，自視爲究竟佛，陷於大妄語業中而不知自省，反謗顯宗眞修實證者之證量粗淺；或如義雲高與釋性圓…等人，於報紙上公然誹謗眞實證道者爲「騙子、無道人、人妖、癩蛤蟆…」等，造下誹謗大乘勝義僧之大惡業；或以外道法中有爲有作之甘露、魔術……等法，誑騙初機學人，狂言彼外道法爲眞佛法。如是怪象，在西藏密宗及附藏密之外道中，不一而足，舉之不盡，學人宜應愼思明辨，以免上當後又犯毀破菩薩戒之重罪。密宗學人若欲遠離邪知邪見者，請閱此書，即能了知密宗之邪謬，從此遠離邪見與邪修，轉入眞正之佛道。

平實導師著 共四輯 每輯約400頁（主文約340頁）每輯售價300元。

宗門正義—公案拈提第六輯：佛教有六大危機，乃是藏密化、世俗化、膚淺化、學術化、宗門密意失傳、悟後進修諸地之次第混淆；其中尤以宗門密意之失傳，爲當代佛教最大之危機。由宗門密意失傳故，易令世尊本懷普被錯解，易令世尊正法被轉易爲外道法，以及加以淺化、世俗化，是故宗門密意之廣泛弘傳與具緣佛弟子，極爲重要。然而欲令宗門密意之廣泛弘傳予具緣之佛弟子者，必須同時配合錯誤知見之解析、普令佛弟子知之，然後輔以公案解析之直示入處，方能令具緣之佛弟子悟入。而此二者，皆須以公案拈提之方式爲之，方易成其功、竟其業，是故平實導師續作宗門正義一書，以利學人。全書500餘頁，售價500元（2007年起，凡購買公案拈提第一輯至第七輯，每購一輯皆贈送本公司精製公案拈提〈超意境〉CD一片，市售價格280元，多購多贈）。

心經密意—心經與解脫道、佛菩提道、祖師公案之關係與密意。二乘菩提所證之解脫道，實依第八識心之斷除煩惱障現行而立解脫之名；大乘菩提所證之佛菩提道，實依親證第八識如來藏之涅槃性、清淨自性、及其中道性而立般若之名；禪宗祖師公案所證之眞心，即是此第八識如來藏；是故三乘佛法所修所證之三乘菩提，皆依此如來藏心而立名也。此第八識心，即是《心經》所說之心也。證得此如來藏已，即能漸入大乘佛菩提道，亦可因證知此心而了知二乘無學所不能知之無餘涅槃本際，是故《心經》之密意，與三乘佛菩提之關係極爲密切、不可分割，三乘佛法皆依此心而立名故。今者平實導師以其所證解脫道之無生智及佛菩提之般若種智，將《心經》與解脫道、佛菩提道、祖師公案之關係與密意，以演講之方式，用淺顯之語句和盤托出，發前人所未言，呈三乘菩提之眞義，令人藉此《心經密意》一舉而窺三乘菩提之堂奧，迥異諸方言不及義之說；欲求眞實佛智者、不可不讀！主文317頁，連同跋文及序文…等共384頁，售價300元。

宗門密意—**公案拈提**第七輯：佛教之世俗化，將導致學人以信仰作爲學佛，則將以感應及世間法之庇祐，作爲學佛之主要目標，不能了知學佛之主要目標爲親證三乘菩提。大乘菩提則以般若實相智慧爲主要修習目標，以二乘菩提解脫道爲附帶修習之標的；是故學習大乘法者，應以禪宗之證悟爲要務，能親入大乘菩提之實相般若智慧中故，般若實相智慧非二乘聖人所能知故。此書則以台灣世俗化佛教之三大法師，說法似是而非之實例，配合眞悟祖師之公案解析，提示證悟般若之關節，令學人易得悟入。平實導師著，全書五百餘頁，售價500元（2007年起，凡購買公案拈提第一輯至第七輯，每購一輯皆贈送本公司精製公案拈提〈超意境〉CD一片，市售價格280元，多購多贈）。

淨土聖道—兼評日本本願念佛：佛法甚深極廣，般若玄微，非諸二乘聖僧所能知之，一切凡夫更無論矣！所謂一切證量皆歸淨土是也！是故大乘法中「聖道之淨土、淨土之聖道」，其義甚深，難可了知；乃至眞悟之人，初心亦難知也。今有正德老師眞實證悟後，復能深探淨土與聖道之緊密關係，憐憫眾生之誤會淨土實義，亦欲利益廣大淨土行人同入聖道，同獲淨土中之聖道門要義，乃振奮心神、書以成文，今得刊行天下。主文279頁，連同序文等共301頁，總有十一萬六千餘字，正德老師著，成本價200元。

起信論講記：詳解大乘起信論**心生滅門**與**心眞如門**之眞實意旨，消除以往大師與學人對起信論所說**心生滅門**之誤解，由是而得了知眞心如來藏之非常非斷中道正理；亦因此一講解，令此論以往隱晦而被誤解之眞實義，得以如實顯示，令大乘佛菩提道之正理得以顯揚光大；初機學者亦可藉此正論所顯示之法義，對大乘法理生起正信，從此得以眞發菩提心，眞入大乘法中修學，世世常修菩薩正行。平實導師演述，共六輯，都已出版，每輯三百餘頁，售價250元。

優婆塞戒經講記：本經詳述在家菩薩修學大乘佛法，應如何受持菩薩戒？對人間善行應如何看待？對三寶應如何護持？應如何正確地修集此世後世證法之福德？應如何修集後世「行菩薩道之資糧」？並詳述第一義諦之正義：五蘊非我非異我、自作自受、異作異受、不作不受……等深妙法義，乃是修學大乘佛法、行菩薩行之在家菩薩所應當了知者。出家菩薩今世或未來世登地已，捨報之後多數將如華嚴經中諸大菩薩，以在家菩薩身而修行菩薩行，故亦應以此經所述正理而修之，配合《楞伽經、解深密經、楞嚴經、華嚴經》等道次第正理，方得漸次成就佛道；故此經是一切大乘行者皆應證知之正法。平實導師講述，每輯三百餘頁，售價各250元；共八輯，已全部出版。

真假活佛—略論附佛外道盧勝彥之邪說：人人身中都有眞活佛，永生不滅而有大神用，但眾生都不了知，所以常被身外的西藏密宗假活佛籠罩欺瞞。本來就眞實存在的眞活佛，才是眞正的密宗無上密！諾那活佛因此而說禪宗是大密宗，但藏密的所有活佛都不知道、也不曾實證自身中的眞活佛。本書詳實宣示眞活佛的道理，舉證盧勝彥的「佛法」不是眞佛法，也顯示盧勝彥是假活佛，直接的闡釋第一義佛法見道的眞實正理。眞佛宗的所有上師與學人們，都應該詳細閱讀，包括盧勝彥個人在內。正犀居士著，優惠價140元。

阿含正義—唯識學探源：廣說四大部《阿含經》諸經中隱說之眞正義理，一一舉示佛陀本懷，令阿含時期初轉法輪根本經典之眞義，如實顯現於佛子眼前。並提示末法大師對於阿含眞義誤解之實例，一一比對之，證實唯識增上慧學確於原始佛法之阿含諸經中已隱覆密意而略說之，證實 世尊確於原始佛法中已曾密意而說第八識如來藏之總相；亦證實 世尊在四阿含中已說此藏識是名色十八界之因、之本—證明如來藏是能生萬法之根本心。佛子可據此修正以往受諸大師（譬如西藏密宗應成派中觀師：印順、昭慧、性廣、大願、達賴、宗喀巴、寂天、月稱、……等人）誤導之邪見，建立正見，轉入正道乃至親證初果而無困難；書中並詳說三果所證的**心解脫**，以及四果**慧解脫**的親證，都是如實可行的具體知見與行門。全書共七輯，已出版完畢。平實導師著，每輯三百餘頁，售價300元。

超意境CD：以平實導師公案拈提書中超越意境之頌詞，加上曲風優美的旋律，錄成令人嚮往的超意境歌曲，其中包括正覺發願文及平實導師親自譜成的黃梅調歌曲一首。詞曲雋永，殊堪翫味，可供學禪者吟詠，有助於見道。內附設計精美的彩色小冊，解說每一首詞的背景本事。每片280元。【每購買公案拈提書籍一冊，即贈送一片。】

菩薩底憂鬱CD將菩薩情懷及禪宗公案寫成新詞，並製作成超越意境的優美歌曲。1.主題曲〈菩薩底憂鬱〉，描述地後菩薩能離三界生死而迴向繼續生在人間，但因尚未斷盡習氣種子而有極深沈之憂鬱，非三賢位菩薩及二乘聖者所知，此憂鬱在七地滿心位方才斷盡；本曲之詞中所說義理極深，昔來所未曾見；此曲係以優美的情歌風格寫詞及作曲，聞者得以激發嚮往諸地菩薩境界之大心，詞、曲都非常優美，難得一見；其中勝妙義理之解說，已印在附贈之彩色小冊中。2.以各輯公案拈提中直示禪門入處之頌文，作成各種不同曲風之超意境歌曲，值得玩味、參究；聆聽公案拈提之優美歌曲時，請同時閱讀內附之印刷精美說明小冊，可以領會超越三界的證悟境界；未悟者可以因此引發求悟之意向及疑情，眞發菩提心而邁向求悟之途，乃至因此眞實悟入般若，成眞菩薩。3.正覺總持咒新曲，總持佛法大意；總持咒之義理，已加以解說並印在隨附之小冊中。本CD共有十首歌曲，長達63分鐘，附贈二張購書優惠券。每片320元。

禪意無限CD平實導師以公案拈提書中偈頌寫成不同風格曲子，與他人所寫不同風格曲子共同錄製出版，幫助參禪人進入禪門超越意識之境界。盒中附贈彩色印製的精美解說小冊，以供聆聽時閱讀，令參禪人得以發起參禪之疑情，即有機會證悟本來面目，實證大乘菩提般若。本CD共有十首歌曲，長達69分鐘，每盒各附贈二張購書優惠券。每片320元。

我的菩提路第一輯：凡夫及二乘聖人不能實證的佛菩提證悟，末法時代的今天仍然有人能得實證，由正覺同修會釋悟圓、釋善藏法師等二十餘位實證如來藏者所寫的見道報告，已爲當代學人見證宗門正法之絲縷不絕，證明大乘義學的法脈仍然存在，爲末法時代求悟般若之學人照耀出光明的坦途。由二十餘位大乘見道者所繕，敘述各種不同的學法、見道因緣與過程，參禪求悟者必讀。全書三百餘頁，售價300元。

我的菩提路第二輯：由郭正益老師等人合著，書中詳述彼等諸人歷經各處道場學法，一一修學而加以檢擇之不同過程以後，因閱讀正覺同修會、正智出版社書籍而發起抉擇分，轉入正覺同修會中修學；乃至學法及見道之過程，都一一詳述之。**本書已改版印製重新流通**，讀者原購的初版書，不論是第一刷或第二、三、四刷，都可以寄回換新，免附郵費。

我的菩提路第三輯：由王美伶老師等人合著。自從正覺同修會成立以來，每年夏初、冬初都舉辦精進禪三共修，藉以助益會中同修們得以證悟明心發起般若實相智慧；凡已實證而被平實導師印證者，皆書具見道報告用以證明佛法之眞實可證而非玄學，證明佛法並非純屬思想、理論而無實質，是故每年都能有人證明正覺同修會的「實證佛教」主張並非虛語。特別是眼見佛性一法，自古以來中國禪宗祖師實證者極寡，較之明心開悟的證境更難令人信受；至2017年初，正覺同修會中的證悟明心者已近五百人，然而其中眼見佛性者至今唯十餘人爾，可謂難能可貴，是故明心後欲冀眼見佛性者實屬不易。黃正倖老師是懸絕七年無人見性後的第一人，她於2009年的見性報告刊於本書的第二輯中，爲大眾證明佛性確實可以眼見；其後七年之中求見性者都屬解悟佛性而無人眼見，幸而又經七年後的2016冬初，以及2017夏初的禪三，復有三人眼見佛性，希冀鼓舞四眾佛子求見佛性之大心，今則具載一則於書末，顯示求見佛性之事實經歷，供養現代佛教界欲得見性之四眾弟子。全書四百頁，售價300元，已於2017年6月30日發行。

我的菩提路第四輯：由陳晏平等人著。中國禪宗祖師往往有所謂「見性」之言，所言多屬看見如來藏具有能令人發起成佛之自性，並非《大般涅槃經》中 如來所說之眼見佛性。眼見佛性者，於親見佛性之時，即能於山河大地眼見自己佛性，亦能於他人身上眼見自己佛性及對方之佛性，如是境界無法爲尚未實證者解釋；勉強說之，縱使眞實明心證悟之人聞之，亦只能以自身明心之境界想像之，但不論如何想像多屬非量，能有正確之比量者亦是稀有，故說眼見佛性極爲困難。眼見佛性之人若所見極分明時，在所見佛性之境界下所眼見之山河大地、自己五蘊身心皆是虛幻，自有異於明心者之解脫功德受用，此後永不思證二乘涅槃，必定邁向成佛之道而進入第十住位中，已超第一阿僧祇劫三分有一，可謂之爲超劫精進也。今又有明心之後眼見佛性之人出於人間，將其明心及後來見性之報告，連同其餘證悟明心者之精彩報告一同收錄於此書中，供養眞求佛法實證之四眾佛子。全書380頁，售價300元，已於2018年6月30日發行。

我的菩提路第五輯：林慈慧老師等人著，本輯中所舉學人從相似正法中來到正覺同修會的過程，各人都有不同，發生的因緣亦是各有差別，然而都會指向同一個目標——證實生命實相的源底，確證自己生從何來、死往何去的事實，所以最後都證明佛法眞實而可親證，絕非玄學；本書將彼等諸人的始修及末後證悟之實例，羅列出來以供學人參考。本期亦有一位會裡的老師，是從1995年即開始追隨平實導師修學，1997年明心後持續進修不斷，直到2017年眼見佛性之實例，足可證明《大般涅槃經》中世尊開示眼見佛性之法正眞無訛，第十住位的實證在末法時代的今天仍有可能，如今一併具載於書中以供學人參考，並供養現代佛教界欲得見性之四眾弟子。全書四百頁，售價300元，已於2019年12月31日發行。

我的菩提路第六輯：劉惠莉老師等人著，本輯中舉示劉老師明心多年以後的眼見佛性實錄，供末法時代學人了知明心之異於見性本質，足可證明《大般涅槃經》中世尊開示眼見佛性之法正眞無訛。亦列舉多篇學人從各道場來到正覺學法之不同過程，以及如何發覺邪見之異於正法的所在，最後終能在正覺禪三中悟入的實況，以證明佛教正法仍在末法時代的人間繼續弘揚的事實，鼓舞一切眞實學法的菩薩大眾思之：我等諸人亦可有因緣證悟，絕非空想白思。約四百頁，售價300元，已於2020年6月30日發行。

我的菩提路第七輯：余正偉老師等人著，本輯中舉示余老師明心二十餘年以後的眼見佛性實錄，供末法時代學人了知明心異於見性之本質，並且舉示其見性後與平實導師互相討論眼見佛性之諸多疑訛處；除了證明《大般涅槃經》中 世尊開示眼見佛性之法正眞無訛以外，亦得一解明心後尚未見性者之所未知處，甚爲精彩。此外亦列舉多篇學人從各不同宗教進入正覺學法之不同過程，以及發覺諸方道場邪見之內容與過程，最終得於正覺精進禪三中悟入的實況，足供末法精進學人借鑑，以彼鑑己而生信心，得以投入了義正法中修學及實證。凡此，皆足以證明不唯明心所證之第七住位般若智慧及解脫功德仍可實證，乃至第十住位的實證與當場發起如幻觀之實證，於末法時代的今天皆仍有可能。本書約四百頁，售價300元。

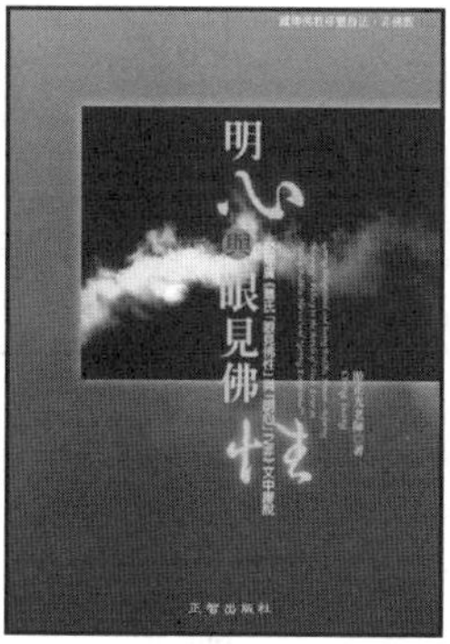

明心與眼見佛性：本書細述明心與眼見佛性之異同，同時顯示了中國禪宗破初參明心與重關眼見佛性二關之間的關聯；書中又藉法義辨正而旁述其他許多勝妙法義，讀後必能遠離佛門長久以來積非成是的錯誤知見，令讀者在佛法的實證上有極大助益。也藉慧廣法師的謬論來教導佛門學人回歸正知正見，遠離古今禪門錯悟者所墮的意識境界，非唯有助於斷我見，也對未來的開悟明心實證第八識如來藏有所助益，是故學禪者都應細讀之。 游正光老師著 共448頁 售價300元。

見性與看話頭：黃正倖老師的《見性與看話頭》於《正覺電子報》連載完畢，今集結出版。書中詳說禪宗看話頭的詳細方法，並細說看話頭與眼見佛性的關係，以及眼見佛性者求見佛性前必須具備的條件。本書是禪宗實修者追求明心開悟時參禪的方法書，也是求見佛性者作功夫時必讀的方法書，內容兼顧眼見佛性的理論與實修之方法，是依實修之體驗配合理論而詳述，條理分明而且極爲詳實、周全、深入。本書內文375頁，全書416頁，售價300元。

鈍鳥與靈龜：鈍鳥及靈龜二物，被宗門證悟者說爲二種人：前者是精修禪定而無智慧者，也是以定爲禪的愚癡禪人；後者是或有禪定、或無禪定的宗門證悟者，凡已證悟者皆是靈龜。但後者被人虛造事實，用以嘲笑大慧宗杲禪師，說他雖是靈龜，卻不免被天童禪師預記「患背」痛苦而亡：「鈍鳥離巢易，靈龜脫殼難。」藉以貶低大慧宗杲的證量。同時將天童禪師實證如來藏的證量，曲解爲意識境界的離念靈知。自從大慧禪師入滅以後，錯悟凡夫對他的不實毀謗就一直存在著，不曾止息，並且捏造的假事實也隨著年月的增加而越來越多，終至編成「鈍鳥與靈龜」的假公案、假故事。本書是考證大慧與天童之間的不朽情誼，顯現這件假公案的虛妄不實；更見大慧宗杲面對惡勢力時的正直不阿，亦顯示大慧對天童禪師的至情深義，將使後人對大慧宗杲的誣謗至此而止，不再有人誤犯毀謗賢聖的惡業。書中亦舉證宗門的所悟確以第八識如來藏爲標的，詳讀之後必可改正以前被錯悟大師誤導的參禪知見，日後必定有助於實證禪宗的開悟境界，得階大乘眞見道位中，即是實證般若之賢聖。全書459頁，售價350元。

維摩詰經講記：本經係 世尊在世時，由等覺菩薩維摩詰居士藉疾病而演說之大乘菩提無上妙義，所說函蓋甚廣，然極簡略，是故今時諸方大師與學人讀之悉皆錯解，何況能知其中隱含之深妙正義，是故普遍無法爲人解說；若強爲人說，則成依文解義而有諸多過失。今由平實導師公開宣講之後，詳實解釋其中密意，令維摩詰菩薩所說大乘不可思議解脫之深妙正法得以正確宣流於人間，利益當代學人及與諸方大師。書中詳實演述大乘佛法深妙不共二乘之智慧境界，顯示諸法之中絕待之實相境界，建立大乘菩薩妙道於永遠不敗不壞之地，以此成就護法偉功，欲冀永利娑婆人天。已經宣講圓滿整理成書流通，以利諸方大師及諸學人。全書共六輯，每輯三百餘頁，售價各250元。

真假外道：本書具體舉證佛門中的常見外道知見實例，並加以教證及理證上的辨正，幫助讀者輕鬆而快速的了知常見外道的錯誤知見，進而遠離佛門內外的常見外道知見，因此即能改正修學方向而快速實證佛法。游正光老師著。成本價200元。

勝鬘經講記：如來藏爲三乘菩提之所依，若離如來藏心體及其含藏之一切種子，即無三界有情及一切世間法，亦無二乘菩提緣起性空之出世間法；本經詳說無始無明、一念無明皆依如來藏而有之正理，藉著詳解煩惱障與所知障間之關係，令學人深入了知二乘菩提與佛菩提相異之妙理；聞後即可了知佛菩提之特勝處及三乘修道之方向與原理，邁向攝受正法而速成佛道的境界中。平實導師講述，共六輯，每輯三百餘頁，售價各250元。

楞嚴經講記：楞嚴經係密教部之重要經典，亦是顯教中普受重視之經典；經中宣說明心與見性之內涵極爲詳細，將一切法都會歸如來藏及佛性—妙眞如性；亦闡釋五陰區宇及五陰盡的境界，作諸地菩薩自我檢驗證量之依據，旁及佛菩提道修學過程中之種種魔境，以及外道誤會涅槃之狀況，亦兼述明三界世間之起源。然因言句深澀難解，法義亦復深妙寬廣，學人讀之普難通達，是故讀者大多誤會，不能如實理解佛所說之明心與見性內涵，亦因是故多有悟錯之人引爲開悟之證言，成就大妄語罪。今由平實導師詳細講解之後，整理成文，以易讀易懂之語體文刊行天下，以利學人。全書十五輯，全部出版完畢。每輯三百餘頁，售價每輯300元。

金剛經宗通：三界唯心，萬法唯識，是成佛之修證內容，是諸地菩薩之所修；般若則是成佛之道（實證三界唯心、萬法唯識）的入門，若未證悟實相般若，即無成佛之可能，必將永在外門廣行菩薩六度，永在凡夫位中。然而實相般若的發起，全賴實證萬法的實相；若欲證知萬法的眞相，則必須探究萬法之所從來，則須實證自心如來—金剛心如來藏，然後現觀這個金剛心的金剛性、眞實性、如如性、清淨性、涅槃性、能生萬法的自性性、本住性，名爲證眞如；進而現觀三界六道唯是此金剛心所成，人間萬法須藉八識心王和合運作方能現起。如是實證《華嚴經》的「三界唯心、萬法唯識」以後，由此等現觀而發起實相般若智慧，繼續進修第十住位的如幻觀、第十行位的陽焰觀、第十迴向位的如夢觀，再生起增上意樂而勇發十無盡願，方能滿足三賢位的實證，轉入初地；自知成佛之道而無偏倚，從此按部就班、次第進修乃至成佛。第八識自心如來是般若智慧之所依，般若智慧的修證則要從實證金剛心自心如來開始；《金剛經》則是解說自心如來之經典，是一切三賢位菩薩所應進修之實相般若經典。這一套書，是將平實導師宣講的《金剛經宗通》內容，整理成文字而流通之；書中所說義理，迥異古今諸家依文解義之說，指出大乘見道方向與理路，有益於禪宗學人求開悟見道，及轉入內門廣修六度萬行，已於2013年9月出版完畢，總共9輯，每輯約三百餘頁，售價各250元。

霧峰無霧—給哥哥的信：本書作者藉兄弟之間信件往來論義，略述佛法大義；並以多篇短文辨義，舉出釋印順對佛法的無量誤解證據，並一一給予簡單而清晰的辨正，令人一讀即知。久讀、多讀之後即能認清楚釋印順的六識論見解，與眞實佛法之牴觸是多麼嚴重；於是在久讀、多讀之後，於不知不覺之間提升了對佛法的極深入理解，正知正見就在不知不覺間建立起來了。當三乘佛法的正知見建立起來之後，對於三乘菩提的見道條件便將隨之具足，於是聲聞解脫道的見道也就水到渠成；接著大乘見道的因緣也將次第成熟，未來自然也會有親見大乘菩提之道的因緣，悟入大乘實相般若也將自然成功，自能通達般若系列諸經而成實義菩薩。作者居住於南投縣霧峰鄉，自喻見道之後不復再見霧峰之霧，故鄉原野美景一一明見，於是立此書名爲《霧峰無霧》；讀者若欲撥霧見月，可以此書爲緣。游宗明　老師著，已於2015年出版，售價250元。

霧峰無霧—第二輯—救護佛子向正道：本書作者藉釋印順著作中之各種錯謬法義提出辨正，以詳實的文義一一提出理論上及實證上之解析，列舉釋印順對佛法的無量誤解證據，藉此教導佛門大師與學人釐清佛法義理，遠離岐途轉入正道，然後知所進修，久之便能見道明心而入大乘勝義僧數。被釋印順誤導的大師與學人極多，很難救轉，是故作者大發悲心深入解說其錯謬之所在，佐以各種義理辨正而令讀者在不知不覺之間轉歸正道。如是久讀之後欲得斷身見、證初果，即不為難事；乃至久之亦得大乘見道而得證眞如，脫離空有二邊而住中道，實相般若智慧生起，於佛法不再茫然，漸漸亦知悟後進修之道。屆此之時，對於大乘般若等深妙法之迷雲暗霧亦將一掃而空，生命及宇宙萬物之故鄉原野美景一一明見，是故本書仍名《霧峰無霧》，為第二輯；讀者若欲撥雲見日、離霧見月，可以此書為緣。游宗明 老師著，已於2019年出版，售價250元。

空行母—性別、身分定位，以及藏傳佛教：本書作者為蘇格蘭哲學家，因為嚮往佛教深妙的哲學內涵，於是進入當年盛行於歐美的假藏傳佛教密宗，擔任卡盧仁波切的翻譯工作多年以後，被邀請成為卡盧的空行母（又名佛母、明妃），開始了她在密宗裡的實修過程；後來發覺在密宗雙身法中的修行，其實無法使自己成佛，也發覺密宗對女性岐視而處處貶抑，並剝奪女性在雙身法中擔任一半角色時應有的身分定位。當她發覺自己只是雙身法中被喇嘛利用的工具，沒有獲得絲毫應有的尊重與基本定位時，發現了密宗的父權社會控制女性的本質；於是作者傷心地離開了卡盧仁波切與密宗，但是卻被恐嚇不許講出她在密宗裡的經歷，也不許她說出自己對密宗的教義與教制下對女性剝削的本質，否則將被咒殺死亡。後來她去加拿大定居，十餘年後方才擺脫這個恐嚇陰影，下定決心將親身經歷的實情及觀察到的事實寫下來並且出版，公諸於世。出版之後，她被流亡的達賴集團人士大力攻訐，誣指她為精神狀態失常、說謊……等。但有智之士並未被達賴集團的政治操作及各國政府政治運作吹捧達賴的表相所欺，使她的書銷售無阻而又再版。正智出版社鑑於作者此書是親身經歷的事實，所說具有針對「**藏傳佛教**」而作學術研究的價值，也有使人認清假藏傳佛教剝削佛母、明妃的男性本位實質，因此洽請作者同意中譯而出版於華人地區。珍妮·坎貝爾女士著，呂艾倫 中譯，每冊250元。

假藏傳佛教的神話—性、謊言、喇嘛教：本書編著者是由一首名爲「阿姊鼓」的歌曲爲緣起，展開了序幕，揭開假藏傳佛教—喇嘛教—的神祕面紗。其重點是蒐集、摘錄網路上質疑「喇嘛教」的帖子，以揭穿「假藏傳佛教的神話」爲主題，串聯成書，並附加彩色插圖以及說明，讓讀者們瞭解西藏密宗及相關人事如何被操作爲「神話」的過程，以及神話背後的眞相。作者：張正玄教授。售價200元。

達賴真面目—玩盡天下女人：假使您不想戴綠帽子，請記得詳細閱讀此書；假使您不想讓好朋友戴綠帽子，請您將此書介紹給您的好朋友。假使您想保護家中的女性，也想要保護好朋友的女眷，請記得將此書送給家中的女性和好友的女眷都來閱讀。本書爲印刷精美的大本彩色中英對照精裝本，爲您揭開達賴喇嘛的眞面目，內容精彩不容錯過，爲利益社會大眾，特別以優惠價格嘉惠所有讀者。編著者：白志偉等。大開版雪銅紙彩色精裝本。售價800元。

喇嘛性世界—揭開假藏傳佛教譚崔瑜伽的面紗：這個世界中的喇嘛，號稱來自世外桃源的香格里拉，穿著或紅或黃的喇嘛長袍，散布於我們的身邊傳教灌頂，吸引了無數的人嚮往學習；這些喇嘛虔誠地爲大眾祈福，手中拿著寶杵（金剛）與寶鈴（蓮花），口中唸著咒語：「唵．嘛呢．叭咪．吽……」，咒語的意思是說：「我至誠歸命金剛杵上的寶珠伸向蓮花寶穴之中」！「喇嘛性世界」是什麼樣的「世界」呢？本書將爲您呈現喇嘛世界的面貌。當您發現眞相以後，您將會唸：「噢！喇嘛．性．世界，譚崔性交嘛！」作者：張善思、呂艾倫。售價200元。

末代達賴——性交教主的悲歌：簡介從藏傳僞佛教（喇嘛教）的修行核心——性力派男女雙修，探討達賴喇嘛及藏傳僞佛教的修行內涵。書中引用外國知名學者著作、世界各地新聞報導，包含：歷代達賴喇嘛的祕史、達賴六世修雙身法的事蹟，以及《時輪續》中的性交灌頂儀式……等；達賴喇嘛書中開示的雙修法、達賴喇嘛的黑暗政治手段；達賴喇嘛所領導的寺院爆發喇嘛性侵兒童；新聞報導《西藏生死書》作者索甲仁波切性侵女信徒、澳洲喇嘛秋達公開道歉、美國最大假藏傳佛教組織領導人邱陽創巴仁波切的性氾濫；等等事件背後眞相的揭露。作者：張善思、呂艾倫、辛燕。售價250元。

黯淡的達賴——失去光彩的諾貝爾和平獎：本書舉出很多證據與論述，詳述達賴喇嘛不爲世人所知的一面，顯示達賴喇嘛並不是眞正的和平使者，而是假借諾貝爾和平獎的光環來欺騙世人；透過本書的說明與舉證，讀者可以更清楚的瞭解，達賴喇嘛是結合暴力、黑暗、淫欲於喇嘛教裡的集團首領，其政治行爲與宗教主張，早已讓諾貝爾和平獎的光環染污了。本書由財團法人正覺教育基金會寫作、編輯，由正覺出版社印行，每冊250元。

第七意識與第八意識？——穿越時空「超意識」：「三界唯心，萬法唯識」是佛教中應該實證的聖教，也是《華嚴經》中明載而可以實證的法界實相。唯心者，三界一切境界、一切諸法唯是一心所成就，即是每一個有情的第八識如來藏，不是意識心。唯識者，即是人類各各都具足的八識心王——眼識、耳鼻舌身意識、意根、阿賴耶識，第八阿賴耶識又名如來藏，人類五陰相應的萬法，莫不由八識心王共同運作而成就，故說萬法唯識。依聖教量及現量、比量，都可以證明意識是二法因緣生，是由第八識藉意根與法塵二法為因緣而出生，又是夜夜斷滅不存之生滅心，即無可能反過來出生第七識意根、第八識如來藏，當知不可能從生滅性的意識心中，細分出恆審思量的第七識意根，更無可能細分出恆而不審的第八識如來藏。本書是將演講內容整理成文字，細說如是內容，並已在《正覺電子報》連載完畢，今彙集成書以廣流通，欲幫助佛門有緣人斷除意識我見，跳脫於識陰之外而取證聲聞初果；嗣後修學禪宗時即得不墮外道神我之中，得以求證第八識金剛心而發起般若實智。平實導師 述，每冊300元。

童女迦葉考——論呂凱文〈佛教輪迴思想的論述分析〉之謬：童女迦葉是佛世率領五百大比丘遊行於人間的歷史事實，是以童貞行而依止菩薩戒弘化於人間的大菩薩，不依別解脫戒（聲聞戒）來弘化於人間。這是大乘佛教與聲聞佛教同時存在於佛世的歷史明證，證明大乘佛教不是從聲聞法中分裂出來的部派佛教的產物，卻是聲聞佛教分裂出來的部派佛教聲聞凡夫僧所不樂見的史實；於是古今聲聞法中的凡夫都欲加以扭曲而作詭說，更是末法時代高聲大呼「大乘非佛說」的六識論聲聞凡夫極力想要扭曲的佛教史實之一，於是想方設法扭曲迦葉菩薩為聲聞僧，以及扭曲迦葉童女為比丘僧等荒謬不實之論著便陸續出現，古時聲聞僧寫作的《分別功德論》是最具體之事例，現代之代表作則是呂凱文先生的〈佛教輪迴思想的論述分析〉論文。鑑於如是假藉學術考證以籠罩大眾之不實謬論，未來仍將繼續造作及流竄於佛教界，繼續扼殺大乘佛教學人法身慧命，必須舉證辨正之，遂成此書。平實導師 著，每冊180元。

人間佛教——實證者必定不悖三乘菩提：「大乘非佛說」的講法似乎流傳已久，卻只是日本人企圖擺脫中國正統佛教的影響，而在明治維新時期才開始提出來的說法；台灣佛教、大陸佛教的淺學無智之人，由於未曾實證佛法而迷信日本人錯誤的學術考證，錯認爲這些別有用心的日本佛學考證的講法爲天竺佛教的眞實歷史；甚至還有更激進的反對佛教者提出「**釋迦牟尼佛並非眞實存在，只是後人捏造的假歷史人物**」，竟然也有少數佛教徒願意跟著「學術」的假光環而信受不疑，亦導致部分台灣佛教界人士，造作了反對中國大乘佛教而推崇南洋小乘佛教的行爲，使台灣佛教的信仰者難以檢擇，亦導致一般大陸人士開始轉入基督教的盲目迷信中。在這些佛教及外教人士之中，也就有一分人根據此邪說而大聲主張「大乘非佛說」的謬論，這些人以「人間佛教」的名義來抵制中國正統佛教，公然宣稱中國的大乘佛教是由聲聞部派佛教的凡夫僧所創造出來的。這樣的說法流傳於台灣及大陸佛教界凡夫僧之中已久，卻非眞正的佛教歷史中曾經發生過的事，只是繼承六識論的聲聞法中凡夫僧，以及別有居心的日本佛教界，依自己的意識境界立場，純憑臆想而編造出來的妄想說法，卻已經影響許多無智之凡夫僧俗信受不移。本書則是從佛教的經藏法義實質及實證的現量內涵本質立論，證明大乘佛法本是佛說，是從《阿含正義》尚未說過的不同面向來討論「人間佛教」的議題，證明「大乘眞佛說」。閱讀本書可以斷除六識論邪見，迴入三乘菩提正道發起實證的因緣；也能斷除禪宗學人學禪時普遍存在之錯誤知見，對於建立參禪時的正知見有很深的著墨。平實導師 述，內文488頁，全書528頁，定價400元。

實相經宗通：學佛之目的在於實證一切法界背後之實相，禪宗稱之爲本來面目或本地風光，佛菩提道中稱之爲實相法界；此實相法界即是金剛藏，又名佛法之祕密藏，即是能生有情五陰、十八界及宇宙萬有（山河大地、諸天、三惡道世間）的第八識如來藏，又名阿賴耶識心，即是禪宗祖師所說的眞如心，此心即是三界萬有背後的實相。證得此第八識心時，自能瞭解般若諸經中隱說的種種密意，即得發起實相般若——實相智慧。每見學佛人修學佛法二十年後仍對實相般若茫然無知，亦不知如何入門，茫無所趣；更因不知三乘菩提的互異互同，是故越是久學者對佛法越覺茫然，都肇因於尚未瞭解佛法的全貌，亦未瞭解佛法的修證內容即是第八識心所致。本書對於修學佛法者所應實證的實相境界提出明確解析，並提示趣入佛菩提道的入手處，有心親證實相般若的佛法實修者，宜詳讀之，於佛菩提道之實證即有下手處。平實導師述著，共八輯，已於2016年出版完畢，每輯成本價250元。

真心告訴您（一）——達賴喇嘛在幹什麼？ 這是一本報導篇章的選集，更是「破邪顯正」的暮鼓晨鐘。「破邪」是戳破假象，說明達賴喇嘛及其所率領的密宗四大派法王、喇嘛們，弘傳的佛法是仿冒的佛法；他們是假藏傳佛教，是坦特羅(譚崔性交)外道法和藏地崇奉鬼神的苯教混合成的「喇嘛教」，推廣的是以所謂「無上瑜伽」的男女雙身法冒充佛法的假佛教，詐財騙色誤導衆生，常常造成信徒家庭破碎、家中兒少失怙的嚴重後果。「顯正」是揭櫫眞相，指出眞正的藏傳佛教只有一個，就是覺囊巴，傳的是 釋迦牟尼佛演繹的第八識如來藏妙法，稱爲他空見大中觀。正覺教育基金會即以此古今輝映的如來藏正法正知見，在眞心新聞網中逐次報導出來，將箇中原委「眞心告訴您」，如今結集成書，與想要知道密宗眞相的您分享。售價250元。

中觀金鑑——詳述應成派中觀的起源與其破法本質：學佛人往往迷於中觀學派之不同學說，被應成派與自續派所迷惑；修學般若中觀二十年後自以爲實證般若中觀了，卻仍不曾入門，甫聞實證般若中觀者之所說，則茫無所知，迷惑不解；隨後信心盡失，不知如何實證佛法；凡此，皆因惑於這二派中觀學說所致。自續派中觀所說同於常見，以意識境界立爲第八識如來藏之境界，應成派所說則同於斷見，但又同立意識爲常住法，故亦具足斷常二見。今者孫正德老師有鑑於此，乃將起源於密宗的應成派中觀學說，追本溯源，詳考其來源之外，亦一一舉證其立論內容，詳加辨正，令密宗雙身法祖師以識陰境界而造之應成派中觀學說本質，詳細呈現於學人眼前，令其維護雙身法之目的無所遁形。若欲遠離密宗此二大派中觀謬說，欲於三乘菩提有所進道者，允宜具足閱讀並細加思惟，反覆讀之以後將可捨棄邪道返歸正道，則於般若之實證即有可能，證後自能現觀如來藏之中道境界而成就中觀。本書分上、中、下三冊，每冊250元，已全部出版完畢。

法華經講義：此書爲平實導師始從2009/7/21演述至2014/1/14之講經錄音整理所成。世尊一代時教，總分五時三教，即是華嚴時、聲聞緣覺教、般若教、種智唯識教、法華時；依此五時三教區分爲藏、通、別、圓四教。本經是最後一時的圓教經典，圓滿收攝一切法教於本經中，是故最後的圓教聖訓中，特地指出無有三乘菩提，其實唯有一佛乘；皆因眾生愚迷故，方便區分爲三乘菩提以助眾生證道。世尊於此經中特地說明如來示現於人間的唯一大事因緣，便是爲有緣眾生「開、示、悟、入」諸佛的所知所見——第八識如來藏妙眞如心，並於諸品中隱說「妙法蓮花」如來藏心的密意。然因此經所說甚深難解，眞義隱晦，古來難得有人能窺堂奧；平實導師以知如是密意故，特爲末法佛門四眾演述《妙法蓮華經》中各品蘊含之密意，使古來未曾被古德註解出來的「此經」密意，如實顯示於當代學人眼前。乃至〈藥王菩薩本事品〉、〈妙音菩薩品〉、〈觀世音菩薩普門品〉、〈普賢菩薩勸發品〉中的微細密意，亦皆一併詳述之，可謂開前人所未曾言之密意，示前人所未見之妙法。最後乃至以〈法華大義〉而總其成，全經妙旨貫通始終，而依佛旨圓攝於一心如來藏妙心，厥爲曠古未有之大說也。平實導師述，共有25輯，已於2019/05/31出版完畢。每輯300元。

西藏「活佛轉世」制度—附佛、造神、世俗法：歷來關於喇嘛教活佛轉世的研究，多針對歷史及文化兩部分，於其所以成立的理論基礎，較少系統化的探討。尤其是此制度是否依據「佛法」而施設？是否合乎佛法眞實義？現有的文獻大多含糊其詞，或人云亦云，不曾有明確的闡釋與如實的見解。因此本文先從活佛轉世的由來，探索此制度的起源、背景與功能，並進而從活佛的尋訪與認證之過程，發掘活佛轉世的特徵，以確認「活佛轉世」在佛法中應具足何種果德。定價150元。

真心告訴您(二)—達賴喇嘛是佛教僧侶嗎？補祝達賴喇嘛八十大壽：這是一本針對當今達賴喇嘛所領導的喇嘛教，冒用佛教名相、於師徒間或師兄姊間，實修男女邪淫，而從佛法三乘菩提的現量與聖教量，揭發其謊言與邪術，證明達賴及其喇嘛教是仿冒佛教的外道，是「假藏傳佛教」。藏密四大派教義雖有「八識論」與「六識論」的表面差異，然其實修之內容，皆共許「無上瑜伽」四部灌頂爲究竟「成佛」之法門，也就是共以男女雙修之邪淫法爲「即身成佛」之密要，雖美其名曰「欲貪爲道」之「金剛乘」，並誇稱其成就超越於（應身佛）釋迦牟尼佛所傳之顯教般若乘之上；然詳考其理論，則或以意識離念時之粗細心爲第八識如來藏，或以中脈裡的明點爲第八識如來藏，或如宗喀巴與達賴堅決主張第六意識爲常恆不變之眞心者，分別墮於外道之常見與斷見中；全然違背　佛說能生五蘊之如來藏的實質。售價300元。

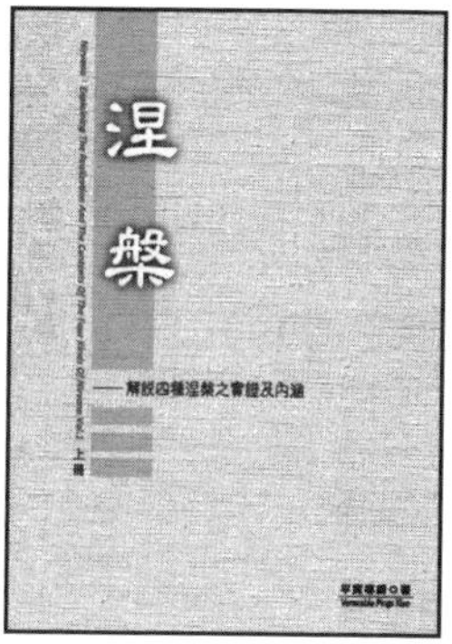

涅槃—解說四種涅槃之實證及內涵：眞正學佛之人，首要即是見道，由見道故方有涅槃之實證，證涅槃者方能出生死，但涅槃有四種：二乘聖者的有餘涅槃、無餘涅槃，以及大乘聖者的本來自性清淨涅槃、佛地的無住處涅槃。大乘聖者實證本來自性清淨涅槃，入地前再取證二乘涅槃，然後起惑潤生捨離二乘涅槃，繼續進修而在七地心前斷盡三界愛之習氣種子，依七地無生法忍之具足而證得念念入滅盡定；八地後進斷異熟生死，直至妙覺地下生人間成佛，具足四種涅槃，方是眞正成佛。此理古來少人言，以致誤會涅槃正理者比比皆是，今於此書中廣說四種涅槃、如何實證之理、實證前應有之條件，實屬本世紀佛教界極重要之著作，令人對涅槃有正確無訛之認識，然後可以依之實行而得實證。本書共有上下二冊，每冊各四百餘頁，對涅槃詳加解說，每冊各350元。

佛藏經講義：本經說明爲何佛菩提難以實證之原因，都因往昔無數阿僧祇劫前的邪見，引生此世求證時之業障而難以實證。即以諸法實相詳細解說，繼之以念佛品、念法品、念僧品，說明諸佛與法之實質；然後以淨戒品之說明，期待佛弟子四眾堅持清淨戒而轉化心性，並以往古品的實例說明歷代學佛人在實證上的業障由來，教導四眾務必滅除邪見轉入正見中，不再造作謗法及謗賢聖之大惡業，以免未來世尋求實證之時被業障所障；然後以了戒品的說明和囑累品的付囑，期望末法時代的佛門四眾弟子皆能清淨知見而得以實證。平實導師於此經中有極深入的解說，總共21輯，已於2022/11/30出版完畢，每輯三百餘頁，售價300元。

大法鼓經講義：本經解說佛法的總成：法、非法。由開解法、非法二義，說明了義佛法與世間戲論法的差異，指出佛法實證之標的即是法——第八識如來藏；並顯示實證後的智慧，如實擊大法鼓、演深妙法，演說如來祕密教法，非二乘定性及諸凡夫所能得聞，唯有具足菩薩性者方能得聞。正聞之後即得依於　世尊大願而拔除邪見，入於正法而得實證；深解不了義經之方便說，亦能實解了義經所說之眞實義，得以證法——如來藏，而得發起根本無分別智，乃至進修而發起後得無分別智；並堅持布施及受持清淨戒而轉化心性，得以現觀眞我眞法如來藏之各種層面。此爲第一義諦聖教，並授記末法最後餘八十年時，一切世間樂見離車童子以七地證量而示現爲凡夫身，將繼續護持此經所說正法。平實導師於此經中有極深入的解說，總共六輯，每輯300元，於2023/01/30開始每二個月發行一輯。

成唯識論釋：本論係大唐玄奘菩薩揉合當時天竺十大論師的說法加以辨正而著成，攝盡佛門證悟菩薩及部派佛教聲聞凡夫論師對佛法的論述，並函蓋當時天竺諸大外道對生命實相的錯誤論述加以辨正，是由玄奘大師依據無生法忍證量加以評論確定而成爲此論。平實導師弘法初期即已依於證量略講過一次，歷時大約四年，當時正覺同修會規模尚小，聞法成員亦多尚未證悟，是故並未整理成書；如今正覺同修會中的證悟同修已超過六百人，鑑於此論在護持正法、實證佛法及悟後進修上的重要性，已於2022年初重講，並已經預先註釋完畢編輯成書，名爲《成唯識論釋》，總共十輯，每輯目次41頁、序文7頁、每輯內文多達四百餘頁，並將原本13級字縮小爲12級字編排，以增加其內容；於增上班宣講時的內容將會更詳細於書中所說，涉及佛法密意的詳細內容只於增上班中宣講，於書中皆依佛誡隱覆密意而說，然已足夠所有學人藉此一窺佛法堂奧而進入正道、免入岐途。重新判教後編成的〈目次〉已經詳盡判定論中諸段句義，用供學人參考；是故讀者閱完此論之釋，即可深解成佛之道的正確內涵。本書總共十輯，預定每一輯內容講述完畢時即予出版，第一輯於2023年五月底出版，然後每七至十個月出版下一輯，每輯定價400元。

不退轉法輪經講義：世尊弘法有五時三教之別，分為藏、通、別、圓四教之理，本經是大乘般若期前的通教經典，所說之大乘般若正理與所證解脫果，通於二乘解脫道，佛法智慧則通大乘般若，皆屬大乘般若與解脫甚深之理，故其所證解脫果位通於二乘法教；而其中所說第八識無分別法之正理，即是世尊降生人間的唯一大事因緣。如是第八識能仁而且寂靜，恆順眾生於生死之中從無乖違，識體中所藏之本來無漏性的有為法以及眞如涅槃境界，皆能助益學人最後成就佛道；此謂釋迦意為能仁，牟尼意為寂靜，此第八識即名釋迦牟尼，釋迦牟尼即是能仁寂靜的第八識眞如；若有人聽聞如是第八識常住、如來不滅之正理，信受奉行之人皆有大乘實證之因緣，永得不退於成佛之道，是故聽聞釋迦牟尼名號而解其義者，皆得不退轉於無上正等正覺，未來世中必有實證之因緣。如是深妙經典，已由平實導師詳述圓滿並整理成書，預定於《大法鼓經講義》發行圓滿之後接著梓行，每二個月發行一輯，總共十輯，每輯300元。

解深密經講義：本經是所有尋求大乘見道及悟後欲入地者所應詳讀串習的三經之一，即是《楞伽經》、《解深密經》、《楞嚴經》三經中的一經，亦可作為見道眞假的自我印證依據。此經是 世尊晚年第三轉法輪時，宣說地上菩薩所應熏修之無生法忍唯識正義經典；經中總說眞見道位所見的智慧總相，兼及相見道位所應熏修的七眞如等法；亦開示入地應修之十地眞如等義理，乃是大乘一切種智增上慧學，以阿陀那識—如來藏—阿賴耶識為成佛之道的主體。禪宗之證悟者，若欲修證初地無生法忍乃至八地無生法忍者，必須修學《楞伽經、解深密經、楞嚴經》所說之八識心王一切種智。此三經所說正法，方是眞正成佛之道；印順法師否定第八識如來藏之後所說萬法緣起性空之法，墮於六識論中而著作的《成佛之道》，乃宗本於密宗宗喀巴六識論邪思而寫成的邪見，是以誤會後之二乘解脫道取代大乘眞正成佛之道，承襲自古天竺部派佛教聲聞凡夫論師的邪見，尚且不符二乘解脫道正理，亦已墮於斷滅見及常見中，所說全屬臆想所得的外道見，不符本經、諸經中佛所說的正義。平實導師曾於本會郭故理事長往生時，於喪宅中從**首七**開始宣講此經，於每一七起各宣講三小時，至**十七**而快速略講圓滿，作為郭老之往生後的佛事功德，迴向郭老早證八地、速返娑婆住持正法。茲為今時後世學人故，已經開始重講《解深密經》，以淺顯之語句講畢後，將會整理成文並梓行流通，用供證悟者進道；亦令諸方未悟者，據此經中佛語正義修正邪見，依之速能入道。平實導師述著，全書輯數未定，每輯三百餘頁，將於未來重講完畢後逐輯陸續出版。

修習止觀坐禪法要講記：修學四禪八定之人，往往錯會禪定之修學知見，欲以無止盡之坐禪而證禪定境界，卻不知修除性障之行門才是修證四禪八定不可或缺之要素，故智者大師云「性障初禪」；性障不除，初禪永不現前，云何修證二禪等？又：行者學定，若唯知數息，而不解六妙門之方便善巧者，欲求一心入定，未到地定極難可得，智者大師名之為「事障未來」：障礙未到地定之修證。又禪定之修證，不可違背二乘菩提及第一義法，否則縱使具足四禪八定，亦不能實證涅槃而出三界。此諸知見，智者大師於《修習止觀坐禪法要》中皆有闡釋。作者平實導師以其第一義之見地及禪定之實證證量，曾加以詳細解析。將俟正覺寺竣工啟用後重講，不限制聽講者資格；講後將以語體文整理出版。欲修習世間定及增上定之學者，宜細讀之。平實導師述著。

阿含經講記——小乘解脫道之修證：數百年來，南傳佛法所說證果之不實，所說解脫道之虛妄，所弘解脫道法義之世俗化，皆已少人知之；阿含解脫道從南洋傳入台灣與大陸之後，所說法義虛謬之事，亦復少人知之；今時台灣全島印順系統之法師居士，多不知南傳佛法數百年來所說解脫道之義理已然偏斜、已然世俗化、已非眞正之二乘解脫正道，猶極力推崇與弘揚。彼等南傳佛法近代所謂之證果者皆非眞實證果者，譬如阿迦曼、葛印卡、帕奧禪師、一行禪師……等人，悉皆未斷我見故。近年更有台灣南部大願法師，高抬南傳佛法之二乘修證行門爲「捷徑究竟解脫之道」者，然而南傳佛法縱使眞修實證，得成阿羅漢，至高唯是二乘菩提解脫之道，絕非**究竟**解脫，無餘涅槃中之實際尚未得證故，法界之實相尚未了知故，習氣種子待除故，一切種智未實證故，焉得謂爲「究竟解脫」？即使南傳佛法近代眞有實證之阿羅漢，尚且不及三賢位中之七住明心菩薩本來自性清淨涅槃智慧境界，則不能知此賢位菩薩所證之無餘涅槃實際，仍非大乘佛法中之見道者，何況彼等普未實證聲聞果乃至未斷我見之人？謬充證果已屬逾越，更何況是誤會二乘菩提之後，以未斷我見之凡夫知見所說之二乘菩提解脫偏斜法道，焉可高抬爲「究竟解脫」？而且自稱「捷徑之道」？又妄言解脫之道即是成佛之道，完全否定般若實智、否定三乘菩提所依之如來藏心體，此理大大不通也！平實導師爲令修學二乘菩提欲證解脫果者，普得迴入二乘菩提正見、正道中，是故選錄四阿含諸經中，對於二乘解脫道法義有具足圓滿說明之經典，預定未來十年內將會加以詳細講解，令學佛人得以了知二乘解脫道之修證理路與行門，庶免被人誤導之後，未證言證，梵行未立，干犯道禁自稱阿羅漢或成佛，成大妄語，欲升反墮。本書首重斷除我見，以助行者斷除我見而實證初果爲著眼之目標，若能根據此書內容，配合平實導師所著《識蘊眞義》《阿含正義》內涵而作實地觀行，實證初果非爲難事，行者可以藉此三書自行確認聲聞初果爲實際可得現觀成就之事。此書中除依二乘經典所說加以宣示外，亦依斷除我見等之證量，及大乘法中道種智之證量，對於意識心之體性加以細述，令諸二乘學人必定得斷我見、常見，免除三縛結之繫縛。次則宣示斷除我執之理，欲令升進而得薄貪瞋痴，乃至斷五下分結…等。平實導師將擇期講述，然後整理成書。共二冊，每冊三百餘頁。每輯300元。

總經銷：聯合發行股份有限公司

231 新北市新店區寶橋路 235 巷 6 弄 6 號 4F

Tel.02－2917-8022（代表號） Fax.02－2915-6275（代表號）

零售：1.**全台連鎖經銷書局：**

三民書局、誠品書局、何嘉仁書店

敦煌書店、紀伊國屋、金石堂書局、建宏書局

諾貝爾圖書城、墊腳石圖書文化廣場

2.**台北市：**佛化人生 **大安區**羅斯福路 3 段 325 號 6 樓之 4　台電大樓對面

3.**新北市：**春大地書店 **蘆洲區**中正路 117 號

4.**桃園市：**御書堂 **龍潭區**中正路 123 號

5.**新竹市：**大學書局 **東區**建功路 10 號

6.**台中市：**瑞成書局 **東區**雙十路 1 段 4 之 33 號

佛教詠春書局 **南屯區**永春東路 884 號

文春書店 **霧峰區**中正路 1087 號

7.**彰化市：**心泉佛教文化中心 南瑤路 286 號

8.**高雄市：**政大書城 **前鎮區**中華五路 789 號 2 樓（高雄夢時代店）

明儀書局 **三民區**明福街 2 號

青年書局 **苓雅區**青年一路 141 號

9.**台東市：**東普佛教文物流通處 博愛路 282 號

10.**其餘鄉鎮市經銷書局：**請電詢總經銷**聯合**公司。

11.**大陸地區請洽：**

香港：樂文書店

銅鑼灣店 :香港銅鑼灣駱克道 506 號 2 樓

電話 : (852) 2881 1150 email: luckwinbs@gmail.com

廈門：廈門外圖臺灣書店有限公司

地址：廈門市思明區湖濱南路809 號 廈門外圖書城3 樓 郵編：361004

電話：0592-5061658（臺灣地區請撥打 86-592-5061658）

E-mail：JKB118@188.COM

12.**美國：世界日報圖書部：**紐約圖書部　電話 7187468889#6262

洛杉磯圖書部　電話 3232616972#202

13.**國內外地區網路購書：**

正智出版社 書香園地　http://books.enlighten.org.tw/

（書籍簡介、經銷書局可直接聯結下列網路書局購書）

三民 網路書局　http://www.sanmin.com.tw

誠品 網路書局　http://www.eslitebooks.com

博客來 網路書局 http://www.books.com.tw
金石堂 網路書局 http://www.kingstone.com.tw
聯合 網路書局 http:// www.nh.com.tw

附註：1.請儘量向各經銷書局購買：郵政劃撥需要八天才能寄到（本公司在您劃撥後第四天才能接到劃撥單，次日寄出後第二天您才能收到書籍，此六天中可能會遇到週休二日，是故共需八天才能收到書籍）若想要早日收到書籍者，請劃撥完畢後，將劃撥收據貼在紙上，旁邊寫上您的姓名、住址、郵區、電話、買書詳細內容，直接傳眞到本公司 02-28344822，並來電 02-28316727、28327495 確認是否已收到您的傳眞，即可提前收到書籍。 2.因台灣每月皆有五十餘種宗教類書籍上架，書局書架空間有限，故唯有新書方有機會上架，通常每次只能有一本新書上架；本公司出版新書，大多上架不久便已售出，若書局未再叫貨補充者，書架上即無新書陳列，則請直接向書局櫃台訂購。 3.若書局不便代購時，可於晚上共修時間向正覺同修會各共修處請購（共修時間及地點，詳閱**共修現況表**。每年例行年假期間請勿前往請書，年假期間請見共修現況表）。 4.郵購：郵政劃撥帳號 19068241。 5.正覺同修會會員購書都以八折計價（戶籍台北市者爲一般會員，外縣市爲護持會員）都可獲得優待，欲一次購買全部書籍者，可以考慮入會，節省書費。入會費一千元（第一年初加入時才需要繳），年費二千元。**6.尚未出版之書籍，請勿預先郵寄書款與本公司，謝謝您！** 7.若欲一次購齊本公司書籍，或同時取得正覺同修會贈閱之全部書籍者，請於正覺同修會共修時間，親到各共修處請購及索取；**台北市讀者**請洽：103 台北市承德路三段 267 號 10 樓（捷運淡水線 圓山站旁）請書時間：週一至週五爲 18.00~21.00，第一、三、五週週六爲 10.00~21.00，雙週之週六爲 10.00~18.00 請購處專線電話：25957295-分機 14（於請書時間方有人接聽）。

敬告大陸讀者：

大陸讀者購書、索書捷徑（尚未在大陸出版的書籍，以下二個途徑都可以購得，電子書另包括結緣書籍）：

1.廈門外國圖書公司：廈門市思明區湖濱南路 809 號 廈門外圖書城 3F
郵編：361004 電話：0592-5061658 網址：http://www.xibc.com.cn/

2.電子書：正智出版社有限公司及正覺同修會在台灣印行的各種局版書、結緣書，已有『**正覺電子書**』陸續上線中，提供讀者於手機、平板電腦上購書、下載、閱讀正智出版社、正覺同修會及正覺教育基金會所出版之電子書，詳細訊息敬請參閱『正覺電子書』專頁：http://books.enlighten.org.tw/ebook

關於平實導師的書訊，請上網查閱：

成佛之道　http://www.a202.idv.tw

正智出版社 書香園地　http://books.enlighten.org.tw/

中國網採訪佛教正覺同修會、正覺教育基金會訊息：

http://foundation.enlighten.org.tw/newsflash/20150817_1

http://video.enlighten.org.tw/zh-CN/visit_category/visit10

★ 正智出版社有限公司售書之稅後盈餘，全部捐助財團法人正覺寺籌備處、佛教正覺同修會、正覺教育基金會，供作弘法及購建道場之用；懇請諸方大德支持，功德無量。

★ 聲　明 ★

本社於 2015/01/01 開始調整本目錄中部分書籍之售價，以因應各項成本的持續增加。

＊ 喇嘛教修外道雙身法、墮識陰境界，非佛教 ＊

＊ 弘揚如來藏他空見的覺囊派才是真正藏傳佛教 ＊

售後服務—換書啓事（免附回郵） 2017/12/05

《楞伽經詳解》第三輯初版免費調換新書啓事：茲因 平實導師弘法早期尚未回復往世全部證量，有些法義接受他人的說法，寫書當時並未察覺而有二處（同一種法義）跟著誤說，如今發現已將之修正。茲爲顧及讀者權益，已開始免費調換新書；敬請所有讀者將以前所購第三輯（不論第幾刷），攜回或寄回本公司免費換新；郵寄者之回郵由本公司負擔，不需寄來郵票。因此而造成讀者閱讀、以及換書的不便，在此向所有讀者致上萬分的歉意，祈請讀者大眾見諒！

《楞嚴經講記》第 14 輯初版首刷本免費調換新書啓事：本講記第 14 輯出版前因 平實導師諸事繁忙，未將之重新閱讀而只改正校對時發現的錯別字，故未能發覺十年前所說法義有部分錯誤，於第 15 輯付印前重閱時才發覺第 14 輯中有部分錯誤尚未改正。今已重新審閱修改並已重印完成，煩請所有讀者將以前所購第 14 輯初版首刷本，寄回本公司免費換新（初版二刷本無錯誤），本公司將於寄回新書時同時附上您寄書來換新時的郵資，並在此向所有讀者致上最誠懇的歉意。

《心經密意》初版書免費調換二版新書啓事：本書係演講錄音整理成書，講時因時間所限，省略部分段落未講。後於再版時補寫增加 13 頁，維持原價流通之。茲爲顧及初版讀者權益，自 2003/9/30 開始免費調換新書，原有初版一刷、二刷書籍，皆可寄來本公司換書。

《宗門法眼》已經增寫改版爲 464 頁新書，2008 年 6 月中旬出版。讀者原有初版之第一刷、第二刷書本，都可以寄回本公司免費調換改版新書。改版後之公案及錯悟事例維持不變，但將內容加以增說，較改版前更具有廣度與深度，將更能助益讀者參究實相。

換書者免附回郵，亦無截止期限；舊書請寄：111 台北郵政 73-151 號信箱 或 103 台北市承德路三段 267 號 10 樓 正智出版社有限公司。舊書若有塗鴨、殘缺、破損者，仍可換取新書；但缺頁之舊書至少應仍有五分之三頁數，方可換書。所有讀者不必顧念本公司是否有盈餘之問題，都請踴躍寄來換書；本公司成立之目的不是營利，只要能眞實利益學人，即已達到成立及運作之目的。若以郵寄方式換書者，免附回郵；並於寄回新書時，由本公司附上您寄來書籍時耗用的郵資。造成您不便之處，再次致上萬分的歉意。

正智出版社有限公司 啓

免費換書公告

2023/07/15

《法華經講義》第十三輯初版免費調換新書啓事：本書因謄稿、印製等相關人員作業疏失，導致該書中的經文及內文用字將「**親近**」誤植成「清淨」。茲爲顧及讀者權益，自2017/8/30開始免費調換新書；敬請所有讀者將以前所購第十三輯初版首刷及二刷本，攜回或寄回本公司免費換新。

錯誤更正說明如下：

一、第256頁第10行~第14行：【就是先要具備「**法親近處**」、「**眾生親近處**」；法**親近**處就是在實相之法有所實證，如果在實相法上有所實證，他在二乘菩提中自然也能有所實證，以這個作爲第一個**親近**處——第一個基礎。然後還要有第二個基礎，就是瞭解應該如何善待眾生；對於眾生不要有排斥或者是貪取之心，平等觀待而攝受、親近一切有情。以這兩個**親近**處作爲基礎，來實行其他三個安樂行法。】。

二、第268頁第13行：【具足了那兩個「**親近處**」，使你能夠在末法時代，如實而圓滿的演述《法華經》時，那麼你作這個夢，它就是如理作意的，完全符合邏輯去完成這個過程，就表示你那個晚上，在那短短的一場夢中，已經度了不少眾生了。

《大法鼓經講義》第一輯初版免費調換二版新書啓事：本書因校對相關人員作業疏失錯失別字，導致該書中的內文255頁倒數5行有二字錯植而無發現，乃「『**智慧**』的滅除不容易」應更正爲「『**煩惱**』的滅除不容易」。茲爲顧及讀者權益，自2023/4/1開始免費調換新書，或請自行更正其中的錯誤之處；敬請所有讀者將以前所購第一輯初版首刷及二刷本，攜回或寄回本公司免費換新。

《涅槃》下冊初版一刷至六刷**免費調換新書啓事**：本書因法義上有少處疏失而重新印製，乃第20頁倒數6行的「法智忍、法智」更正爲「**法智、類智**」，同頁倒數4行的「類智忍、類智」更正爲「**法智忍、類智忍**」；並將書中引文重新標點後重印。敬請讀者攜回或寄回本公司免費換新。

換書者免附回郵，郵寄者之回郵由本公司負擔，不需寄來郵票，亦無截止期限；同時對因此而造成讀者閱讀、以及換書的困擾及不便，在此向所有讀者致上最誠懇的歉意，祈請讀者大眾見諒！

正智出版社有限公司 敬啓

國家圖書館出版品預行編目(CIP)資料

大法鼓經講義. 第五輯／平實導師述著. --初版.--
臺北市：正智出版社有限公司, 2023.09　面；　公分

ISBN 978-626-96703-2-1（第一輯；平裝）
ISBN 978-626-96703-5-2（第二輯；平裝）
ISBN 978-626-96703-8-3（第三輯；平裝）
ISBN 978-626-97355-2-5（第四輯；平裝）
ISBN 978-626-97355-4-9（第五輯；平裝）

1.CST:法華部

221.5　　112013825

大法鼓經講義——第五輯

著　述　者：平實導師
音文轉換：鄭瑞卿 劉夢瓚
校　　對：章乃鈞 孫淑貞 陳介源 王美伶 張善思
出　版　者：正智出版社有限公司
電話：〇二 28327495　28316727（白天）
傳眞：〇二 28344822
111 台北郵政 73-151 號信箱
郵政劃撥帳號：一九〇六八二四一
正覺講堂：總機〇二 25957295（夜間）
總　經　銷：聯合發行股份有限公司
231 新北市新店區寶橋路 235 巷 6 弄 6 號 4 樓
電話：〇二 29178022（代表號）
傳眞：〇二 29156275
初版首刷：二〇二三年九月三十日　二千冊
定　　價：三〇〇元